정보통신 제대로 알면 코스닥에서 돈번다

김 형 근 지음

초보투자자를 위한 코스닥 컴·텔 기업분석!

한국경제신문

“코스닥이 뭐죠?”

“왜들 죄다 코스닥으로 몰려가고 있죠?”

“코스닥에서는 인터넷 정보통신 주가 엄청 뜨던데 그 이유가 뭐고 어느 종목을 사야 되죠?”

“정보통신은 하나같이 그게 그거 같고 도무지 어려워서 구별도 못하겠던데…….”

이런 질문들이 바로 책을 쓰게 된 동기다. 20여 년간 경제신문사에서 일하다 보니 돈 버는 데 대한 문의나 상담을 참으로 많이 받았다. 친구들 모임, 친척들 모임, 심지어는 가까운 동네사람들까지도 만날 때마다 물어보는 질문이었다. 특히 지난해 연말경 코스닥 시장이 폭등세를 보이고 코스닥에 투자해 돈벼락을 맞았다는 언론보도가 심심찮게 나오고부터는 그런 질문의 횟수가 더욱 늘어났다. 그때마다 “돈 굴러가는 게 보여야 돈을 벌지요”라며 받아넘겼다.

지난해 코스닥 시장은 한마디로 폭등장세였다. 떠도 한참 떴다. 99년 1월 4일 지수 76.40으로 시작한 시장이 12월 28일에 256.14로 폐장했다. 1년간 179.74포인트, 퍼센티지로는 무려 235.3%가 뛰었다. 지난해 1년간 종합주가지수가 74% 상승한 것과는 비교가 안 된다. 코스닥 시장의 특성 그대로 고수익을 안겨다 주었다. 단순 계산으로도 증시에서 3,000만원을 벌었다면 코스닥 시장에서는 1억원 가까운 돈을 벌었다. 도대체 이해가 안 되는 게임이었다.

그러나 오르는 때가 있으면 내리는 때도 있는 법이다. 올 1월의 장세가 바로 그랬다. 한 달 내내 코스닥 시장은 죽을 쑤었다. 1월 중순경에는 작년 12월초에 비해 반토막이 났다. 그래서 1년간 벌어서 사흘만에 다 까먹었다는 얘기도 나왔다. '코스닥은 죽었다'라는 한풀이조의 비탄도 나왔다. 시장을 주도하던 인터넷 정보통신 주도 속수무책이었다. 떨어지는 데는 어쩔 도리가 없었다. 지난해 컴, 텔 자가 들어 있는 종목에 돈을 찌르기만 하면 상한가를 치던 시절을 말릴 도리가 없었던 것처럼 똑같은 현상이 반복되었다.

다시 2월 들어 하루가 무섭게 솟아오르기 시작했다. 시장이 어떻게 될 것인지를 전망하고 예측하는 증권전문가들과 증권담당기자들만 바빴다. 1월의 폭락세 때는 '거품이 걷히는 것'이라 했고 '그동안 너무 올랐으니 당연히 떨어져야 하는 것 아니냐', 또는 '코스닥도 좋은 시절 다 갔다'는 분석을 내놓았다. 그러다 곧바로 '아직은 충분히 오를 잠재력을 갖고 있다'거나 '뉴 밀레니엄에는 역시 인터넷 정보통신 주가 알짜'라며 상승 장세가 계속될 것이라는 예측을 내놓기 바빴다. 주가는 아무도 모른다는 말이 그대로 맞아떨어졌다.

이 책은 코스닥과 코스닥의 유망주인 인터넷·정보통신을 연계시켰다. 증권투자도 어렵고 정보통신도 난해하다는 점을 십분 고려해 누구나 알기 쉽고 읽기 쉽게 쓰려고 노력했다. 일반 신문기사를 쓰듯 집필했다. 논문식이 아니라 각 아이템 별로 읽어나가면 쉽게 이해할 수 있도록 구성했다. 전문가를 위한 책이 아니라, 증권투자 그것도 코스닥이 뭔지 잘 모르고 정보통신을 제대로 이해하지 못하는 초보자를 위해 만들었다. 지하철이나 버스, 객장에서 재미로 읽어도 이해할 수 있게끔 노력했다. 'TV 광고에서 한창 뜨는 ADSL도 모르는 채 그 회사 주를 산다는 게 말이 되느냐'는 한 친구의 지적이, 쉽게 써야 한다는 의무감을 심어 주었다.

코스닥 시장도 증시와 같은 주식거래의 장(場)이다. 따라서 주식투자에 대한 기본법칙이 그대로 적용된다고 할 수 있다. 코스닥 시장에 투자하려면 기초지식을 반드시 갖추어야 한다. 정보입수 방법에서부터 기업공시 활용법, 기업분석, 매수·매도 시점, 그리고 판단력, 결단력 등 배워야 할 것은 모두 포함시켰다. 또 시장이 왜 떴는지, 묻지 마 투자가 왜 나왔는지, 나스닥 시장과 코스닥 시장은 어떤 상관관계인지, 인터넷 주는 어떻게 고르는지, 엔젤 투자는 어떻게 하고, 엔젤을 노리는 기업의 사냥감이 되지 않으려면 어떻게 해야 하는지 등을 다루었다. 이 책의 1부와 2부는 그 같은 내용들로 구성되어 있다.

3부는 인터넷 정보통신을 제대로 쉽게 해부하려고 애썼다. 코스닥 시장의 주역들인 이들을 이해하지 않고는 코스닥 투자를 제대로 할 수 없겠다는 이유에서다. 지난 해부터 인터넷 정보통신 관련기업이 우후죽순처럼 늘어나고 있다. 자고나면 생겨나는 게 이들 컴, 텔 계열의 기업들이다. 코스닥 시장에 등록된 460여 개 회사의 4분의 3이 벤처기업이다. 이 가운데 100개사 이상이 인터넷 정보통신 기업이다. 금년 중에도 300개 기업이 코스닥에 신규 등록될 예정이다. 이중 인터넷 정보통신기업이 200여 개를 차지할 전망이다.

회사 이름도 비슷비슷해 뭐하는 회사인지 잘 모르겠다는 소리가 나올 만도 하다. 정보통신 사업자 종류부터 시작해 사업내용의 결정적 요소인 가입자 수가 왜 중요한지를 서술했다. 초고속 인터넷 접속 서비스, SI, 도메인, 인터넷 무료전화, 전자상거래, 포털 사이트, e-Business까지 정보통신에 관한 것은 모두 다루었다. 정보통신기기, 인터넷 장비 생산, IMT-2000에 관한 내용도 포함시켰다.

89년 이후 약 10년간 정보통신 기자로 활동한 경험을 살려 아이템별로 인터넷이나 정보통신을 쉽게 이해하고 파악할 수 있도록 했다. 지난해 코스닥 시장에서 묻지 마 투자의 대상이었던 컴, 텔, 넷, 템 계열이 무엇이고 또 이들을 분류하는 기준이 뭔지, 사업영역이 무엇인지 등도 총망라했다.

4부에서는 정보통신 관련 용어를 이해하기 쉽게 엮었다. 그냥 읽기만 해도 회사나 가정에서 신세대를 비롯한 누구에게나 정보통신에 대해 자신있게 설명할 수 있도록 하는 데 주안점을 두었다.

5부는 코스닥 시장에서 주목을 끌고 있는 컴, 텔 계열 등 인터넷 정보통신 기업들을 분석했다. 사업내용은 무엇이고, 최근 몇 년간의 실적은 어떠했는지를 체크할 수 있게 했다. 앞으로 어떤 사업에 주력해 나갈 것인지, 사업의 성패는 어떠할지 등을 짚어 투자자들에게 훌륭한 판단을 내릴 수 있는 지침이 될 수 있도록 노력했다.

이 책을 쓰는 동안에도 참으로 커다란 변화가 있었다. 지난해 12월, 글을 시작할 때 코스닥 시장은 활황 그 자체였다. 온나라가 코스닥 열병을 앓고 있는 듯한 느낌이 들 정도였다. 묻지 마 투자가 횡행하고 코스닥 투자로 돈방석에 앉았다는 사람이 속출했다. 코스닥 시장에 투자하지 않은 사람은 소외감을 넘어 천연기념물 대접을 받는 형국이었다.

그러나 장밋빛 기대를 안고 출발한 뉴 밀레니엄의 1월은 한마디로 '어럽쇼?'였다. 연초부터 떨어지기 시작한 지수는 끝내 폭락세로 이어졌다. 한 달 내내 떨어졌다. '추락하는 것은 날개가 있다'라는 소설 제목처럼 언제쯤 반등회복세를 탈 것인가가 궁금했다. '주가는 하느님도 모른다'는 말도 실감났다. 어떻게 며칠만에 그렇게 바뀔 수 있느냐는 의문 때문이었다. 1월말부터 살아났다. 2월 들어 다시 뛰기 시작했다.

이제는 묻지 마 투자같이 인터넷 정보통신이 무엇인지도 모르는 채 투자하는 사람은 없었으면 한다. 정보통신을 제대로 알고 코스닥에서 투자의 열매를 따게 되기를 기원한다. 코스닥이 뭔지도 잘 모르는 가정주부에서부터 인터넷 정보통신을 모르는 50대 이상, 그리고 증권 공부를 하려는 대학생, 정보통신으로 뉴 밀레니엄을 헤쳐나가려는 젊은이 모두가 한 번씩은 읽어보기를 권하고 싶다.

끝으로 이 책을 내기까지 자료를 챙겨주고 조언을 아끼지 않은 한국경제신문 편집국 및 한경닷컴 식구들에게 고마움을 전하며 편집자들께도 감사드린다. 정보통신부의 김창곤 기획관리실장과 정보통신 업체에 근무하는 동생에게도 고마움을 전하고 싶다.

2000년 3월

김 형 근

C·O·N·**차 례**·N·T·S

제 4 부　　정보통신 용어는 알아야 한다

제 5 부 주목받는 컴, 텔 계열을 분석한다

기술력과 성장성이 있는 중소기업이나 벤처기업의 자금조달을 위해 개설된 제2의 주식거래시장을 말한다. 규모는 작지만 기술과 성장성을 보고 필요한 자금을 쉽게 마련할 수 있도록 하기 위해 문을 열었다.

1996년 7월에 개설했으며 운영주체는 한국증권업협회다. 코스닥(KOSDAQ)이란 명칭은 같은 성격의 미국 나스닥(NASDAQ) 증권시장에서 따왔다.

영문명칭 Korea Securities Dealer Automated Quatation의 머릿글자를 따서 만들었다. 영문 자체로는 주식 중개 시장이라는 뜻이다. 1999년 하반기 이후 형님 격인 한국증권거래소(증시)를 능가할 정도로 성장속도가 빠르다.

증권거래소에서 매매되는 기업을 상장기업이라고 부르며 코스닥 기업은 등록기업이라고 한다.

코스닥 등록기업 중에는 사업성이 정확히 검증되지 않은 경우도 있어 상장기업에 비해 고위험 · 고수익 종목이라고 할 수 있다.

제**1**부

그래서 그들은
코스닥으로 간다

코스닥 골드러시

1999년 재테크의 처음과 끝은 주식 투자였다. 그것도 코스닥 주식 투자였다고 할 수 있었다. 코스닥 시장에 대한 관심은 열풍이라는 표현조차 역부족이었다. 차라리 폭풍(STORM)이라고 해야 할 정도였다.

코스닥에 몇 주라도 갖고 있지 않으면 직장이나 친구들 모임에서 왕따당하기 일쑤였다. 점잖은 사람들끼리 모인 곳에서도 코스닥에 관한 애기가 단연 화제였다. 구치소에서도 코스닥이나 증권투자를 한다고 했다. 학생들이 이용하는 대학가의 PC방은 사이버 투자를 하는 증권방으로 임무교대를 한 지 오래다. 전국이 주식 열병을 앓았다. 코스닥 시장엔 전체의 90% 정도가 개인투자자들로 북적거렸다. '가자 코스닥으로'라는 말이 유행할 정도였다.

증권회사를 통해 사이버 거래를 하는 네티즌도 100만명을 넘어선 지 오래다. 황금을 찾아 서부로 갔듯이 너나 없이 코스닥으로 몰려갔다. 가정주부들을 대상으로 한 재테크 설명회에서 한 주부가 다른 주부에게 "코스닥이 뭐유?"하고 묻자 질문을 받은 주부가 작은 소리로 "몰라요"라고 대답하는 TV 광고까지 등장해 코스닥에 대한 관심을 더욱 촉발시키기도 했다.

코스닥 지수는 1999년 1월 4일 76.40포인트로 시작돼 뉴 밀레니엄 직전인 12월 28일 256.14포인트로 폐장됐다. 1년간 무려 179.74포인트, 퍼센티지로는 235.3%가 뛰었다. 코스닥 등록기업의 특성 그대로 고수익성을 보여주었다.

1999년 1년간 전체 주가가 74% 상승한 것과 비교하더라도 3.2배에 달하는 수준이었다. 코스닥에 투자하지 않았다면 그것이 오히려 이상할 정도였다. 코스닥 등록 벤처기업들의 지수상승폭은 더 컸다. 98년말 70.47포인트에서 99년 폐장일인 12월 28일 608.18포인트로 증가했다. 7.6배나 뛰었다.

99년 중 코스닥 시장의 하루 거래량은 대략 1억주, 거래대금은 1조원을 넘나들었다. 전체 증시에서 거래되는 상장주식 거래의 25~30%에 달하는 규모였다. 2000년 새해 6일에는 사상 처음으로 3조원을 넘어 거래소 시장의 83%를 차지했다. 이날 하루 거래대금만도 3조 1,000억원에 달했다. 1월의 폭락장세를 지나 2월 7일에는 끝내 거래소 시장의 거래량을 추월했다. 그야말로 대폭발이었다. 7일 거래대금은 4조 8,000억원, 거래소 시장의 3조 5,000억원을 넘어섰다. 8일에도 4조 4,120억원에 달해 거래소의 3조 8,213억원을 웃돌았다. 미국 나스닥의 거래대금도 1999년부터 뉴욕 증권거래소 거래대금의 2배에 달하고 있다.

증권투자의 대세가 코스닥으로 기울고 있다고 해도 무리가 아니다. 바꾸어 말하면 투자자들이 코스닥 시장에 거는 기대치가 그만큼 높다는 의미로 해석할 수 있다. 주가는 등락을 거듭하기 마련이지만 장기적으로 코스닥 러시가 계속될 것이라는 것이 증시 주변의 전망이다.

1년 전인 99년 1월초 8조원에도 못 미친 코스닥 시장의 등록기업의 시가총액은 12월말에는 무려 100조원을 웃돌았다. 1년간 13배나 커졌다. 코스닥에 얼마나 많은 돈이 몰렸는가를 단적으로 보여주고 있다. 은행빚을 내서 투자한 돈도 많았다.

지수대로라면 99년에는 코스닥 시장에 상장된 430여 사의 주식 중 안 오른 주가 없다. 누가 권했든, 스스로 판단했든지 간에 코스닥 시장에서 주식을 샀다 하면 거짓말같이 떼돈을 벌었다는 얘기가 1999년 1년 내내 많은 사람들에게 회자됐다.

코스닥 신화창조

99년은 코스닥 등록기업이 사상 최고 규모의 흑자를 기록한 한 해였다. 코스닥 신화창조의 해였다. 지난 96년 코스닥 시장이 개설된 이후 최대치인 4,540억원의 흑자를 냈다. 그것도 12월 결산 등록기업 중 77개사만의 순이익 규모다. 이들은 98년에 2조 6,650억원의 적자를 냈다. 99년 한해 코스닥 등록기업이 얼마나 호황이었던가를 여실히 보여주었다.

증권전문가들은 인터넷 정보통신 등 첨단업종이 IMF 이후 경기회복세에 부응, 매출이 크게 늘어났기 때문이라고 분석했다. 2000년에도 이같은 활황세가 지속돼 순이익은 99년보다도 배 가까이 증가한 8,680여 억원에 달할 것으로 낙관하는 전망도 나오고 있다.

이들 77개사 중 특히 벤처기업들은 매출액 2조 2,680억원, 순이익 2,080억원을 기록했다. 각각 98년 대비 58.7%와 420.7%가 증가했다.

업종별로는 77개사 중 71.4%인 54개 기업이 포함돼 있는 제조업이 3조 8,960억원의 매출에 2,610억원의 순이익을 냈다. 98년에 비해 각각 29%와 138.5%가 늘어났다. 최소 두 자리, 많게는 세 자리 수 이상 초고속 성장이다.

12월 결산 등록기업 중 컴, 텔 계열의 인터넷 정보통신 회사의 성장은 더욱 돋보였다. 새롬기술은 262억원의 매출과 9억원의 순이익

<표 1-1> 주요 코스닥 기업 99년 추정 실적

(자료 : 대우증권, 단위 : 억원)

구　분	매 출 액	증감률 (%)	경상이익	증감률 (%)	순 이 익	증감률 (%)	부채 비율 (%)
매일유업	5,086	6.9	162	191.2	114	159.2	255.0
영남제분	585	-14.0	71	81.6	48	112.8	272.1
이지바이오	330	-12.2	45	97.6	35	105.4	63.1
진로발효	610	15.0	185	40.0	133	33.4	34.5
하림	3,370	17.5	113	2,496.5	85	7,007.9	225.8
대하패션	890	-6.8	42	31.9	28	29.7	185.7
데코	800	32.1	60	654.9	42	1,221.8	202.2
좋은사람들	700	34.2	78	717.3	55	842.0	104.5
동화기업	1,005	-1.0	-4	적자축소	55	60.7	46.1
포레스코	221	50.0	22	흑자전환	15	흑자전환	58.0
정문정보	541	89.1	54	295.6	38	311.8	60.4
경동제약	281	14.1	74	79.2	59	75.3	45.9
대한약품	240	14.6	15	173.0	9	228.5	67.6
보령메디앙스	425	11.8	58	48.6	43	41.5	52.8
조아제약	221	8.2	30	10.9	25	9.7	76.7
한국알콜	720	-2.0	127	3.0	80	1.6	46.2
한국협화화학공업	455	-16.7	75	-30.1	50	-37.2	131.8
호성케멕스	811	0.9	84	27.4	67	21.6	69.6
유진기업	628	3.0	56	16.3	39	34.6	87.8
행남자기	349	9.1	8	62.8	4	1,148.4	88.4
덕은산업	620	-13.6	42	10.9	32	21.8	110.9
삼정강업	1,185	-3.6	85	43.1	116	171.8	97.0
태광벤드	370	13.6	26	19.7	20	-21.1	58.7
삼우이엠씨	514	14.0	37	28.9	26	32.5	132.3
와이지-원	500	13.4	40	85.3	32	101.7	92.4
유니슨산업	530	34.5	110	132.3	80	111.3	78.1
한국볼트	500	0.8	36	-1.5	30	3.5	87.3
대양이앤씨	189	154.4	206	548.8	172	554.4	2.0
아토	243	247.3	13	흑자전환	10	흑자전환	50.0
아펙스	34	-44.2	-13	적자전환	-13	적자전환	75.0
웅진코웨이	540	76.7	83	176.0	64	167.4	68.3
카스	470	-0.7	31	-42.7	24	-40.8	172.4
피에스케이	235	361.9	58	344.4	50	334.6	33.1
가산전자	102	-47.7	-52	적자축소	-32	적자축소	33.6
경덕전자	410	16.8	24	181.2	21	221.2	74.5

구 분	매 출 액	증감률 (%)	경상이익	증감률 (%)	순 이 익	증감률 (%)	부채 비율 (%)
새롬기술	262	89.0	11	42.7	9	399.2	4.9
제이씨현	942	120.6	68	87.7	45	75.7	167.3
모아텍	301	77.8	91	146.1	72	125.4	21.0
기륭전자	450	-28.8	22	0.7	22	-13.0	96.6
삼보정보통신	151	39.3	8	107.7	6	94.7	63.4
삼우통신공업	320	21.0	-4	적자축소	-4	적자전환	150.9
스탠더드텔레콤	873	35.5	116	202.8	92	186.2	35.9
씨엔아이	285	18.8	27	303.3	23	220.2	22.9
에이스테크	909	131.1	82	87.2	172	363.1	62.2
엠케이전자	842	-7.1	64	-46.1	45	-51.0	45.5
우영	205	-74.6	12	174.0	9	157.4	33.1
인터링크	181	180.3	10	흑자전환	9	흑자전환	123.1
자네트시스템	821	100.6	59	288.1	47	1,292.9	138.4
청람디지탈	384	-2.0	37	-0.0	26	-19.3	55.4
케이디씨	403	62.0	7	23.2	6	79.3	267.7
테라	174	36.5	1	흑자전환	8	흑자전환	41.9
텔슨전자	3,564	377.0	233	1,235.4	107	흑자전환	166.6
텔슨정보통신	500	91.8	54	755.2	44	732.9	18.1
프로칩스	772	50.0	75	124.9	55	119.1	101.0
필코전자	606	19.9	108	3.4	84	-12.6	51.7
한국통신	410	6.2	37	166.1	31	250.9	50.6
휴맥스	570	101.0	83	700.9	81	700.9	81.3
터보테크	386	113.0	106	838.1	88	853.2	22.7
성우금속	1,106	61.7	106	339.9	70	267.9	296.7
세종공업	2,100	51.0	80	33.9	52	33.7	63.0
한국베랄	256	36.2	23	874.9	20	627.4	217.6
에이스침대	1,104	43.3	104	213.9	73	290.0	146.5
대아건설	2,700	6.5	180	168.0	90	176.9	298.1
쌍용건설	13,000	16.8	400	흑자전환	900	흑자전환	24,210.3
임광토건	2,800	6.9	80	164.4	60	601.6	406.2
특수건설	600	1.4	45	0.1	30	-3.2	249.5
동서	1,183	-4.0	118	-34.0	82	-37.7	35.0
삼미정보	90	-0.0	2	46.6	2	56.0	82.0
서울일렉트론	205	44.5	12	327.7	9	350.6	42.9
소예	439	5.0	50	72.4	34	44.2	59.3
그랜드산업	4,616	기업합병	1,005	기업합병	700	기업합병	307.7
인터파크	95	565.7	-4	적자확대	-4	적자확대	7.5
부일이동	424	-53.8	-91	적자확대	-194	적자축소	283.3

구 분	매 출 액	증감률 (%)	경상이익	증감률 (%)	순 이·익	증감률 (%)	부채 비율 (%)
서울이동통신	721	-56.5	97	-76.0	67	-71.9	92.3
하나로통신	685	69,047.2	-915	적자전환	-915	적자전환	10.5
한국정보통신	493	20.0	49	155.9	39	156.0	308.7
개발투자	391	결산변경	254	결산변경	203	결산변경	91.5
기업은행	43,039	-6.0	157	흑자전환	157	흑자전환	-
해성산업	81	-5.0	37	31.1	26	21.3	45.6
대신정보통신	388	70.0	48	3,201.3	34	2,020.7	89.4
디지탈임팩트	18	152.9	-3	적자축소	-3	적자축소	211.8
메디다스	105	28.8	218	14,736.5	157	11,313.6	24.4
비트컴퓨터	162	42.6	41	247.4	37	198.6	54.1
인성정보	541	29.0	61	92.1	52	94.8	95.1
한국디지탈라인	82	97.2	9	흑자전환	7	1,088.9	529.6
한글과컴퓨터	327	134.6	116	흑자전환	90	흑자전환	41.3
범아경비	103	-25.0	-31	적자축소	-31	적자축소	자본잠식
미래티비	75	18.4	14	50.2	12	65.4	12.0
서울방송	3,399	38.3	387	흑자전환	336	흑자전환	54.7
시공테크	350	40.4	38	238.5	33	257.4	29.0

을 올렸다. 98년 대비 매출액은 89%, 순이익은 399.2%가 증가했다. 제이씨현시스템은 942억원 매출에 45억원의 순이익을 달성했다. 전년대비 각각 120.6%, 75.7% 증가한 수치다.

스탠더드텔레콤은 매출 873억원에 순이익 92억원으로 전년대비 각각 35.5%, 186.2%가 증가했고 텔슨정보통신은 500억원 매출에 44억원의 순이익을 기록, 각각 91.8%, 732.9%가 증가했다. 에이스테크놀로지는 매출 909억원, 순이익 172억원을 기록, 각각 131.1%, 363.1%의 증가를 나타냈다.

한글과컴퓨터는 327억원 매출에 90억원의 순이익을 내 흑자로 돌아섰으며 인터링크도 181억원 매출에 9억원의 순이익을 내 흑자 기조를 확보했다. 가산전자, 두인전자 등 부도가 났던 기업들도 코스닥 활황을 등에 업고 화려하게 재기했다. 두 회사는 잇달아 증자에 성공, 400억원 이상의 자금을 조달했다.

코스닥 시장은 등록기업들의 자금조달 파이프라인 역할을 톡톡히 했다. 1999년 코스닥 등록기업들은 유상증자나 공모를 통해 총 5조 5,000억원의 자금을 조달했다. 유상증자로 3조 5,912억원, 공모로 1조 9,026억원을 확보했다. 하나로통신은 유상증자만으로 6,606억원을 조달했다. 한국통신하이텔과 한솔M.COM은 각각 3,511억원, 1,960억원의 자금을 확보해 신규사업을 확장할 수 있는 토대를 마련했다. 그리고 주성엔지니어링이 1,051억원, 로커스 607억원, 터보테크 508억원 등을 조달했다. 코스닥 시장이 기업들의 자금조달 파이프라인으로 확고히 자리잡았다고 할 수 있다. 등록기업에게는 자금원으로서, 투자자들에게는 돈방석을 가져다 주는 새로운 신화를 창조한 것이다.

증권전문가들은 2000년 1월초 코스닥 시장의 대폭락세가 있었지만 코스닥은 앞으로도 여전히 유망 벤처기업에게 기업성장과 흑자를 가져다 주는 열쇠가 될 것으로 예상하고 있다. 또 투자자에게는 투자의 열매를 선물하는 재테크 수단으로서 인기를 끌 것으로 전망하고 있다.

화장은 지워지기 마련이다

2000년 들어 코스닥은 연일 절벽 아래로 굴러떨어졌다. 1999년 말까지만 해도 장밋빛이었던 코스닥 시장은 새해 들어서자마자 잿빛으로 변해버렸다. 거품여부에 대한 논쟁은 차치하고라도 어쨌든 요란하게 치장했던 화장이 한꺼풀 벗겨진 것이나 진배없다. 2000년

〈표 1-2〉 관심주 최고가 대비 하락률

(단위 : 원, %)

종목명	사상최고가	2/13일 종가	하락률
골드뱅크	31,200	8,010	75%
다우데이타	133,500	117,500	12%
다음	406,500	217,500	47%
드림라인	86,800	76,400	12%
디지틀조선	310,500	154,000	51%
메디다스	50,800	19,250	63%
새롬기술	271,000	176,000	36%
서울방송	96,800	65,100	33%
아시아나항공	6,990	3,900	45%
인성정보	56,700	25,900	55%
인터링크	25,000	11,400	55%
인터파크	17,900	7,200	60%
주성엔지니어링	110,500	97,500	12%
한국정보통신	157,000	58,800	63%
한글과 컴퓨터	58,900	38,600	35%
한솔PCS	63,300	42,200	34%
한아시스템	49,900	29,450	41%
한통프리텔	309,500	123,500	61%
한통하이텔	96,800	83,500	14%
핸디소프트	1,042,000	543,000	48%

들어 1월 20일 현재 코스닥 종목 중 40%는 1999년 12월 최고가에 비해 절반 이하로 떨어졌다. 바꾸어 말하면 주가가 반토막 난 것이다. 1999년 12월 1일 이후 318개 기업(뮤추얼펀드 및 1999년 12월 이후 등록기업 제외) 중 39.6%인 126개 기업의 주가가 반토막 난 것으로 나타났다.

1월 5일부터 떨어지기 시작한 코스닥 지수는 7일까지 3일만에 38.34포인트가 가라앉았다. 거래소 시장의 종합주가지수였다면 무려 160포인트가 떨어진 것과 같다. 7일 하루 동안에는 19.86포인트가 떨어졌다. 이날 하락폭은 작년 12월 17일의 19.38포인트 하락 기록을 넘어서는 사상 최악의 폭락이었다. 코스닥 폭락으로 시가총액은 90조원 아래로 감소했다. 1999년 12월 28일 100조원을 기록했던 시가총액이 불과 10일만에 10조원이 무너져내린 것이다. 자연 코스닥에 투자한 개인들의 피해가 컸다. 1999년 1년 동안 번 돈을 사흘 만에 날렸다는 자조섞인 말들이 흘러나왔다. 증권전문 인터넷 사이트에는 '코스닥은 죽었다'는 자포자기성 글도 올랐다.

코스닥 시장은 7일 이후에도 반등의 기미를 보이지 않았다. 1999년 10월 이후 코스닥 지수는 20일 이동평균선까지 떨어지면 반드시 다시 반등하는 모습을 보였지만 이번에는 1월 하순까지 계속 떨어졌다. 하락세를 저지할 수 있는 매수의 힘이 사라진 것으로 해석됐다. 1월 둘째주에는 신임 재정경제부 이헌재 장관이 취임사에서 "코스닥 시장은 거품이 아니며 서민들의 재산형성과 부의 확산 차원에서도 코스닥의 활성화는 필요하다"고 강조했지만 지수는 계속 떨어졌다. 1월 21일에는 종합주가지수가 반등세로 돌아섰지만 코스닥 지수는 또 떨어져 189.63을 기록했다.

1월말로 접어들면서 겨우 폭락세가 멈추고 정보통신주에 대한 매수세도 약간씩 되살아나는 분위기로 변했다. 1월 31일 코스닥 지수는 190선을 회복하며 앞선 주말보다 4.30포인트가 올랐다. 투신권의 대우채 환매자금 마련과 외국인들의 정보통신 및 인터넷 주에 대한 매입이 원인이었다. 투자심리가 겨우 안정을 찾은 것 같았다. 어쨌든 1999년에 신화를 창조했던 코스닥에게는 잔인한 1월이었다.

추락하는 것은 날개가 있다

2000년 벽두부터 코스닥 시장은 곤두박칠쳤다. 1999년에 장을 마칠 때까지만 해도 누구도 예측하지 못했던 상황이었다. 마치 떨어지자고 약속이라도 한 듯 폭락장세를 이어갔다. '코스닥의 신화는 끝났다'는 소리가 흘러나왔다. '장이 퍼렇게 죽어간다'는 표현도 등장했다. 거래소 증시도 마찬가지였다. 미국 나스닥 시장도 죽을 쑤기는 매한가지였다.

코스닥 시장은 2000년 1월 5, 6, 7일 3일간 연속 하락해 38.34포인트나 떨어졌다. 7일 하루 동안에는 19.86포인트(8.0%) 떨어졌고 이날의 지수는 227.66이었다. 7일 하루 동안의 이같은 낙폭은 코스닥 사상 최대치로 그 이전 최대치였던 99년 12월 17일의 19.38포인트보다 더 컸다.

1월 13일에는 지수가 212.24까지 떨어졌다. 개인투자자들의 투매 현상도 나타났다. 코스닥의 주도주였던 인터넷 정보통신 주도 예외가 아니었다. 1999년 연말부터 대량거래로 9일간 상한가 행진을 폈던 한솔PCS도 하한가로 돌아섰다.

다음커뮤니케이션, 새롬기술, 한국정보통신 등 고가 벤처 주도 대부분 가격제한폭까지 떨어졌다. 한글과컴퓨터, 하나로통신, 한국통신프리텔 등도 하한가를 쳤다. 신황제주로 불리던 한국통신하이텔, 드림라인 등도 곤두박질쳤다. 100% 무상증자를 발표했던 한아시스템도 10% 이상 내렸고 텔슨전자, 인성정보, 인터파크 등도 대부분 약세를 보였다.

1999년 한해 동안 코스닥 효자주였던 컴, 텔 계열의 인터넷 정보.

<그림 1-3> 증권거래소와 코스닥의 거래대금 비교

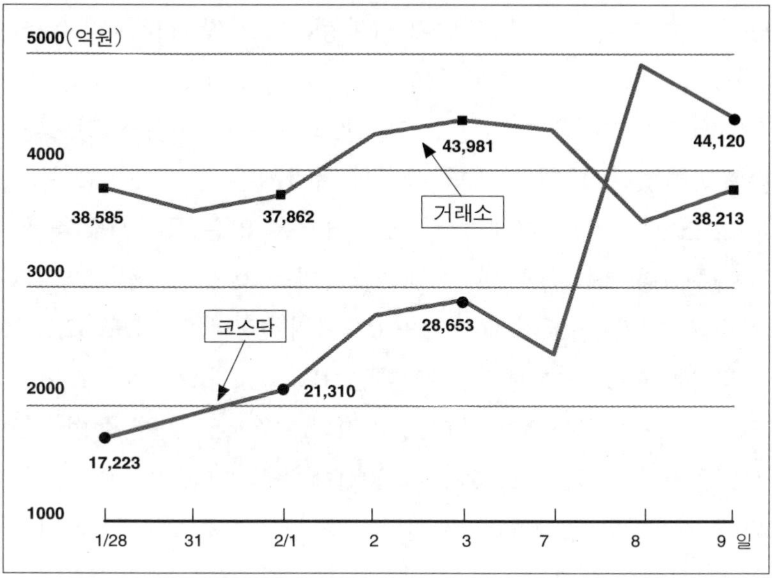

통신 주들에겐 초유의 블랙 프라이데이였다.

99년 1년간 번 돈을 사흘만에 다 까먹게 됐다는 투자자도 있었다. 언론에서는 이같은 상황을 '코스닥, 바람 빠진다'라는 제목으로 보도하기도 했다.

증권전문가들은 즉시 원인 조사에 착수했다. 이미 오를 만큼 올랐다는 국내적 요인도 있었지만 미국 나스닥 시장의 폭락이 절대적이라는 분석이 지배적이었다. 세계 증시의 동조화 현상으로 나스닥이 곤두박질치면서 코스닥에서도 투자심리가 크게 위축되었기 때문이라는 것이다. 즉 1999년에 코스닥이 급등하자 거품이라는 지적이 나왔지만 심리적 지주였던 나스닥의 건재가 코스닥의 오름세를 지탱해주었다는 것이다.

그러나 추락하는 것은 날개가 있는 법이다. 미국 나스닥 시장은 2000년 연초 폭락세에서 3일만에 급반등하기 시작, 회복세를 나타냈다. 나스닥 지수는 7일 하루 동안 155.54포인트(4.2%)가 상승, 지수를 3,882.67로 끌어올렸다. 연초 3일간 하락폭의 3분의 1 정도를 하루만에 만회했다. 반면 코스닥 시장의 폭락세는 근 한 달 가량 지속됐다. 코스닥 시장도 이제 마냥 오르지만은 않는다는 사실을 확실히 보여주었다. 1월말에 가서야 진정 기미를 보였다. 1월 28일 코스닥 지수는 7.57포인트가 올라 186.07을 기록했다. 주가도 32포인트가 올라 941.67을 기록했다. 31일에는 190.37로 소폭 반등했다.

2월 들어서는 회복세가 좀더 빨라졌다. 2월 1일 하루 동안 8포인트가 뛰었다. 지수는 198.76으로 200선에 육박했다. 3일에는 반등폭이 더 컸다. 하루 동안 11.32포인트가 올라 지수는 217.70을 기록했다. 그리고는 설 연휴에 들어갔다. 99년 12월 28일 지수 256.14였던 것이 한 달만에 38포인트가 떨어졌다. 설 연휴를 지낸 7일은 또다시 코스닥의 날이었다. 이날 코스닥 지수는 전주말보다 21.79포인트(10.01%)가 폭등, 239.49에 마감됐다.

이날의 상승폭과 상승률은 지난 96년 7월 코스닥 시장 개장 이래 최대치였다. 오른 종목만 378개였다. 인터넷 정보통신 주가 무차별 상승했고, 벤처지수는 무려 54.74포인트(11.43%) 올라 상승폭 최대 신기록을 기록했다. 증시도 뛰어 종합주가지수도 970선을 회복했다. 2000년 1월의, 코스닥 등록기업이나 투자자들에게 악몽 같았던 장세가 회복급등세로 돌아섰다.

코스닥의 날개는 아직 부러지지 않은 것 같다. 뉴 밀레니엄 정보사회에서 코스닥 등록기업은 투자자들에게 여전히 인기를 누릴 것으로 예상되고 있다.

나스닥만 있냐, 코스닥도 있다

1999년 연말경 워싱턴포스트지는 월가에 급속한 권력이동(Power Shift)이 이루어지고 있다고 보도했다. 미국 증시에서 200년 이상의 역사를 가진 뉴욕증권거래소(NYSE)를 제치고 나스닥이 주식시장의 뉴스타로 떠오른 데 대한 비유였다. 1999년 한해 동안 연일 신기록을 갱신해온 나스닥이 이제 더 이상 뉴욕거래소의 액세서리가 아니라는 의미로 해석했다.

나스닥 시장은 지난 70년 설립 초기만 해도 누적 거래대금 성장률이 연평균 10% 내외에 불과했다. 그러나 80년대로 들어서면서 상황은 급반전했다. 무선통신, 인터넷 등 정보통신이 발전하면서 이 분야 벤처기업들이 속속 나스닥 시장에 진입했고, 80년에는 거래대금 성장률이 83%를 기록했다. 블랙 먼데이(Black Monday)가 있었던 지난 87년 이전까지 거래대금 성장률은 연평균 37%에 달했다.

99년 11월말 기준 나스닥의 시가총액은 2조 8,600억 달러로 뉴욕증권거래소의 시가총액을 앞질렀다. 등록기업수도 5,000여 개로 뉴욕거래소보다 2,000개 정도가 많다.

나스닥 지수는 98년 12월부터 99년 12월까지 무려 81%가 성장했다. 같은 기간 중 뉴욕거래소 지수는 8%, 다우존스 공업주가 지수는 24% 증가에 그쳤다. 워싱턴포스트지는 이것을 베이비붐 세대로 상징되는 새로운 경제집단이 고색창연하고 전통적이며 발걸음이 더딘 뉴욕거래소 대신 과감한 도전과 달콤한 보상이 공존하는 나스닥을 선택했다고 표현했다. 보수적인 경향을 고집하던 일부 기존

〈표 1-4〉 미국 뉴욕증시와 나스닥, 한국거래소와 코스닥간 거래

구분	뉴욕증시	나스닥	구분	한국거래소	코스닥
상장기업 (개)	3,748	4,829	상장기업 (개)	727	462
거래량 (백만주)	894	1,478	거래량 (백만주)	229	217
거래대금 (억달러)	361	694	거래대금 (백억원)	357	487
시가총액 (백억달러)	1,229	520	시가총액 (조원)	334	84

※미국 증시는 99년말 기준, 거래량과 거래대금은 12월의 일평균, 한국 증시는 2월 8일 기준
자료 : 나스닥 증권거래소

투자자들도 나스닥으로 이삿짐을 쌌다는 분석도 덧붙였다. 나스닥의 황금기를 암시한 것과 진배없다.

코스닥도 나스닥과 유사한 상황이 연출됐다. 99년은 코스닥 시장의 신기록 행진의 연속이었다. 둘은 마치 쌍둥이 형제처럼 널뛰듯 뛰었다. 코스닥 시장의 경우 1999년 12월 7일 하루 동안 시가총액이 50조 원을 돌파해 모두들 놀랐다. 그러나 놀란 가슴을 추스리기도 전에 28일에는 100조원을 돌파하는 믿기지 않는 새 기록을 수립했다. 20세기를 얼마 남기지 않고 21세기를 맞기 위해 있는 돈 없는 돈 모두 코스닥으로 몰려간 느낌이었다.

코스닥 시장의 99년말 시가총액은 연초보다 1228.3%나 증가한 106조 2,805억원으로 마감했다. 거래소 시가총액은 349조 5,039억원으로 전년동기 대비 153.73% 증가했다. 증가율에서는 거래소가 코스닥과 게임이 안될 정도였다.

묻지 마 투자

1999년에는 코스닥 시장의 열기를 반영, '묻지 마 투자'라는 유행어가 대 히트를 쳤다. 서울 강남의 잠실에 사는 주부 강모(54)씨는 1999년 4월말경 오랜만에 동창회를 갔다. IMF로 6개월이 넘도록 못 만난 친구들이 조금 숨통이 트인다며 만나자고 해서였다. 처음엔 IMF 얘기만 주고받았다. 누구 남편이 은행을 그만뒀다더라, 누구는 S그룹에서 나갔다더라 하는 식이었다. 구조조정 때문에 올해는 바캉스 가기 힘든 사람 많겠다고들 했다.

모임이 끝나갈 무렵 한 친구가 "너 요즘도 주식하냐?"하고 묻는 말에 그렇다고 했다. 그 친구가 대뜸 "너 코스닥에 투자해라. 연말까지 상당히 큰 돈 벌 수 있다"고 했다. "코스닥 어디? 어느 업체?" 한 군데 찍어달라고 했지만, 그 친구는 한마디로 "묻지 말고 던져. 내 말 믿고 찔러봐"하곤 헤어졌다.

강모 주부는 주식 투자를 한 지가 제법 됐다. 큰 돈을 벌 생각은 없었지만 여유돈도 조금 있는데다 무식하다는 소리를 듣기 싫어 시작했다. 자연히 신문사에서 주최하는 증권세미나에도 여러 차례 가봤다.

그러다보니 어느덧 재무제표도 어느 정도는 볼 줄 알고 순익계산서도 따질 줄 안다. 큰 손해 안 보고 아이들 용돈과 가족 외식비 정도는 쏠쏠하게 벌어왔다.

그런데 뜬금없이 코스닥에 투자하라니? 코스닥이면 장래성도 불분명한 중소기업에 돈을 대라는 소린데, 아직 돈 될려면 먼 것 아냐? 그거 돈만 날리는 것 아냐? 하며 별 생각이 다 났다.

집에 와 가만히 생각하니 얼마 전 증권세미나 때도 증권전문기자
로부터 코스닥 얘기를 들은 것 같다는 생각이 났다. 당시엔 용어 자
체가 낯설어 더 이상 알려고도 하지 않고 넘어갔다. 퇴근한 남편에
게 코스닥이 어떤 것이며, 어느 회사 주를 사야 되는지 물으려다가
그만뒀다.

"그래, 거래하던 증권회사에 가서 물어보자. 증권회사 그 젊은 친
구 꽤 똘똘한 것 같던데 그 친구 설명 듣고 결정하지 뭐."

며칠 후 강모 여인은 비상금까지 털어 코스닥에 제법 많은 돈을
던져 넣었다. 증권회사 직원도 한번 해 보라고 권했기 때문이다. '그
래 돈 벌려면 지뢰밭도 가봐야지. 언제까지나 아스팔트 길만 갈 수
있나' 하는 마음이었다.

결과는 보기 좋게 성공했다. 제법 큰 돈을 건졌다. 그동안 주식해
서 번 돈보다 훨씬 많았다.

묻지 마 배팅 시절은 갔다

2000년 초 코스닥 시장이 폭락할 때 그렇게 잘 나가던 인터넷 정
보통신 주도 예외는 아니었다. 묻지 마 투자로 99년 주도주로 대접
받았던 주가 많이 끼어 있었다. 한국정보통신이 1월 20일까지 한달
반 동안 65.5% 하락했으며 서울이동통신은 66.8%가 떨어졌다. 핸
디소프트 58.7%, 한글과컴퓨터 53.5%, 디지털조선이 51.7% 하락했
다. 1999년에 정보통신 주만 독주하던 현상이 적어도 2000년초 코
스닥 폭락사태 때는 예외없이 동반하락한 셈이다.

1999년 연말 다니던 회사를 그만둔 L씨(47)는 퇴직 직전인 12월

중순 잘 나가던 정보통신 관련주를 주당 2만 4,000원에 3,000만원어치를 샀다. 그 회사에 대해 잘 몰랐지만 한두 군데 물어본 후 결정했다. 그것도 전부터 알고 지내던 증권회사 친구에게 부탁해 어렵사리 매입했다. 99년말경인 12월 29일 주당 3만 1,000원으로 뛰면서 장을 마쳤다. 잘 샀다고 생각했다. 새해들어 매도청구를 낼 생각을 굳혔다. 알고 지내던 사람들을 불러 송년회를 겸한 회식도 가졌다.

그러나 새해 들어 상황은 급전직하로 반전했다. 코스닥 시장 폭락과 함께 주가가 떨어지기 시작했다. 며칠 두고보자고 했지만 계속 하락했다. 팔 수도 없었다. 손절매 생각이 간절했지만 버텼다. 1월 29일에는 1만 7,000원으로 떨어졌다. 다시 오르기만을 학수고대하고 있다.

1월 중순경에는 작년 12월 28일 대비 데이콤, 한국통신프리텔, 핸디소프트, 다음커뮤니케이션, 새롬기술 등의 주가가 거의 반토막 났다. 한국통신과 SK텔레콤은 각각 16%, 27% 하락했다. 작년 하반기에만 해도 이들 주식은 아무리 상한가로 사려고 해도 물건을 잡을 수 없을 정도였다. 이른바 묻지 마 투자의 대상이었다.

증권가에서는 이같은 현상이 미국 나스닥 시장에서 인터넷 정보통신 주가 하락한 데 원인이 있다고 해석했다. 너무 많이 오른 데 따른 불안심리도 작용했다고 한다. 바꾸어 말하면 묻지 마 투매도 한몫을 했다는 분석이다. 살 때도 묻지 말라며 샀고, 팔 때도 기업실적이나 종목에 관계없이 무작정 팔아버리는 현상이 나타났다는 설명이다.

인터넷 정보통신에 대한 성장성이나 기업 내용을 모른 채 매수하다보니 팔 때도 더 떨어지기 전에 일단 팔고 보자는 심리가 크게 작용했다. 자연히 1999년까지 장세를 주도했던 이들 주식이 미국 나스닥 시장이 내리기만 하면 오전 8시 동시호가 때부터 매도물량이 쏟아져 나왔다.

2000년 1월의 인터넷 정보통신 주가의 하락은 시사하는 바가 크다. 묻지 마 투자와 묻지 마 투매가 가져온 이와 같은 현상은 다시 말하면 제대로 알고 투자하고, 알고 팔라는 말이나 다름없다.

2000년에도 수많은 인터넷 정보통신 기업들이 코스닥에 등록할 전망이다. 벤처열풍도 계속될 조짐이다. 정보사회에서 새로운 기술을 가진 벤처기업들이 무진장 등장할 것이기 때문이다. 이는 경제, 사회 등 모든 분야가 정보화로 가는 시대적 조류다. 결국 또다시 2000년 초와 같은 쓴맛을 보지 않기 위해서는 더 이상 묻지 마 배팅의 우를 범해서는 안될 것이다.

투자 룰이 없다

1999년 코스닥 시장의 스톰현상은 고전적인 그리고 교과서적인 투자 룰과 전혀 상관없이 생겨났다. 투자를 위해서는 먼저 기업의 매출을 보고 수익을 따지는 것은 기본 중의 기본이다. 성적표를 파악하는 것이다. 자본금 규모도 살펴보고 부채비율도 알아보아야 한다. 향후 전망도 나름대로 여기저기 탐문해 보아야 한다.

오너가 누구인지, 경영철학이 뭔지도 살펴보는 것이 원칙이다. 수익성, 안정성, 성장잠재력, 회사분위기, 기술력 등 알아볼 수 있는 데까지 다 알아본 후에 투자를 결정하는 것이 상례다.

시장에 처음 등장한 기업의 경우에는 위험도가 높다. 주도 면밀하게 살피는 것이 투자자의 기본 자세다. 소나기나 낭떠러지는 피해가는 것이 상책이기 때문이다.

1999년에 코스닥 시장에 몰려드는 자금을 보면서 투자 룰은 모두 어디로 사라졌는가 하는 생각이 절실하게 들었다. 코스닥 투자의 경우 벤처기업들이 많은 까닭에 무엇보다 기술력을 중점적으로 분석해야 한다. 그러나 대부분의 개인투자자들은 이런 투자 룰을 무시했다. 계속 올랐기 때문이다. 신경조차 안썼다는 표현이 더 적절하다.

코스닥에서 기업 성장성 분석과 적정 주가평가의 지표로 활용되는 PRS(매출액 대비 주가비율)도 별 의미가 없었다. 코스닥 등록을 했다는 게 중요하지, PRS가 높은지 낮은지 따져봐서 무엇 하겠느냐는 식의 투자가 많았다.

어찌보면 어떤 사업을 하는 회사인지 기업 내용조차 따지지 않고 남이 사니까 따라 사거나 소문듣고 산다는 식의 부화뇌동형 투자였다고 할 수 있다. 한마디로 "투자하면 돈을 번다는데 뭔 이유가 많아?"였다는 것이 증시 주변 관계자들의 설명이다. 딴에는 증권을 제대로 알고 경험도 오래됐으나 고전적이고 교과서적인 투자를 고집하던 보수파들만 절호의 기회를 놓쳤다는 얘기들도 많았다. 그래서 증권가에서는 '아는 게 병이고 모르는 게 약'이라는 소리가 하나도 안 틀린다는 말이 유행하기도 했다.

그러나 실제로 코스닥에서 코를 꿰이지 않으려면 지켜야 할 룰이 많다. 고수익인 반면 위험도가 높기 때문이다. 첫째, 기술력이 좋고 시장을 선점하는 기업을 골라야 한다. 창업자의 도덕성과 재무구조를 살피는 것도 필요하다. 둘째, 기관투자자와 외국인투자자들의 동향을 체크해 중점 매매 종목에 관심을 갖는 것이 바람직하다고 할 수 있다. 셋째, 기술적 분석능력을 키워야 한다.

예를 들어 주당 순이익이 1999년 400원, 2000년 800원으로 예상된다고 하자. 이 기업의 현재 주가가 4만원대라면 2000년 기준 주가수익비율(PER)은 4만원을 800원으로 나누어 50배가 된다. 고평가되고 있다고 하겠다. 또다른 방법으로 계산해 투자 여부를 결정할 수도 있다. 곧 이 회사의 연평균 주당순이익(EPS) 성장률이 65%라고 하면 주가수익비율 50배를 주당순이익 성장률 65%로 나눈 0.76배가 된다. 대개 0.7배 이상이면 상승여력이 별로 없다고 볼 수 있다. 이 정도 계산은 크게 어렵지 않은만큼 투자자 스스로 계산기를 두드려 지켜야 할 룰은 지키는 게 바람직스럽다.

알고 찌르면 후환이 적다

회사원 K씨는 1999년 추석 전 특별상여금 400%를 받았다. 세금을 제하고도 500만원이 넘었다. 마침 3년 전부터 붓고 있던 보험적금 500만원을 탔다. 한동안 은행에 넣어두었다. 11월말 코스닥 시장이 한창 뜰 때였다. 은근히 '코스닥에 투자나 해봐' 하는 마음이 들기 시작했다. 회사동료 중에는 이미 코스닥에서 돈을 번 이도 있었다. 은행에 두느니 투자하라는 주변사람들의 말도 일리가 있는 것 같았다. 연말에 보너스 200%와 특별 상여금 300%가 더 나온다는 사내의 소문에도 고무됐다. 비상금으로 간직해왔던 1,500만원을 찾았다. 12월초 총 2,500만원을 들고 컴퓨터 관련 주를 샀다. 작년 말까지 한동안 오름세를 보여 살맛이 났다. 회사에서 인터넷으로 매일 두서너 차례 시세를 보는 것이 낙이었다. 그러나 2000년 들어 결과는 참담하게 끝났다.

연초부터 떨어지기 시작해 20일 동안 1,000만원 정도로 가라앉았다. 불과 한 달여만에 반토막이 나 1,500만원을 날렸다. 남들이 코스닥 투자로 돈을 벌었다고 해서 무작정 따라해 본다는 무지가 낳은 참사였다.

K씨는 그 이후 잠을 잘 자지 못한다. 집사람 보기조차 민망스럽다. 주식에 대해 제법 잘 아는 체까지 했기 때문이다. 밥맛도 없고 체중도 줄었다. 며칠 동안은 주식 얘기가 나올까봐 신문도 안 보고 TV 뉴스도 애써 피했다. 후회가 막급했다. 정보통신도 코스닥도 잘 알지 못한 채 투자한 자신이 바보 같아 안절부절못했다. 열흘 정도 지난 1월말에서야 겨우 시세표를 들여다볼 용기가 났다. 잃은 만큼 회복하기 위해서는 신경을 더 써야겠다는 생각에서였다.

회사에서도 틈만 나면 몇 시간이고 인터넷 증권사이트에 들어갔다. 업무차 밖에 나와서도 핸드폰으로 증권회사에 전화해 오늘은 올랐는지 물어보기 일쑤였다. 도대체 일이 손에 안 잡혔다. 증시관련 얘기를 들을 때마다 '제발 올라라'라는 말이 기도처럼 흘러나왔다. 회사에 드나드는 보험설계사를 붙잡고 정보를 얻으려고 기를 쓰기도 했다. 커피도 사주었다. 대개 보험설계사가 커피를 사는게 상례였는데 오히려 사주었다. 몇 군데 언론사에 보험하러 다닌다고 하니 증권기자들을 통해 들은 정보가 있을 것 같았기 때문이었다.

비단 K씨뿐만이 아니다. 연초 코스닥에서 손해를 보았던 많은 회사원들과 주부들이 한결같이 겪은 현상이다. 이른바 주식중독증이다. 알콜중독과 흡사한 스톡홀릭(stockholic) 증후군이다. 주식해서 돈 벌었다는 사람들 얘기는 자신의 얘기가 아니다. 결코 착각해서는 안된다. 언제나 번 사람보다 잃은 사람이 훨씬 많은 법이다. '주

식해서 항상 번다면 왜 증권기자를 하겠느냐'는 한 언론인의 말이
절대 빈말이 아니다. 알고 찌르는 것이 후회가 적다는 것을 잊어버
리면 스톡홀릭 환자가 될 수밖에 없다.

코스닥 드림

미국의 빌 게이츠는 세계가 인정하는 세계 최고의 갑부다. 윈도
프로그램으로 떼돈을 번 마이크로 소프트사의 회장인 빌 게이츠의
재산은 510억 달러, 원화로는 60조 원에 달하는 것으로 알려져 있
다. 빌 게이츠는 소프트웨어 외에도 나스닥 시장의 주식투자를 통
해 더 큰 돈을 번 것으로 유명하다.

가수이자 영화배우인 바브라 스트라이샌드도 주식투자로 돈방석
에 앉은 케이스다. 98년 가을 온라인 경매업체인 이베이(e-BAY) 주
식에 투자해 한 달만에 13만 달러를 벌기도 했다. 스트라이샌드는
99년 5월 친구 카란의 돈 100만 달러를 아마존 등 인터넷 업체에
투자해 180만 달러로 불렸다. 미국판 나스닥의 꿈을 실현한 것이다.

영화배우 박중훈 씨가 코스닥 스톰으로 돈벼락을 맞았다는 보도
가 있었다. 박씨는 IMF 때 친구를 돕는다는 순수한 마음으로 새롬
기술에 2억 5,000만원을 투자해 100억원 이상의 돈방석에 앉았다는
게 그 내용이다. 박씨가 투자한 것은 94년 새롬기술이 모뎀과 통신
용 소프트웨어를 만들 때였는데 99년 8월 코스닥에 등록한 새롬이
인터넷 열풍을 타고 주가가 폭등했기 때문이다. 액면가 500원에 분
할했음에도 99년 12월초 기준 주당 18만여 원까지 갔다. 5,000원 기
준으로 환산하면 184만원에 이르는 셈이니 얼마나 벌었는지는 쉽게

계산이 나온다.

청원에 사는 모씨의 경우도 코스닥 드림을 이룬 케이스다. 1,000만원으로 코스닥에 투자해 20억원을 벌었다는 소문 같은 사실이 증권가에서 회자됐다.

코스닥 등록기업의 대주주들 중에서도 돈방석에 앉은 사람이 하나둘이 아니다. 서울방송의 주식을 600만주나 보유한 태영은 99년 7월 기준 주가가 1000% 이상 상승, 3,000여억 원의 평가익을 냈다. 해성산업의 지분 55.6%를 갖고 있는 대주주 단재완 씨는 주가가 1600%가량 상승해 400억원의 평가익을 얻었다.

고(故) 박정희 대통령의 아들 지만 씨도 같은 경우다. 지만 씨가 대주주로 있는 (주)EG가 99년 12월 중순 코스닥 등록을 추진하면서 170억원대의 돈방석에 앉게 됐다고 한다. 지만 씨는 이 회사 지분 74.3%(53만 5,000주)를 보유한 최대주주로 공모희망가가 3만 5,000원이니 줄잡아 173억원 가량을 벌게 됐단다. 주가가 오르면 수익은 더욱 늘어날 것이 뻔하다. 이 회사는 훼라이트코어(전자부품의 전압조절장치)용 산화철 제조업체로 99년 중 매출 180억원, 당기순이익 38억원으로 예상되는 견실한 기업으로 알려져 있다.

외신으로만 전해듣던 나스닥의 전설 같은 꿈이 점차 코스닥 드림으로 실현되고 있다고 할 수 있다.

코스닥 효자주

소위 컴, 텔 또는 통, 넷, 텝으로 통칭되는 인터넷 정보통신 관련 주식을 산 투자자들은 뭐가 뭔지도 잘 모르는 채 코스닥 시장에서

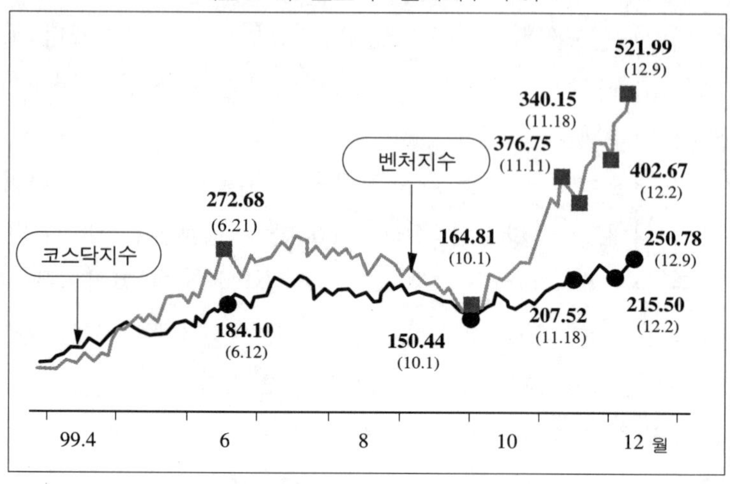

재미를 본 이가 적지 않다.

1999년 연말 객장에서 만난 주부들에게 어디에 투자했느냐고 물었을 때 상당수가 코스닥 시장이라고 대답했다. 그리고 어느 회사에 투자했느냐고 물으면 이들은 회사 이름을 비슷하게는 대주었다. 그러나 좀더 구체적으로 따져 물었을 때 정확하게 대답을 못하는 경우가 비일비재했다는 것이 증권기자들의 얘기다. 대부분 "왜 그 데이콤, 다음 뭐 있잖아. 하여튼 그 비슷한 정보통신 회사야"라는 말로 얼버무리는 주부들이 많았다고 한다. IMF로 직장을 그만둔 이들과 컴맹, 넷맹으로 불리던 40, 50대들도 인터넷이나 정보통신이 뭔지 제대로 몰라도 코스닥 시장에서 이들 주만 사라는 충고대로 투자해 돈 번 이가 많았다.

코스닥 시장에서 대부분 인터넷 정보통신 기업들이 몰려 있는 벤처기업의 주를 판단할 수 있는 벤처지수는 99년 중 무려 7.6배나 증가했다. 이것만 보더라도 이들 주가 얼마나 효자 노릇을 했는지 알 수 있다.

99년에 코스닥 시장에서 주당 가격이 100만원대를 넘어선 황제주 5개 중 다음커뮤니케이션, 새롬기술, 로커스, 한국정보통신 등 4개 기업도 대표적인 정보통신 관련 주들이다. 물론 가장 화제를 끌었던 주는 바로 다음커뮤니케이션과 새롬기술 주였다. 두 회사의 주는 가히 신드롬을 불러왔다.

거래소시장의 SK텔레콤(주당 407만원으로 99년 증시 마감)에 이어 국내서 두번째로 비싼 다음커뮤니케이션의 경우 386만 5,000원(액면가 5,000원으로 환산)으로 장을 마감했다. 새롬기술도 공모가보다 1만 400%나 상승한 242만원(액면가 5,000원으로 환산)에 99년 장을 끝마쳤다. 다음커뮤니케이션은 2000년 1월 4일 장이 시작될 때는 406만 5,000원의 최고 가격이었으며 새롬기술은 같은 날 271만원의 최고가격으로 시작했다.

코스닥 시장에서 주가상승률이 가장 높았던 종목은 한글과컴퓨터로 98년말 대비 70배 정도 올랐다. 한통프리텔, 한솔PCS, 하나로통신, 한통하이텔 등의 주가 역시 상승세였다.

회사 이름에 컴, 텔 또는 통, 넷, 템 등 인터넷 정보통신 관련 글자만 있으면 상종가를 치는 경우가 허다했다. 이들 주가 코스닥 시장의 효자였기 때문이다.

2000년 말까지 인터넷 정보통신 관련기업만도 200여 개 회사가 코스닥 시장에 등록할 예정이고 보면 이들이 또다시 코스닥 시장의 효자주가 될지는 두고 볼 일이다.

통합된 시중은행에 근무하는 박모 대리는 1999년 7월쯤 친구로부터 대출을 부탁받았다. 그 친구가 아는 사람이 주택담보 융자를 원하니 좀 도와달라는 것이었다. 당시만 해도 IMF로 혼이 난 개인들이 은행돈을 쓰지 않으려고 해 은행에서는 오히려 대출을 권장하던 분위기였다. 아파트를 담보로 한다니 못해줄 것도 없고 해서 서류를 준비시킨 뒤 3,000만원을 대출해 주었다.

돈을 건네주는 자리에서 실례가 되지 않게 지나가는 말로 "어디에 쓰려고 하느냐?"고 물었더니 대출인은 대뜸 "5,000~6,000여만원 정도를 코스닥에 넣으려고 한다"고 했다. 이미 투자 대상을 찍어놓은 것 같은 대답이었다.

마침 박 대리 자신도 코스닥에 관심이 많았던 터라 "그래, 무슨 주에 관심이 많고 무슨 주를 사려고 하느냐?"고 재차 물었다. 돌아온 대답은 평소 박 대리가 생각했던 것과 진배없었다.

"뻔하지요, 뭐. 시장에서 팔딱팔딱 뛰는 걸 사야지요. 코스닥에서 사려면 이것저것 재고 자시고 할 거 없지요. 무슨 컴, 무슨 텔 자 들어가는 주만 사면 손해 안본다는데요, 뭘. 이미 많이 오른 건 살 형편이 안되고 시장에 갓 나온 거나 좀 사둘랍니다"는 대답이었다.

박 대리도 돈을 구해 행내 증권업무에 밝은 동료의 조언으로 코스닥에서 정보통신 관련 주를 조금 샀다. 코스닥에 관심은 있었지만 은행 구조조정이니 통합은행의 업무처리 등으로 정신없이 보내는 바람에 엄두가 나지 않던 터에 잘 됐다는 마음이었다.

99년 연말경 주를 처분했다면 그 대출인은 10년치 퇴직금을 벌어들였을 것 같다. 박 대리도 쏠쏠하게 벌어 새해 가족과 함께 휴가를 내어 스키장에 다녀왔다.

은행에서 돈을 꾸고 친척들이나 친구로부터 빚을 내서 인터넷 정보통신 관련 주를 샀다는 얘기가 거짓말이 아니다. 99년 11월말 현재 은행의 가계 대출 잔액은 60조원을 넘어섰다. 이중 상당 부분이 공모주청약이나 주식투자에 쓰였다고 해도 과언이 아니다.

밀레니엄 칩을 잡아라

21세기를 선도해나갈 주도주를 잡아라. 새 천년 유망주인 인터넷, 정보통신, 반도체 등의 주를 노리라는 얘기다. 이들 산업이 세상을 바꾸듯이 이들 주가 주식의 모든 것을 바꿔나갈 것으로 기대되기 때문에 나온 말이다.

1999년에 국내 증시를 강타한 최대의 상승 화제주 역시 밀레니엄 칩이 대부분이라고 할 수 있다. 코스닥 시장이 스톰 현상을 보인 것도 이 시장의 주요 주들이 성장성이나 기술력을 따지기 이전에 한마디로 뉴 밀레니엄 주식이라는 점이 투자자들의 입맛을 돋우었다고 할 수 있다.

밀레니엄 칩의 부상은 우리 나라뿐 아니라 이미 세계적인 추세다. 미국 증시에서 밀레니엄 칩은 90년대 후반부터 초강세 행진을 거듭해왔다. 하이테크 업종 주식이 몰려있는 나스닥 시장의 지수는 1999년에 60차례의 기록 경신을 거쳐 연간 84%나 상승했다. 12월 30일의 지수는 4,041.47로 마감했다.

나스닥의 주가상승에 결정적인 역할을 한 주가 바로 정보통신, 인터넷 등의 밀레니엄 칩이었다. 지난 97년부터 1999년 10월 중순

까지 나스닥 종합주가지수는 110% 올랐다. 컴퓨터업종 지수는 183%,
정보통신업종 지수는 189% 올랐다.

전체 지수상승률보다 무려 79%나 높은 수치다. 이들 밀레니엄
칩에 투자한 사람들이 얼마나 벌었을지는 쉽게 짐작할 수 있다.

1999년에 나스닥과 코스닥 시장을 뜨겁게 달구었던 밀레니엄 칩
이 2000년에도 증시를 이끌어 가는 선두주자가 될 수밖에 없을 것
이라고 많은 증권전문가들은 말하고 있다. 코스닥이 연초 폭락사태
를 빚었지만 역시 인터넷 정보통신 종목이 투자대상일 수밖에 없다
는 분석이다. 정보사회가 발전될수록 인터넷 정보통신 기업의 장래
가 밝고 그러다보니 자연 이 계열의 주식도 좋지 않겠느냐는 기대
감이 여전하기 때문이다.

H증권의 한 관계자는 인터넷 혁명이 가속화될수록 코스닥 시장
뿐 아니라 거래소 시장까지 밀레니엄 칩의 상승 파고가 인기를 더
해 갈 것이라고 진단했다.

또다른 투자자문회사 임원은 우리 나라 인터넷 정보통신 기술이
미국, 일본 등 선진국 수준을 바짝 따라붙고 있어 2000년대 장기 투
자종목을 찾는다면 필연코 밀레니엄 칩을 잡으라고 말했다.

주가가 어차피 등락을 거듭하기 마련이고 어느 주식이 튈 줄은
하느님도 모른다는 게 증권가의 속성이지만 그래도 밀레니엄 칩이
라면 투자 대상으로는 0순위라고 전문가들은 진단하고 있다.

탤런트 강남길 씨와 독일 출신 방송인 이한우 씨가 정보통신 관련 주식 덕분에 큰 돈을 벌었다고 해 화제가 되었다. 이들은 코스닥 등록 기업에 투자한 것도 아닌데도 업무상 관련됐던 기업이 컴퓨터 업체였기 때문에 돈을 벌게 돼 관심을 모았다. 모델료 대신 주식을 받았던 덕분이다.

두 사람은 컴퓨터를 부품 형태로 소비자에게 가져가서 소비자와 함께 조립하면서 컴퓨터 구조와 사용법을 교육시켜주는 세일DIY컴퓨터의 광고모델을 서 주고 출연료 대신 지분을 받아 큰 돈을 벌었다고 한다. 컴퓨터 등 정보통신 업체의 주식이 돈이 된다는 것을 보여준 사례다.

이한우 씨는 모델료 대신 이 회사지분 6,000주를, 강남길 씨는 3,000주를 받았다. 그런데 세일DIY컴퓨터사가 99년 8월 중소기업 진흥공단으로부터 국민벤처펀드 1호로 지정돼 3억원의 투자대상 기업으로 선정되면서 액면가 5,000원인 주가가 8만 3,000원의 가치가 있는 것으로 평가되었기 때문이다.

자연히 이한우 씨의 지분가치는 약 5억원, 강남길 씨의 지분가치는 약 2억 5,000만원에 이르게 됐다고 한다. 물론 세일DIY컴퓨터사가 코스닥 등록을 하지 않은 상태여서 현금화하기는 어려웠다고 하지만 2000년에 코스닥에 등록할 예정이어서 이들의 지분가치는 올라갈 가능성이 크다고 하겠다. 세일DIY컴퓨터사는 99년 상반기 중 45억원의 매출을 올렸다.

이처럼 1999년에 컴, 텔 계열의 인터넷 정보통신 관련 주식을 갖

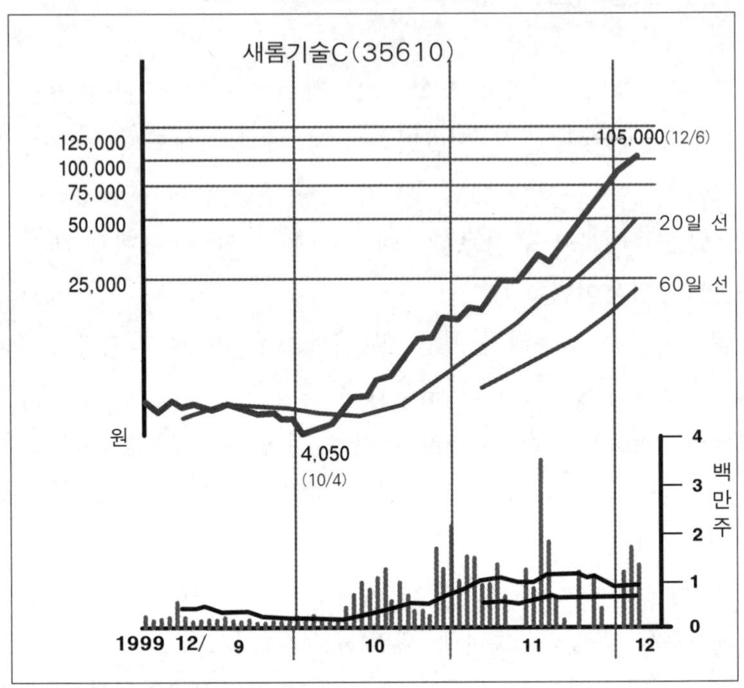

고 있던 사람들은 제법 돈을 벌었다는 것이 증권가의 통설이다. 99
년말경 주를 산 사람들은 상대적으로 큰 돈을 잃었지만 말이다.

이들 인터넷 정보통신 주식은 1999년에 일반 시장이나 코스닥
모두에서 투자자들로부터 인기를 얻었다. 주가 상승률도 컸다. 뉴
밀레니엄 시대를 앞두고 성장잠재력이 큰 이들 주식에 대한 기대치
가 그만큼 컸다는 것을 반증했다.

거래소 시장에서 SK텔레콤, 한국통신 등 정보통신 관련 주식이
뛰는 동안 코스닥 시장에서 인터넷 정보통신 주들의 주가상승률은
훨씬 높은 도약을 했다.

코스닥 시장이 뜨겁게 달아오르던 1999년 10월초부터 11월 중순까지 한 달 보름여 동안의 코스닥 지수 상승률은 약 45%였다. 이 기간 중 정보통신 주와 인터넷 주가 대부분 속해 있는 벤처지수 상승률은 119% 증가했다. 코스닥 시장 전체 기업의 평균 상승률보다 3배 가까운 높은 수치다. 투자자들이 돈 되는 종목이 무엇인지를 분명히 알고 거기에 집중 투자했음을 잘 나타내주는 대목이다.

99년 중 코스닥 시장에서 단연 돋보인 정보통신 주는 다음커뮤니케이션과 새롬기술 주였다. 다음커뮤니케이션은 공모가 1만원에서 무려 3865%가 오른 38만 6,500원에 99년 장을 마쳤다. 새롬기술은 공모가에 비해 10,400%나 오른 242만원에 장을 마감했다.

인성정보는 공모가 대비 430% 오른 3만 8,800원으로 장이 끝났지만 연중 5만 6,700원까지 올랐었다. 세원텔레콤은 공모가 4,000원에 비해 495% 오른 1만 9,800원으로 마감했다. 다음커뮤니케이션이나 새롬기술, 그것도 아니면 인성정보나 세원텔레콤 주식을 배정받은 투자자의 주가가 얼마나 올랐을까는 계산해 보면 알 수 있다. 1999년에 증권회사나 증권 전문기자들의 입에서 인터넷이나 정보통신 관련 주식을 사라는 말이 나온 것도 이해할 만하다.

컴, 텔 계열 주 얼마나 올랐나

거래소 증시에서 정보통신 4인방의 주가 변동을 보자. 99년 1년 동안 이들 주가가 얼마나 올랐는지를 살펴보면 컴, 텔 계열의 주가에 대한 투자자들의 인기도를 쉽게 알 수 있다. 1999년에 국내 증시가 상당히 호황을 누린 점을 감안하더라도 컴, 텔 계열의 주는 증시를 이끌어 온 주도주였다.

SK텔레콤은 1999년 4월 증시 사상 처음으로 주가가 100만원을 넘어섰다. 연말경 같은 휴대폰서비스 사업자인 017 신세기통신을 인수키로 하면서 주가는 더욱 올랐다. 대표적인 통신주로 자리매김한 것이다. 여기에 꿈의 정보통신 서비스로 불리는 IMT-2000의 사업자선정을 앞두고 있어서인지 주가는 더욱 올라 407만원으로 99년 증시를 마감했다. SK(구 선경)그룹이 한국이동통신(현 SK텔레콤)을 인수하던 94년 당시 주당 인수가격이 33만 4,901원이었던 것과 비교할 때와는 엄청난 차이가 있다.

한국통신의 주가는 99년 1월 4일 증시가 시작될 때 주당 4만 3,700원이었다. 3월말에는 4만 1,600원으로 오히려 약간 떨어졌다. 99년 말에는 17만 9,000원으로 장을 마쳤다. 단순히 비교해도 4배 이상 뛰었다.

데이콤의 주가는 5만 200원으로 99년을 시작했다가 58만 5,000원으로 장을 끝냈다. 무려 11배 이상 올랐다. 2000년 들어서 1월 11일 기준 38만원 선에 거래됐다.

LG정보통신은 3만 3,000원으로 시작돼 연말에 18만 8,000원으로 마감했다. 6배 정도 올랐다.

코스닥 시장에서는 한글과컴퓨터가 99년초 대비 12,394% 오른 5만 2,600원으로 99년 장을 끝냈다. 한국정보통신은 4,705%(종가 8만 1,700원), 삼우통신은 3,381%(18만 8,000원), 인터링크는 3,027%(1만5950원), 자네트시스템은 1,664%(2만 4700원) 각각 증가했다.

어쩌면 오랫동안 증시를 지켜보아온 일반인들의 상식으로는 이해가 되지 않을지도 모르는 수치라고 할 수 있다.

특히 코스닥 시장이 스톰 현상을 보인 99년 10월 이후 2개월간 주가 흐름을 보면 확연히 알 수 있다. 컴, 텔 계열의 주가상승폭이 얼마나 컸던지를 알 수 있다. 10월 1일 종가와 연말 마감 종가를 비교하면 한글과컴퓨터는 3,350원에서 5만 2,600원으로 15.7배, 네트워크통합(NI)업체인 인터링크시스템은 3,120원에서 1만 5,450원으로 5배 가까이 올랐다.

종합인터넷서비스 업체인 디지털임팩트는 같은 기간 중 1만 4,500원에서 6만 8,300원으로 올랐다. 371% 오른 셈이다. 한 달 반 동안 매일 1295원씩 오른 것이다. 액면가 5,000원이니 얼마나 올랐는지는 쉽게 계산할 수 있다. 모토롤라에 휴대폰 단말기를 공급하는 텔슨전자는 7,310원에서 2만 5,400원으로 247% 상승했다. 거의 대부분의 컴, 텔 계열의 정보통신 주와 인터넷 주가 적게는 3배 이상, 많게는 120배 이상 폭등했다. 같은 기간 중의 벤처 지수의 상승률 119%를 훨씬 상회한 것은 물론이다.

99년 한해에는 벤처기업 중에서도 이들 정보통신 주와 인터넷 주가 코스닥 시장의 총아로 등극했다고 해도 지나치지 않을 것이다.

나스닥(NASDAQ) 주도주

소위 컴, 텔, 넷, 템 등 인터넷 정보통신 주에 대한 열풍은 미국 나스닥에서 시작됐다. 세계 최대의 거부인 빌 게이츠로 더 잘 알려진 마이크로소프트(MS)나 야후, 인텔 등 정보통신업체들이 등록되어 있는 나스닥 시장은 하루 평균 거래량이 뉴욕증권거래소(NYSE) 시장을 앞지르고 있다. 1999년 6월 말 기준 나스닥 시장의 시가총액은 NYSE 시장의 4분의 1에 불과하지만 1일 거래량은 훨씬 많다. 지난 96년 이후의 일이다.

나스닥의 급성장세는 두말할 것도 없이 바로 인터넷 정보통신 분야 주가 뜨면서 비롯됐다. 전 산업분야의 숱한 첨단기업들이 상장돼 있지만 시장 주도주는 단연코 정보기술 텔레커뮤니케이션 주다.

이들 기업의 주가는 한마디로 성장성을 대변한다. 일단 시장에서 뛰는 폭이 높다는 의미다. 나스닥 시장의 주가수익비율(PER)은 상당히 높다. 99년 11월초 기준으로 NYSE 시장의 평균 PER는 28배인데 비해 나스닥의 PER는 평균 116배에 달했다.

이미 시장에 등록된 컴퓨터 업종의 PER는 90배 정도다. 벌써 흑자를 내고 있기 때문이다. 정보통신 업종의 경우 실제로는 대부분 적자를 내고 있지만 시장에서 성장성에 대한 기대와 확신이 그만큼 크다는 것을 반증하는 수치다.

마이크로소프트(MS)의 경우를 보더라도 확연히 알 수 있다. 나스닥 시장에서 시가총액의 5%를 차지하는 MS는 1999년 11월 18일 미국 연방법원으로부터 독점판정을 받았다. 그러나 나스닥 종합지수가 신고가를 갱신한 것도 성장성에 대한 맥락이 주된 이유임은 불문가지의 일이다.

세계 최대의 인터넷 포털사이트 운영기업은 야후다. 99년 12월 7일 야후의 주가는 전날보다 23.93%(67.19달러) 치솟았다. 지난 96년 말 주당 3달러를 밑돌던 주가가 그동안 3차례 주식분할한 것을 고려하면 3년만에 100배 이상 상승한 것이다.

정보통신, 컴퓨터 등은 업종지수 상승률에서도 단연코 선두주자다. 97년초 업종별 지수를 100으로 했을 때 11월초 컴퓨터 업종지수는 318, 정보통신은 346에 달하고 있다. 나스닥 종합지수 234를 훨씬 초과하는 것이다. 나스닥 시장에서 나머지 6개 지수와 비교해도 적게는 2배, 많게는 15배가 높다. 제조업종의 지수가 97년 이후 56% 상승했는데도 불구하고 종합지수 상승률 78%에 못 미치는 것과 대조를 보였다.

2000년, 세계 증시는 어떨까

2000년의 세계 증시를 보는 시각은 결론적으로 낙관적이다. 연초에 미국 금리인상 요인 등으로 인해 폭락세가 있었지만 각국의 증시전문가들은 미국과 유럽, 일본 증시가 1999년에 이어 계속 활황 장세를 이어갈 것으로 예측하고 있다. 미국 월가의 증시관계자들은 금리인상 등 돌출 변수를 극복할 경우 다우존스와 나스닥 등 뉴욕 증시의 주가지수는 오름세를 탈 것으로 전망했다.

특히 1999년에 뉴욕 증시의 대세 상승을 이끌었던 반도체, 기술, 정보통신 주와 컴퓨터 관련주들이 2000년에도 여전히 주가 상승을 선도할 것으로 전망하고 있다.

중소형 주들이 약진할 가능성도 있는 것으로 예측하고 있다. PNC 어드바이저스의 투자담당 임원인 도널드 베르딘은 "내 포트폴리오의 14%를 중소형 주로 채웠다"고 말했다.

유럽 증시 역시 활발한 회복세가 예상되고 있다. 유럽 골드만 삭스사의 피터 린치는 "기술·정보통신 주에 대한 세계적 동조화 현상이 99년 연말부터 유럽지역에도 확산되기 시작해 2000년에는 유럽 증시가 강한 탄력을 받을 것"으로 전망했다. 인터넷 정보통신 관련주의 대세 상승에 힘입어 2000년의 유럽 증시가 꽤 괜찮을 것이라는 분석을 내놓고 있는 것이다.

일본 증시도 경기회복과 경제에 대한 낙관적인 전망에 따라 완만한 상승세를 탈 것으로 예상되고 있다. 일본 증시 전문가들은 2000년의 닛케이 지수가 최저 17,000선에서 최고 23,000선까지 치솟을 것으로 전망했다.

메릴린치 증권 일본법인의 전략가인 곤도 게이코는 "1999년에 이어 2000년에도 일본 증시를 움직이는 핵심 요인은 구조조정 문제가 될 것"이라고 진단한 뒤 은행주에 주목하고 있다고 말했다. 지나이 가주노리 다이와증권 상무는 "NTT와 같은 정보통신 관련주들의 성장잠재력이 여전히 높기 때문에 투자자들로부터 계속 인기를 누릴 것"이라고 말했다.

2000년, 국내 증시는 어떨까

뉴 밀레니엄시대를 시작하는 2000년의 국내 증시 상황은 어떨까. 2000년에도 괜찮을까. 코스닥 시장은 또 어떠할까. 정보통신이나 정보기술 관련 주식이 1999년에 이어 올해에도 또 효자노릇을 할 수 있을까. 결론부터 말하자면 1999년에 비해 정도의 차이는 있겠지만 그렇다는게 많은 전문가들의 예측이다. 연초 폭락사태로 침체 분위기를 보였지만 장기적으로는 괜찮다는 분석이다. 1월의 조정국면을 고비로 다시 상승세를 탈 것이라는 견해가 많았다. 또 실제 2월 들어 장세가 급격히 회복, 상승하고 있다.

1월의 폭락사태는 1999년에 너무 오른 주가에 대한 반발심리가 크게 작용하고 대우 환매채 문제와 일부 종금사들이 악화된

<표 1-7> 주가 지수 추이

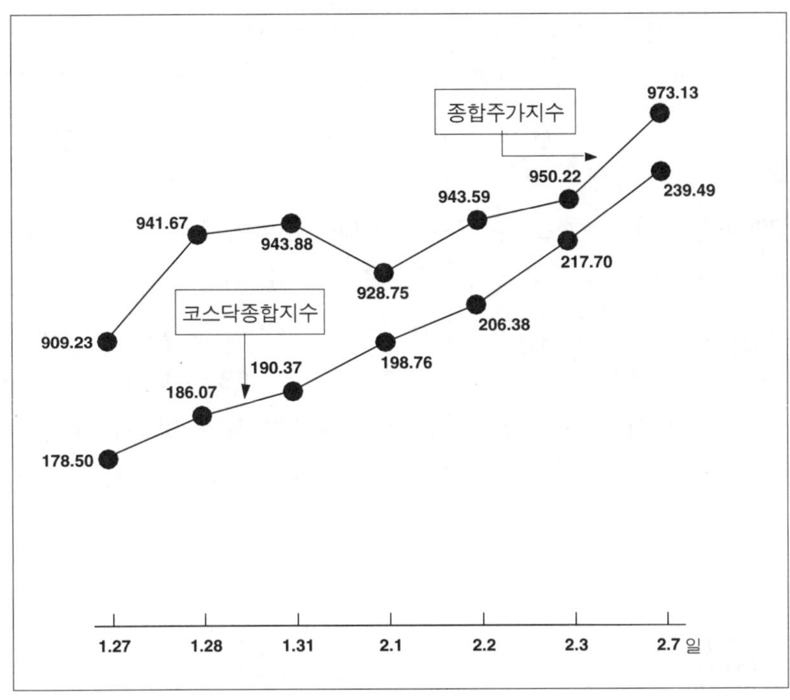

자금사정을 해소하기 위해 보유중인 주를 매도하면서 주가가 크게 출렁거렸다고 분석하고 있다. 1월말부터 증시가 다소 안정세를 찾아온 것도 같은 맥락으로 풀이하고 있다.

미국 골드만 삭스사 국제담당 부회장인 로버트 호맷은 "1999년 12월의 한국 주가 수준은 한국 경제상황에 비춰볼 때 과열이라고 보기는 힘들다. 2000년에도 엔화 강세 같은 요인과 금융 기업의 구조 조정의 효과로 상승세가 이어질 것"으로 전망했다. 골드만 삭스사는 "2000년 상반기 한국의 주가 수준을 1,250~1,300 사이로 보고 있다"고 호맷 부회장은 밝혔다.

한국경제신문이 KRC에 의뢰해 6대 도시 성인남녀 1,000명을 대상으로 조사한 새천년 재테크 국민의식 조사에서도 전체적으로 낙관론이 우세한 것으로 나타났다. 2000년 종합주가지수의 예상 최고치를 1,000~1,299 사이로 보는 응답자가 전체의 66%에 달했다. 1,400 이상을 예상한 답도 6%나 나타났다.

2000년 증시를 주도할 주로는 1999년에 이어 인터넷 주, 정보통신 주 등 소위 컴, 텔 계열의 주를 꼽고 있다. 다음으론 은행 주, 대형블루칩 및 중저가 우량주, 건설 무역 주 등으로 나타났다. 증권전문가들은 2000년에도 주가 상승세가 이어질 것으로 보고 있으며 종합주가지수를 1,300~1,400까지는 무난할 것으로 전망하고 있다.

2000년의 국내 경제성장률(GDP)이 5~8%까지 성장하리라는 각종 경제관련 전문기관의 판단에 의한다면 주가가 떨어질 이유가 없다는 이유 때문이다. 게다가 부동산 시장도 다소 상승세를 보일 것이지만 시중에 워낙 많이 풀려 있는 돈이 주식시장으로 갈 것으로 예견되기 때문이라는 게 전문가들의 분석이다. 1월의 침제국면이 더 이상 악화되지는 않을 것으로 보고 있다. 외국인 주식 투자자금도 지속적으로 국내 증시에 유입될 것이라는 게 이들의 전망이다.

2000년, 코스닥 시장은 어떨까

새 천년 증시의 화두는 단연 코스닥이다. 1월 한 달간 폭락세를 거듭했지만 여전히 얼마나 오를 것인지에 관심이 높다. 1999년에는 상상을 초월하는 주가상승으로 버블의 위험성까지 경고되어 왔다. 실제 1월 중 시장이 가라앉기 시작해 1월말 기준 작년말 대비

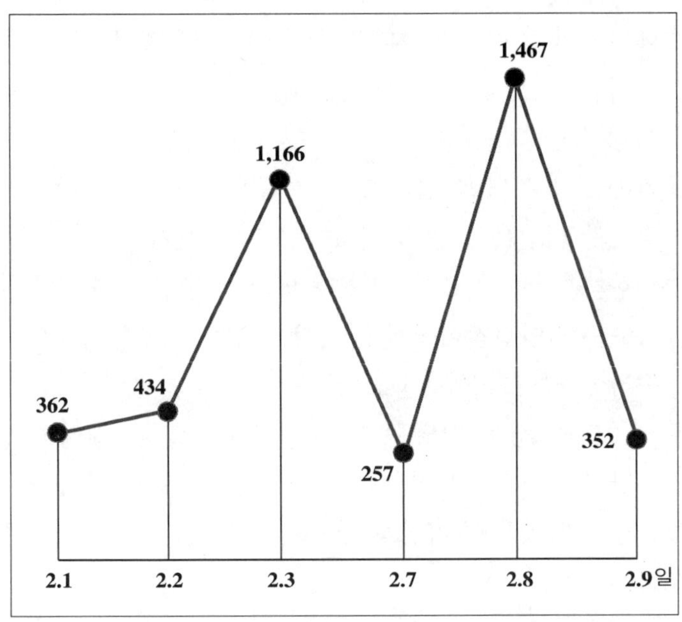

〈표 1-8〉 코스닥 외국인 순매수 규모

(단위 : 억원)

코스닥 지수가 66.1포인트 떨어졌다. 퍼센티지로는 약 26% 수준이다. 그러나 코스닥 시장의 가장 큰 힘은 새로운 우량기업이 지속적으로 코스닥 시장에 들어온다는 점을 꼽을 수 있다. 2000년 한해 동안 많게는 300개 정도의 기업이 등록할 예정이다. 그만큼 투자 대상이 넓어진다고 할 수 있다. 신규 코스닥 등록 기업들도 대부분 성장잠재력이 큰 인터넷 정보통신 관련 기업들이 많아 투자 매력은 여전히 높은 편이다.

증권사의 유명 펀드매니저들은 1999년 연말을 전후해 코스닥 주식에 대한 인식이 크게 바뀌었다고 털어놓았다. 그렇게까지 투자자들을 흡입하는 잠재력이 클 줄을 미처 몰랐다고 했다. 이들은 한마디로 놀라움의 극치라고까지 표현했다. 업종도 모르고 사업 내용도 모르는 채 쉼없이 몰려드는 투자 자금에 입을 다물 수 없었다는 게 한 펀드매니저의 고백이다. 새해 들어서는 썰물처럼 빠져나가 1월 내내 떨어지는데 또 한번 놀랐다고 했다.

그러나 대부분의 펀드매니저들은 코스닥 시장은 아직 죽지 않았다고 분석하고 있다. 1999년과 같은 폭등까지야 기대하기 어렵지만 정부가 경제의 디딤돌인 중소 벤처기업을 적극 육성할 방침이기 때문이라고 한다. 시중 자금이 여유가 있고 부동산 상승세가 완만한데다 금리수준도 안정적이어서 장기적으로는 코스닥 시장으로 돈이 몰려들 수밖에 없다고 예측하고 있다.

특히 코스닥의 경우 상당수 기업이 소위 컴, 텔 계열의 인터넷 정보통신 관련업체이고 보면 새 천년에 발전속도가 더욱 가속화될 정보사회 진입과 맞물려 자연히 상승기류를 탈 수밖에 없다는 분석이 강하다.

연초의 폭락에도 불구하고 1999년과 같은 수준이 될 것으로 상당히 낙관적인 관망을 하는 전문가도 여럿 있다. 한 증권전문가는 딱 잘라 말하기는 무엇하지만 개인적 의견으로는 작년말 256에 마감한 코스닥 지수는 연중 등락을 거듭하면서도 연말께는 360까지 갈 것이라고 전망하기도 했다. 주식의 미래는 아무도 장담할 수 없지만 코스닥 시장을 장밋빛으로 보는 전문가의 견해라고 이해하면 될 것 같다.

전문가들은 그러나 2000년의 경우에는 1999년과 같이 묻지 마 투자는 곤란하다고 말한다.

이들은 1999년에 주가가 급등해 가격 부담이 커진 인터넷 정보통신 등 첨단기업 주들과 기본가치에 비해 주가가 덜 오른 장기 소외

주 간의 가격차 좁히기가 서서히 진행될 것으로 전망하고 있다.

L증권의 한 코스닥 담당자는 "장 분위기가 성장성 위주에서 내재가치로 변화됐다"고 하면서 "2000년에는 소외 주의 반등이 있을 것"으로 내다봤다. 이는 주가차별화에 따른 반작용이라고 평가했다.

바꾸어 말하면 이제 오르는 주는 확실히 오르고 도태되는 주도 상당수가 생겨난다는 것을 염두에 두어야 할 때라고 할 수 있다.

특히 2000년에는 코스닥 등록 업체들간에 시장경쟁이 더욱 치열해질 것으로 예상되고 있어 1999년과 달리 코스닥 시장에서도 투자의 차별화가 필요하다고 할 수 있다.

2000년에는 외국인 매수세력이나 기관투자자들이 코스닥 시장에 대거 몰려들 것으로 전망되고 있다. 자연히 개인투자자들의 몫은 상대적으로 적어질 수밖에 없을 것 같다. 이들 기관들의 움직임을 예의 주시하는 것이 코스닥 시장에서 성공하는 비결 중의 하나가 될 것이다.

주식투자의 승부처는

뉴 밀레니엄의 첫 해인 2000년 주식투자의 승부처는 어디일까. 이에 대해 많은 금융전문가들은 서슴없이 인터넷 정보통신 등 소위 컴, 텔, 넷, 템 분야라고 말하고 있다. 1999년에 이어 2000년에도 비슷한 양상이 계속될 것으로 보고 있는 것이다.

세계적 경제전문지인 비즈니스 위크는 2000년의 유망종목으로 컴팩, 야후 등의 정보통신 주를 꼽고 있다. 세계 금융전문가 50명을 대상으로 조사한 설문조사에서 응답자의 60%가 이들 주를 꼽고 있다는 이유 때문이다.

우리 나라를 비롯해 1999년에 미국 증시를 활황세로 몰아간 효자는 바로 이들 인터넷 정보통신 관련 주였다. 2000년에도 상황이 마찬가지라는 전망이다.

구체적으로 어느 회사에 베팅해야 할 것인지를 판단하기란 쉽지 않은 일이다. 정보통신업체의 경우 기술분야가 워낙 다양하고 전문적이기 때문이다. 그렇다고 1999년처럼 컴, 텔 자만 붙은 종목에 묻지 마 투자를 할 형편도 아니다. 전문가들의 의견을 참조해 시장 분위기에 따라 투자하는 것이 바람직하다고 할 수 있다.

한경 펀드매니저 클럽의 7명의 펀드매니저들은 연초 2000년의 코스닥 베스트 1위 종목을 한국통신하이텔과 주성엔지니어링으로 꼽았다. 한통하이텔은 데이콤의 천리안과 함께 국내 최고의 PC통신업체다. 점차 PC통신과 인터넷서비스를 통합 운영해나가고 있고 200만 명 이상의 가입자를 보유하고 있어 인터넷시장을 주도해 나갈 것이라는 것이 높은 점수를 받은 것 같다. 모회사인 한국통신의 후광에 따른 시너지 효과도 기대되고 있기 때문이다.

주성엔지니어링은 반도체 장비 분야에서 독보적인 기술을 갖고 있다는 점이 1위 선정의 요인이다. 2위는 한글과컴퓨터였다. 높은 브랜드 이미지를 바탕으로 종합인터넷업체로 변신을 꾀하고 있는 점이 성장성이 높을 것으로 평가되었기 때문이다.

이밖에 서울방송, 코네스, 싸이버텍홀딩스도 이들 전문가들이 권하는 종목에 선정됐다.

소외 주의 대표격인 하나로통신을 눈여겨봐야 한다는 전문가들도 많다. 하나로통신의 경우 새롬기술과의 제휴, 휴렛팩커드 자본 유치, 인터넷 종합서비스업체로의 변신 등으로 반등의 조짐을 타고 있기 때문이라고 한다.

D증권의 코스닥 담당자는 "하나로통신이 강세행진을 보일 것인가, 또 어느 정도 선에서 마무리될 것인지가 2000년 코스닥 시장의 주가 상황에 큰 영향를 줄 것"이라고 말했다.

그러나 결론은 투자자 스스로 결정하는 것이 바람직하다. 전문가들의 진단이 맞는 경우가 많지만 틀릴 수도 있다. 증권전문가들이 반드시 정보통신 분야의 전문가는 아니라는 점도 고려해야 한다. 본인이 정보통신 분야에 대한 많은 연구와 기업의 현재적 가치, 잠재적 가치, 기술력, 성장성 등을 다각도로 살펴본 뒤 투자해야 할 것이다.

코스닥의 매력은 아직 끝나지 않았다

1999년 8월말 (주)코스닥증권시장은 등록기업 중 주가 상승 기업들의 주가가 아직도 저평가되고 있다는 내용을 발표해 관심을 모았다. 이후 코스닥 시장은 이들 우량 코스닥 기업의 주를 중심으로 대세 상승기류를 타기 시작했다. 당시 내용은 12월 결산 등록기업 237사(금융업 제외)의 매출액 대비 주가비율(PRS)을 분석한 결과, 전체 등록기업 단순평균이 6.24, 가중평균이 2.62로 나타났다. 반면 주가상승률 상위 30사의 단순평균과 가중평균치는 각각 4.88과 1.71로 전체 그것보다 오히려 낮은 것으로 나타났다는 것이다.

PRS는 주가를 주당 매출액으로 나눈 것이다. 미국의 나스닥에서 기업 성장성 분석과 적정 주가평가의 지표로 활용하는 개념이다.

PRS가 높을수록 투자자들이 해당기업의 지표로 활용한다는 의미로 해석하고 있다. 반대로 높지 않다면 주당 매출액과 주가가 크게 차이가 나지 않는 만큼 주가가 실적에 의해 뒷받침되고 있는 것으로 분석되고 있다.

시가총액 상위 30대 등록기업을 기준으로 했을 때는 PRS의 단순 평균치가 38.23으로 크게 높았다. 그러나 하나로통신이 969.77배에 달했을 뿐 나머지 기업들의 단순 시장평균치는 6대 1에 불과했다. 시가총액 상위기업의 주가수준도 과대평가됐다고 볼 수 없다고 분석했다.

10만원 이상의 고가 주 24개 기업을 대상으로 한 분석에서도 비슷한 결과가 나왔다. 시가총액 가중평균 PRS가 3.01로 전체 시장평균치에 비해 그다지 높지 않았다는 것이다.

코스닥 시장의 매력이 아직도 끝나지 않았다고 할 수 있다. 오히려 이제 시작이라는 분석이 강했다. 1999년에 불붙기 시작해 2000년 1월 폭락세를 보였지만 끝이 아니라고 할 수 있다. 앞으로 숱한 정보통신 분야의 알찬 벤처기업들이 코스닥 시장으로 몰려들 전망이다. 뉴 밀레니엄이 정보사회가 틀림없다면 정보통신 인터넷 기업의 성장이 당연하기 때문이다.

2000년 2월초 등록예비심사를 청구하고 3월경 등록할 인터넷 경매업체인 옥션, 정보처리업체인 나모인터랙티브 등이 벌써 주목받고 있다. 함께 예비심사를 청구한 건잠머리컴퓨터와 쓰리알(3R)도 통신과 소프트웨어 분야의 기술을 인정받고 있는 기업으로 꼽히고 있다.

코스닥 시장 주변에서는 이들 알짜배기 기업들의 등장으로 또한 번 1999년 11~12월과 같은 강세장이 재현될 것으로 기대하고 있을 정도다. 코스닥 시장의 열기가 나스닥의 경우처럼 증시를 이끌어가는 활기찬 시장으로 계속 각광받을 것이라고 많은 전문가들은 예상하고 있다.

코스닥 시장은 등락을 거듭하는 가운데 지수 상승과 거래대금의 증가가 지속될 것이다. 평균적인 투자 차익도 거래소를 능가할 것이며 투자 대상 기업에 따라서는 아직도 30배 이상의 노다지를 캘 수 있는 여력이 충분하다고 증권전문가들은 전망하고 있다.

차별화 전략이 필요하다

2000년에는 인터넷 정보통신 관련 주 중에서도 돈이 될 만한 주와 그렇지 못한 주로 구분될 것이라는 예측이 강하다. 1999년에는 코스닥이든 일반 시장이든 소위 회사이름에 컴, 텔 또는 통, 넷, 템자가 있는 주는 무차별적인 상승기류를 탔다. 자고나면 쑥 오르고

자고나면 쑥 오르는 식이었다. 회사의 매출이나 수익 등 사업내용을 살펴볼 겨를도 없었다. 이들 주식들은 샀다 하면 올랐다. 굳이 실적을 따져야 할 필요를 못 느꼈다고 할 수 있다.

그러나 이제는 사정이 달라졌다. 같은 정보기술 기업이라도 옥석이 가려져 투자가 차별화될 것이라고 많은 전문가들은 진단하고 있다. 2000년 1월의 폭락세를 맛본 것도 큰 경험이 됐다.

금융전문가들이 제시하는 인터넷 정보통신 관련 주의 옥석 판별 기준은 무엇인가.

첫째는 수익보다는 매출, 좀더 구체적으로는 매출에서 생산비를 제외한 매출수치를 중시해야 할 것이다. 인터넷 정보통신 분야는 이제 막 성장궤도에 접어들고 있다. 당장은 수익을 내지 못하더라도 매출을 많이 올린 뒤 매출액의 상당부분을 마케팅 비용으로 활용, 많은 소비자들을 끌어들일 수 있는 기업이 결국은 살아남는다고 할 수 있다. 선 매출 후 수익을 보라는 게 전문가들의 충고다.

그렇다고 수익을 전혀 무시할 수는 없다. 수익이 어느 정도 나서 살아 남아야 매출도 오르고 미래를 기약할 수 있기 때문이다. 특히 수년 전부터 누적되어온 인터넷 정보통신 관련 주의 거품현상에 대한 논란도 어느 정도 영향을 줄 것으로 예상되고 있다. 2000년에는 1999년보다 수익성 지표가 주가에 반영될 소지가 클 것이라는 분석이다. 바꾸어 말하면 2000년에는 투자자들이 인터넷 정보통신 주에 대해 수익성 여부를 따지기 시작할 것이라는 얘기다.

둘째로는 전자상거래 포털 등 갈수록 경쟁이 치열해지는 인터넷 분야의 경우 끝까지 살아남는 기업은 일반투자자들의 예상과는 달리 몇 안될 것으로 점쳐지고 있다. 선두업체에 투자하는 것이 현명하다고 하겠다. 상투 끝을 잡았다가 낭패를 보는 일 없이 같은 넷 계열 기업이라도 제대로 따져보고 투자하라는 의미로 받아들이는 것이 좋다.

같은 넷 업체라도 매출 순위 1, 2, 3위 등과는 상관없이 시가총액이 적게는 10배에서 많게는 100배나 차이가 날 수 있다.

1999년과 달리 소위 컴, 텔 또는 통, 넷, 템 등 인터넷 정보통신 관련 주라도 제대로 알고 투자해야 실속을 차릴 수 있다.

실적 따져 투자하면 대박

1999년에 스톰 현상까지 보인 코스닥 시장을 놓고 일부 증권전문가들은 거품이라고 지적했다. 심지어 어떤 이는 뻥튀기에 비유하기도 했다. 기업의 실적에 상관없이 주가가 단기간에 무차별적으로 급등했다는 이유 때문이다. 2000년 1월의 폭락장세도 이 때문이라고 주장하는 이도 있다.

개인투자자들은 기업 내용도 모르는 채 컴, 텔 계열의 아무 주나 살 수 있으면 샀다. 인터넷 정보통신 관련 기업이지만 무슨 기술을 갖고 있는지, 어떤 종류의 서비스를 하는지도 모르고 투자했다. 만드는 제품은 어디에 쓰이는지, 성장 가능성은 높은지, 내재 가치는 좋은지 등도 제대로 모르는 채 무작정 매수했다.

코스닥 등록기업들이 등록 직전이나 등록 후 기존의 한자식 회사명을 영어식으로 바꾼 뒤 회사이름 첫 자나 마지막에 컴, 텔, 넷, 템 자를 붙이는 게 유행할 정도였다.

안철수 바이러스 연구소의 안 사장이 "우리 나라 벤처기업의 95%는 무너질 것"이라고 말한 것도 이 같은 우려 때문에 나온 것이라고 이해할 수 있다. 기업내용도 모르고 투자했던 일반 투자자들이 주가에 붙었던 거품이 걷히는 순간 피해를 보는 것은 당연하다.

될성부른 나무는 떡잎부터 알아보는 법이다. 전문가들이 무엇보다 옥석 가리기가 중요하다고 지적하는 것도 이같은 이유에서다. 인터넷주와 정보통신주도 이제는 실적이 뒷받침되는 주와 그렇지 못한 주 간에 옥석을 가려야 할 것이다.

오를 때 다 함께 오르고 내릴 때 다 함께 내리는 동반 급등, 급락이 계속해 되풀이될 수는 없다. 그것은 코스닥 시장의 발전을 해치고 선의의 투자자들이 큰 피해를 보는 것으로 절대 바람직하지 않다.

전문가들이 인터넷 정보통신 계열 기업의 성장성은 인정하지만 개별 기업이 오르는 주가만큼 성장할 수 있는 지는 의문이라고 지적하는 이유를 알아야 한다. 이제는 독보적인 브랜드 인지도와 기술력을 갖춘 기업으로 투자대상을 가리는 지혜를 가져야 할 때이다.

1999년과 달리 성장잠재력만 따지지 말고 실적을 눈여겨 보아야 한다는 뜻이다. 1999년에 160개 사가 코스닥에 신규 등록한데 이어 2000년에는 약 300개, 이중 200여 개의 인터넷 정보통신 종목이 투자자들에게 선을 보일 것이다. 업체간 경쟁이 치열해질 것은 뻔하다. 단순히 컴, 텔, 넷, 템 자만 보고 투자하지 말고 실적을 보고 투자해야 진정한 기쁨을 누릴 수 있을 것이라는 전문가들의 지적에 관심을 기울여야 할 것이다. 지난 1년간의 실적을 꼼꼼이 따져야 할 것이다.

코스닥 주 매입 시기

1999년 12월초 코스닥 시장이 연일 상승세를 기록할 때의 일이다. 증권담당기자들은 만나는 사람들마다 코스닥 주를 사야 하느냐고 물어 애를 먹었다고 한다. 매도물량이 없어 사려고 해도 사기가 쉽지 않았기 때문이다. 그래서 코스닥 주는 언제 사느냐고 묻는 이들이 많다.

첫째, 코스닥 주는 첫번째 주가 조정기 때 사라고 대부분의 증권 전문가들은 말하고 있다. 코스닥 종목은 등록 후 일정기간이 지나면 매물이 없어 사고 싶어도 살 수가 없는 경우가 많다. 따라서 일정기간이 지나면 매물이 나오면서 조정을 받게 되므로 이때 과감하게 매수해야 한다는 것이다. 활황장에서는 장중에 조정을 받고 그대로 오르는 경우가 많다는 것도 알아두어야 할 사항이다.

둘째, 꾸준히 매수 주문을 내는 것이 바람직하다. 코스닥은 동시호가 체결 후에도 매수 선착순에 의해서 주를 배정하기 때문이다. 매일 오전 8시에 꾸준히 매수 주문을 내면 100주 단위로 매수할 수 있다.

셋째, 코스닥 등록을 위한 신주 공모 때 청약하는 방법이 있다. 그러나 최근 코스닥에 등록하는 유망벤처의 경우 청약률이 워낙 높아 이것도 쉽지 않은 편이다.

99년 12월 3일 코스닥 등록을 위해 신주 공모 청약을 실시한 다우데이터시스템의 청약경쟁률은 평균 210대 1이었다. 드림라인은 153대 1, 도원텔레콤 121대 1, 코리아링크 110대 1이었다. 100대 1은 기본이었다.

한국통신하이텔은 60대 1을 넘었다. 이 회사에 청약을 위해 유입된 돈만도 1조 3,883억원이었다. 이같이 높은 청약률은 2000년 들어서도 마찬가지였다. 1월 6, 7일 공모주 청약을 받은 컴퓨터 소프트웨어 개발업체인 미디어솔루션의 청약경쟁률은 평균 1,160대 1을 넘었다.

돈 되는데 몰려들지 않을 까닭이 없는 것이다. 미디어솔루션을 비롯 마크로젠, 코로엔터프라이즈 등 19개 사가 1, 2월 중 코스닥에 등록했다. 2월초에는 옥션, 나모인터랙티브 등 53개 사가 등록예비 심사를 청구했다. 주주총회가 끝나는 3월 이후부터 연말까지는 약 300개 기업이 코스닥 등록 행렬에 나설 전망이다. 코스닥 주 매입을 놓고 투자자들이 치열한 경쟁을 벌일 수밖에 없다.

코스닥 주 매도 시기

99년말 보유하고 있던 코스닥 주를 판 사람들은 2000년 1월 한달 내내 휘파람을 불었다. 그때 팔지 못하고 새해로 넘어온 투자자들은 울상이다 못해 심한 좌절감에 빠져들었다. 반토막이 나기 전에 팔았느냐 반토막이 났느냐에 따라 천국과 지옥으로 갈라졌다. 2000년 1월의 코스닥 폭락사태의 결과다. 더 오를 줄 알고 매도하지 못한 사람들이 대부분이었다. 한번 더 날아줄 것이라는 무지개빛 기대감 때문이었다.

코스닥 주는 고수익, 고위험성을 갖고 있다. 벤처기업의 특성상 개발품 하나가 대히트를 치면 주가도 널뛰듯이 뛴다. 개발중인 제품이 상용화되지 못하면 하루 아침에 부도를 맞기도 한다. 특별한 요인이 없어도 성장성이 있다고 하면 순식간에 주가가 뛴다. 아니다 싶으면 곧바로 가라앉는다. 그래서 코스닥 주는 매입보다 매도 시기를 정하는게 더 어렵다고 할 수 있다. 특히 수백대 1의 엄청난 경쟁률을 거쳐 산 공모주식의 경우 파는 시점을 찾기란 여간 어렵지 않다. 등록 후 대개 연일 상한가를 치니 팔기가 아까울 수밖에 없다. 더 오를 것이라는 기대감이 최고치로 높기 때문이다.

증권전문가들은 코스닥 공모주 매도시기를 등록 후 2주 이내라고 조언하고 있다. 99년 11월 동양증권이 실시한 수요예측 방식에서도 실제 이같은 결론이 도출됐다. 코스닥 신규 등록 종목의 주가가 단기 고점에 도달한 기간은 14.4일로 나타났다. 99년 7월 이후 등록된 새롬기술, YTC텔레콤 등 11개 기업을 대상으로 조사한 결과다.

증시에 상장된 주식의 경우 상장 5일 내에 단기 고점을 기록한 것보다 1주일 가량 오래 걸렸다. 오르는 폭이 크고 길다는 것이 그 이유로 꼽혔다. 코스닥 공모주 청약에 참가한 투자자의 평균수익률은 168%였다. 증시 공모주 청약의 평균수익률은 104%였다. 가장 높은 수익률은 보인 기업은 인터파크로 633%였다. 디지털 임팩트 212%, YTC텔레콤 207.5%, 인성정보 207.2%, 새롬기술 182.2%였다.

코스닥 시장도 증시나 마찬가지다. 무엇보다 자신의 목표 수익률을 정해놓고 매도 시점을 찾는 것이 좋다. 엘리베이터를 타고 올라갈 때가 있으면 내려갈 때도 있기 마련이다. 무한정 오르는 것은 없다. 너무 크게 먹으려고 하다간 크게 깨질 수 있다. 대탐대실의 우를 범할 필요가 없다. 항상 과욕은 참사를 빚는다는 진리가 코스닥 시장이라고 통하지 말라는 법은 없다. 코스닥 개인투자자들에게 영원히 기억될 잔인한 2000년 1월의 교훈을 잊지 말아야 할 것이다.

'코스닥 등록 땐 이미 늦다.' 등록 이전에 미리 투자하라는 지적이다. 이른바 엔젤(벤처기업 개인투자자)로 나서는 것이다. 1999년에 코스닥 등록기업의 주가가 급등하면서 엔젤도 코스닥에서 돈버는 지름길의 하나로 꼽히고 있다. 코스닥 등록 후엔 우선 물량 구하기가 쉽지 않다. 등록 후 상승이라는 메리트를 충분히 살리기 힘들기 때문이다. 코스닥 등록을 앞둔 업체의 경우 기본적으로 고수익, 고위험 주인만큼 베팅하는 마음으로 선투자가 필요하다고 할 수 있다. 정보통신 분야의 코스닥 등록 예비업체인 프리(pre) 코스닥을 잘 잡아 큰 돈을 번 사람들도 많다. 99년에 적게는 등록 후 3배에서 10배, 많게는 수십 배까지 뛰어 재미를 본 사람들이다.

새롬기술과 다음커뮤니케이션도 99년 초 액면가의 3~4배 수준에서 지분참여가 가능했다. 프리 코스닥 때 이미 웃돈을 주고 사는 셈이었다. 그러나 코스닥 등록 후 연일 상한가를 기록하면서 투자자들에게 무려 500배가 넘는 이익을 가져다 주었다. 한발 앞선 투자의 결과치고는 너무 좋았다. 월척을 낚았다고 할 수 있다.

흑진주를 캐기 위해 엔젤 대열에 나서고 있는 투자자들은 매우 다양하다. 증권사 직원, 외국계 헤지펀드, 회사원, 사채업자, 실직한 회사원, 퇴직 회사원, 대학생, 주부, 농민들까지 전국민이 엔젤이라고 보아도 무방하다는 것이 코스닥 관계자들의 분석이다.

이들은 대개 증시 주변에서나 친지, 친구들을 통해 돈이 될 만한 벤처기업을 물색한다. 사냥감이 찍히면 인맥, 학연, 고향, 심지어는 동네 아주머니나 군대 동기 등 온갖 연고를 내세워 접근한다. 대부분 1인당 2억~3억원 정도는 투자할 수 있는 능력을 갖추고 있다고 한다. 개중에는 마음만 먹으면 10억원 이상도 댈 수 있으니 지분을 달라고 떼를 쓰는 엔젤도 있다고 한다.

이들 엔젤의 극성은 서울대 교수들이 설립한 3R이 실시했던 인터넷 주식공모 때 극명하게 나타나 많은 투자자들을 놀라게 했다. 디지털 리코더를 개발한 3R의 주식공모에는 무려 3,000억원이라는 돈이 몰려들었다. 될 성싶은 떡잎을 노리는 엔젤 투자 여력이 얼마나 대단한지를 보여주는 대목이라고 할 수 있다.

최근엔 국내에도 이들 엔젤 투자자들의 모임인 엔젤 클럽이 잇따라 설립되고 있다. 상호 정보교환과 공동출자 등을 위해 모인 이들은 무한엔젤클럽, 대덕엔젤클럽, 향영21리스크컨설팅, 부산테크노엔젤클럽 등이 대표적이다. 이들은 대부분 컴, 텔 계열의 인터넷 정보통신 주와 생명공학 등 첨단 벤처업종에 투자하고 있다.

인터넷에서 장외주식을 전문적으로 알선해주는 사이트도 수십 개로 늘어났다. 인터넷 경매 사이트를 통해서도 장외주식 거래가 활발히 이루어지고 있다. 제3시장이 개설되더라도 흑진주 조개잡이를 떠난다는 마음으로 또다른 프리 코스닥을 찾아 선투자하는 것도 남보다 앞선 재테크 수단이라고 할 수 있다.

코스닥 시장의 함정

코스닥 시장이 투자자들과 세인의 관심을 집중시키면서 이곳에서 생기는 화제도 많다. 먹고 빠지는 고스톱 장, 거품 장, 냄비 장 또는 천국과 지옥을 오가는 장이라고까지 표현하고 있다. 그만큼 비정상적이라는 뉘앙스가 강하다.

1999년에 코스닥 시장이 뜨면서 일부 벤처기업의 경우 실제 특별한 기술이 없는 데도 있는 것처럼 과장홍보를 했다. 이어 코스닥에 등록해 어느 정도 주가가 오르면 주를 내다 팔고 창업자는 빠져버렸다. 순전히 주가 차익만 챙기고 꼬리를 감추어버리는 케이스라고 할 수 있다.

또 이들 가운데는 같은 기술을 포장만 새로해 새 회사를 차리기도 한다. 엔젤 투자자들을 꼬드기기 위한 수법이다. 돈이 들어온 뒤에는 회사를 남에게 넘기곤 자취를 감춰버리는 사례도 있었다. 전형적으로 고스톱 판에서의 먹고 튀는 수법과 진배없다.

거품 장이라는 지적도 많았다. 투자자들을 함정으로 유인하는 요인이다. 주가가 적정지수를 넘어 지나치게 높게 상승한다. 작전을 편 결과다. 액면가의 10~20배는 그래도 순진한 수준이다. 개인투자자들의 묻지 마 투자에도 원인이 있다. 대단치도 않은 기술을 그럴듯하게 포장해 성장잠재력이 뛰어난 것처럼 꾸며놓았기 때문이다. 투자자의 기대심리를 악용하는 탓에 지나친 거품이 형성되기도 했다.

이같은 거품은 코스닥 등록기업에 대한 증권회사들의 정확한 기업분석이 어렵다는 것에도 이유가 있다. 시장규모가 거래소 시장의 25~30% 수준으로 커졌지만 아직 제대로 된 기업분석이 없기 때문이다.

증권회사 애널리스트들은 대개 거래소 상장 종목과 코스닥 등록 종목을 함께 맡아 분석한다. 손이 모자랄 수밖에 없다. 코스닥 종목의 기업분석까지는 엄두를 못 내는 경우가 많다. 분석의 질이 떨어질 수밖에 없는 실정이다.

투자자들을 현혹시키는 거품 발생 요인은 증권회사들이 등록기업에게 후한 점수를 주고 있는 데서도 야기된다. 일부의 경우 기업의 반발 등을 우려해 매수추천 위주의 보고서를 내기 때문이다. 투자자들이 등록기업이면 모두 좋은 기업이라고 오해하기 쉽다. 바꾸어 말하면 돈이 될 거라고 착각하게 만들 소지가 있다.

코스닥 시장을 놓고 냄비 장 또는 천국과 지옥을 오가는 장이라고 부르는 것도 뒤집어 말하면 투자자들을 곧잘 함정으로 몰아가는 요인이 될 수 있다는 것이다. 투자하면 금방 오르니 현혹되기 십상이다. 코스닥 시장은 대부분 컴, 텔 계열의 주가 리드하고 있다. 이들 주의 인기도에 따라 장이 쉽게 뜨거워지고 쉽게 식어버리는 것은 당연하다.

1999년 12월초 이같은 현상이 자주 나타났다. 12월 1일과 2일 이틀간 한글과컴퓨터, 자네트시스템, 인성정보 등 컴, 텔 계열의 주가는 대부분 하한가를 기록, 10% 이상 떨어졌다.

그러나 불과 4, 5일 뒤인 6일에는 모두 상한가를 쳤다. 이때는 다른 주들도 동조해 상승기류를 탔다. 함께 뜨거워졌다가 함께 식어버리는 경우가 비일비재했다. 올라갈 때는 상한가, 떨어질 때는 하한가를 되풀이했다. 불과 며칠 사이에 천국과 지옥을 오가는 기분이 들 때가 많았다고 투자자들은 호소했다. 코스닥의 매기가 상당히 투기적이라는 비난도 이런 이유에서 찾을 수 있다.

코스닥 시장의 역사가 짧은 것도 조심해야 할 함정의 하나다. 미국 나스닥 시장의 영향을 직접 받는다는 의미다. 나스닥 폭락 등 악재가 생기면 코스닥도 동반 폭락하는 것이 그 예다.

코스닥 시장에서는 군중심리에 의한 일제 폭락 가능성이 항상 존재한다. 아차 하는 순간 코가 꿰일 수 있다는 사실을 잊지 않는 것이 헤어날 수 없는 함정을 예방하는 지름길이다.

창업자 없는 벤처도 많다

코스닥 시장에서는 창업자가 없는 벤처, 물 없는 오아시스로 치부되는 종목이 있다. 선장 없는 배라든지 목표물 없는 미사일이라는 표현도 쓴다. 모두 다 이런 종목을 경계하라고 빗댄 농담 같은 진담이다. 벤처기업이 코스닥에 등록한 뒤에 기술을 가진 창업자 겸 대주주가 주식을 팔아치운 뒤 손을 빼는 경우가 간혹 있기 때문이다.

벤처는 현재의 기업가치보다 향후의 성장 가능성을 중요시한다. 그런 벤처에서 기술을 가진 창업자 겸 대주주가 보유주를 처분하고 기업에서 빠져버리는 경우는 황당하기까지 하다고 개인투자자들은 불평한다. 이 기업이 경영에 실패했을 때 창업자나 경영자가 아닌 일반투자자들이 손실을 모두 덮어쓰게 되는 것이다.

이들 기업은 창업자인 대주주의 지분매각에 대해 대개 유상증자 대금과 신규투자 재원을 마련하기 위한 조치라고 설명하고 있다. 그러나 증권관계자들과 개인투자자들은 단순히 재테크를 위해 코스닥에 등록했을 뿐이라고 비난한다. 도의적으로 용납될 수 없는 행태로 비난받아 마땅한 행위라고 지적하고 있다.

기술을 가진 창업자를 보고 주식을 매입한 개인투자자들은 당혹감을 넘어서 배신감마저 느꼈다고 토로하고 있다.

실례로 99년 7월 코스닥에 등록한 S정보통신의 경우 불과 6개월도 안된 10월경 대주주가 보유주식을 매각했다. 주인은 없고 객만 남은 꼴이다. 물론 이 기업은 대주주가 빠진 뒤에도 주가가 크게 올라 그때까지 개인투자자들이 손해를 보지는 않았다. 대주주들이 주당 10만원선에 매각했지만 12월초 주가는 14만원대였고 12월 28에는 13만 6,500원으로 장을 마감했다.

인터넷 벤처기업인 인터파크도 제1대 주주인 이기형 사장이 주식 50만주를 주당 1만 5,724원에 매각했다. 이 사장이 등록 당시에 보유하고 있던 36.5%의 지분이 현재는 15%로 낮아졌다. 이후 이 회사 주가는 상당히 떨어져 12월 29일 9,900원에 불과했다.

골드뱅크 창업자인 김진호 사장도 99년 초부터 보유지분을 계속 줄여 99년 5월에는 2.08%까지 낮아졌다. 98년 10월 코스닥 등록 당시 지분은 11.8%였다. 골드뱅크의 주가는 1999년 12월 29일 1만 1,000원이었다.

증권업협회가 1999년 8월 코스닥 등록기업의 제1주주는 등록 후 6개월 동안 주식을 한 주도 매각하지 못하도록 제한한 것도 창업자 없는 벤처에 의한 개인투자자의 피해를 방지하기 위해 마련한 조치였다. 또 2000년 들어서도 정부가 코스닥 등록 후 최소 1~2년간 벤처기업 대주주나 특수관계인의 지분 매각을 금지하는 방안을 검토하고 있는 것도 이같은 이유 때문이다. 다만 지분 매각이 장외에서 이뤄질 경우에는 규제하지 않기로 했다.

미국 나스닥도 투자자들을 보호하기 위해 안전장치를 마련, 운영하고 있다. 자물쇠 기간(Lock-up Period)이 그것이다. 이는 상장 후 1년 정도 대주주나 경영진 또는 이와 특수관계에 있는 사람들은 보유주식을 매각할 수 없도록 하는 조치이다.

　코스닥 등록기업에 투자하려면 창업자가 누군지, 그가 현재도 제
1 대주주로 남아 있는지를 챙기는 현명함이 불의의 피해를 최소화
하는 방법 중 하나다.

엔젤을 노리는 함정

　엔젤을 노리는 함정도 만만찮다. 벤처기업은 애초부터 알려진 것
이 별로 없다. 따라서 코스닥 열풍에 휩싸인 개인들이 투자 유혹에
쉽게 빠져들기도 한다. 기업 사정도 제대로 파악하지 못한 채 이른
바 묻지 마 투자에 편승하게 되는 것이다.

　개인투자자들이 실제 ‘거품 벤처’인지 ‘속 찬 벤처’인지 구분한다
는 것은 뜻대로 쉽지 않다. 기술력을 정확히 측정하기가 어렵기 때
문이다. 때로는 순식간에 망해버리는 경우도 있다. 벤처기업의 성공
확률이 10% 미만이라는 점을 염두에 두어야 할 것이다.

　1999년처럼 컴, 텔 계열 회사만 골라 투자해도 돈이 될 때는 큰
문제가 없다. 그러나 2000년 1월의 폭락사태를 경험해 보아서 알게
되었듯이 이제는 적어도 엔젤사냥감이 되어서는 안 된다.

　코스닥 등록을 앞둔 일부 벤처기업들이 주식가치를 지나치게 높
게 요구하는 경우가 있다. 이른바 거품 벤처, 또는 허풍 벤처라고
할 수 있다. 1999년 상반기까지만 해도 엔젤클럽 등을 통해 투자자
금을 유치하는 창업초기 벤처기업들의 주식 발행가격은 주당 1만~
2만원 선이었다.

　그러나 1999년 하반기 이후 상황이 많이 바뀌었다. 엔젤 투자가
급속도로 확산되고 중소기업청 등 정부주도의 벤처펀드가 생겨나면

서 주식발행 가격도 천정부지로 치솟았다. 한 전자업종 벤처기업은 엔젤클럽에 주당 20만원씩에 투자자금을 모아달라고 했다가 거절 당한 적도 있다.

일부 벤처기업의 경우 당초 약속과는 달리 주식 발행가격을 터무니 없이 올려 물의를 빚었다. 정보통신 분야 벤처기업인 A사는 주당 3만원에 10억원의 투자자금을 유치하려고 했다. 그런 뒤 느닷없이 주당 가격을 6만원으로 올렸다. 예상과 달리 엔젤들이 대거 몰려왔기 때문이었다. 이 회사는 주당 6만원을 제시한 일부 투자자들하고만 계약을 했다. 나머지 투자자들로부터 심한 반발을 받은 것은 당연했다.

미국 나스닥 상장기업의 성공률도 10% 전후다. 4년 후 주가가 공모가액의 4배 정도는 되어야 경제성이 있는 것으로 평가된다. 주당 15만원인 벤처기업의 경우 4년 후 주당 60만원 이상 되어야 한다는 분석이다. 실상 초우량기업이라도 그 정도의 주가상승은 쉽지 않다. 거품 벤처나 허풍 벤처처럼 주당 발행가격을 턱없이 높여 놓을 경우 적정 수익을 거두기 어렵다는 점을 알아야 할 것이다.

창업자가 누군지, 경영철학은 무엇인지 등을 면밀히 파악하는 것이 중요하다. 사업계획서에서 시장분석과 매출액 추정, 경쟁력의 척도 등도 자세히 알아보아야 한다. 주위사람들에게 조언을 구하는 것도 엔젤투자에서 함정에 빠지지 않는 현명한 방법 중의 하나라고 할 수 있다.

최근에는 인터넷을 통해 주식을 공모하는 벤처기업들도 많이 생겨났다. 그러나 그 경우 신뢰도가 낮을 수밖에 없고 코스닥 등록 일정도 불투명할 때가 많다. 개별적으로 개인투자자들을 모집하는 사모방식 벤처투자조합도 있다. 그들 중 일부는 부동산 투자나 사채

놀이를 해 사회적 물의를 빚기도 한다. 투자도 좋지만 생돈을 날려서는 안된다. 희생양이 되지 않는 현명함을 갖추어야 한다.

코스닥 투자 비결

코스닥 등록기업의 경우 대부분 기술을 바탕으로 한 벤처기업들이다. 바꾸어 말하면 기술을 팔아 이득을 남기는 회사나 다름없다. 가진 게 기술뿐이니 무엇보다 기술을 최우선 판단 기준으로 삼아야 한다는 점을 잊지 않아야 한다. 기술력이 있다면 경쟁력은 생기기 마련이고 그같은 경쟁력이 실적을 뒷받침해주기 때문이다.

1999년의 코스닥 투자가 대부분 컴, 텔 계열 기업에 대해 성장성이 좋다는 한 가지 이유만으로 이루어진 묻지 마 투자였다면, 2000년의 코스닥 투자가 달라져야 하는 것도 그같은 맥락에서 이해하면 될 것이다.

2000년 코스닥 투자 요령은 첫째, 예비스타를 찾는 것이다. 1999년처럼 컴, 텔 자만 붙으면 돈이 되는 시기는 지나갔다. 시장에서 먹혀들 만한 제대로 된 기술력을 가진 기업을 골라야 한다. 같은 컴 자 같은 텔 자 기업이라도 어느 쪽 기술이 뛰어난지를 살펴야 한다는 것이다.

둘째, 실적이다. 흑자를 냈거나 적어도 시장지배력이 높은 기업을 잡으라는 의미다.

1999년처럼 성장성만 따져서는 곤란하다. 인터넷 가입자가 곧 수천만명에 달할 것이라는 전망만 나오면 관련주가 동반 상승하던 시대는 갔다고 보면 된다. 수많은 기업이 코스닥에 앞다퉈 진입하고 있는 실정을 감안하면 이제 업종의 희소성은 약해졌다. 믿을 것은 그 기업의 실적뿐이라는 사실을 잊지 않는 자세가 필요하다.

셋째, 거래량이다. 코스닥 기업에 투자하는 것은 거래소 기업에 투자하는 것보다 고수익을 보장한다. 그러나 상대적으로 위험도가 훨씬 높다고 할 수 있다. 코스닥 시장에는 유동성이 떨어지는 종목이 많다. 하루 5,000주 이상 거래되는 종목은 불과 100개 정도다. 하루에 단 몇 주만 거래되면서도 상한가 행진을 계속하는 주도 여럿 있다. 이런 종목은 사고 팔기가 힘들 수밖에 없다. 환금성이 매우 약하다는 의미로 해석하면 된다.

넷째, 기업분석을 철저히 하는 것이다. 코스닥 등록기업은 상장기업에 비해 기업 정보가 빈약한 경우가 많다. 증권사들도 제대로 된 기업분석 내용을 내놓는 경우가 드물다. 개인이 여러 채널을 통해 기업내용을 제대로 파악한 뒤 덤벼들어야 후회가 적다는 뜻이다.

다섯째, 성장성도 한번 더 짚어보아야 한다. 괜찮은 사업내용을 내놓고 영업이익도 어느 정도 내고 있는 기업이라도 기본적으로 컴, 텔 계열 정보통신기업은 특성상 상당액의 투자자금이 소요된다. 적게는 수십억원에서 많게는 수천억원, 그 이상의 자금도 소요된다. 투자내역과 투자자금 조달계획을 면밀히 살피는 게 좋다. 투자비용을 감당하기 어려운 기업이 많을 수밖에 없다.

여섯째, 코스닥 시장의 매매제도를 익혀 놓아야 한다. 이 시장은 거래소 시장과 차이가 있다. 오전 9시부터 오후 3시까지 점심시간 휴장 없이 열린다. 최소거래 단위는 거래소 시장이 10주인데 비해 코스닥은 1주도 가능하다. 하루 가격제한폭도 상하 12%로 거래소 시장의 15%보다 좁다. 코스닥 시장에 대해 연구하는 시간을 더 많이 할애해야 한다.

나스닥이 교과서다

　미국 투자자들의 황금어장인 나스닥은 코스닥의 맏형이라고 할 수 있다. 형만한 아우를 만들고자 탄생한 것이 바로 코스닥이라고 보면 된다. 시장에서 인기 있는 주도 소위 컴, 텔 계열의 인터넷 정보통신 분야로 비슷하다. 나스닥 투자자들은 GM 같은 거대기업보다 성장 잠재력이 큰 아마존, 시스코와 같은 첨단 인터넷 기업을 선택, 고수익을 올렸다. 코스닥 투자자들도 비슷했다. 새롬기술, 다음커뮤니케이션, 골드뱅크 같은 인터넷 정보통신 기업을 주 공략대상으로 삼고 있다.

　1999년 하반기 이후 나스닥과 코스닥의 주가가 종전에 비해 더욱 긴밀한 동조현상을 보이고 있다. 동반 급등, 동반 폭락을 반복하는 것도 비슷하다. 1999년 12월 10일(금) 코스닥 시장은 사상최대의 폭등세를 보였다. 종합주가지수가 1,000을 재돌파했으며 코스닥 지수도 사상 최고치였다. 이날 하루 지수는 10.59포인트가 오른 261.37이었다. 나스닥 지수의 사상최고치 연속 경신에 힘입은 것이 그 이유다. 4일 전인 12월 6일에도 하루 11.90포인트가 올라 지수가 232.06으로 마감됐다. 6일 하루 거래량과 거래대금만도 각각 1억 2,854주, 1조 7,331억원이었다. 이틀 전인 4일 나스닥 지수가 67. 84포인트 오른 3,520.62포인트로 올라서는 등 초강세를 보였던 것이 그 직접적인 원인이었다. 주가가 오를 때 함께 오른다는 의미다.

　쌍둥이처럼 주가가 떨어질 때도 상황이 비슷했다. 연초인 1월 7일 코스닥 지수는 전날보다 무려 19.86포인트나 떨어졌다. 하루 전인 6일 나스닥 지수가 사상 최고로 많이 떨어진 3일의 4131.15보다

〈표 1-9〉 한 · 미 양대 주식시장 비교

자료 : 삼성증권

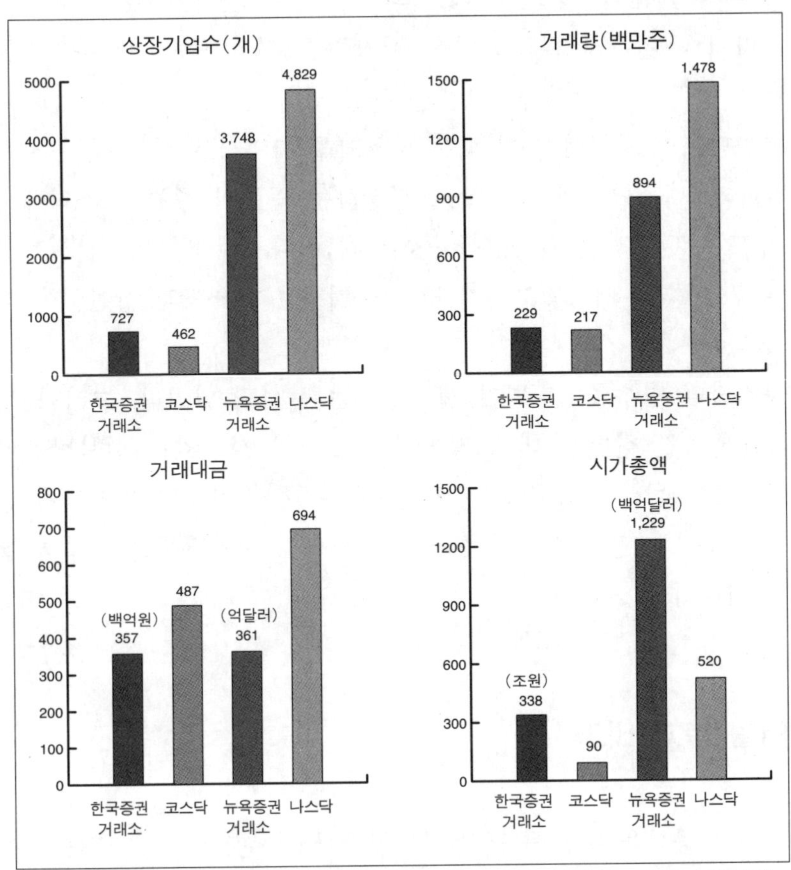

※미국 증시는 1999년 말 기준(단, 거래량 · 거래대금은 12월 평균), 한국 증시는 2000년 2월 8일 기준

9.8%가 빠지면서 곧장 코스닥에 영향을 준 것으로 분석됐다. 나스닥과 코스닥이 공생공사한다는 느낌을 지울 수 없다.

연초 동양증권은 '한국증시의 미래'라는 보고서에서 미국 주가가 오르면 한국 주가가 오를 확률이 95% 이상이라고 밝혔다. 우리 증시가 미국을 닮아가는 것이 하나의 추세라는 분석이다.

따라서 개인투자자들의 경우 성장주를 선호하는 기관투자가를 따르는 전략이 바람직하다고 제시하고 있다.

코스닥에 투자하려고 할 때는 나스닥을 교과서로 삼는 것이 좋은 방법이다. 나스닥에서 주도주로 성장하는 업종의 주는 코스닥에서도 주도주로 등장할 가능성이 높기 때문이다. 2000년 1월의 폭락사태 이후 1월말부터 2월초까지 코스닥 지수는 나스닥과 상관없이 다소 올랐다.

나스닥의 영향을 덜 받기 시작했다는 분석도 있었다. 그러나 전문가들은 1월 한달간 너무 떨어져 나스닥과 상관없는 회복반등이 일어났다고 들려줬다. 같은 벤처기업들의 주가 거래되고 인터넷 정보통신 주가 시장을 선도하는 만큼 나스닥의 주가변동을 면밀히 살피는 지혜가 필요하다.

엔젤 투자 비결

코스닥 등록을 추진 중인 벤처기업만큼 정보를 얻기가 힘든 경우도 없다. 기껏해야 신문지상에 보도되는 것이 고작이다. 사장은 누군지, 경력은 어떤지, 생산제품이 무엇인지, 통신서비스 내용이 무엇인지도 파악하기 힘들 때가 많다. 기술력은 어떤지, 주주들은 누군지 하는 가장 기본적인 사항도 알기 어렵다. 다시 말하면 투자 결정을 내리기가 그만큼 힘들다고 할 수 있다.

벤처기업에 투자하려면 거래소 상장기업에 대한 투자 때보다 훨씬 품을 많이 들여야 한다. 사서 고생해야 한다는 뜻이다. 증권회사 같은 데서도 깊이 있는 정보를 얻기 어렵기 때문이다.

투자자가 직접 정보를 캐내야 한다. 그래서 다리품을 팔아야 한다. 노력한 만큼 얻을 수 있다는 것은 벤처기업 투자에도 해당하는 진리다.

우선 투자대상 기업의 투자설명회(IR)에 참석하는 것은 기본이라고 할 수 있다. 한걸음 더 나아가 투자하려는 기업을 직접 찾아가 보는 것도 좋은 방법이다. 임직원들의 근무태도는 어떤지, 사무실 분위기는 괜찮은지 등을 살펴보아야 한다. 사무실과 공장은 자기 것인지, 임대한 것인지, 시설이나 재고현황은 어떠한지, 임직원 수는 적합한지 등도 챙겨보는 것이 좋다. 회사가 공식적으로 내놓은 자료와도 꼼꼼히 비교해 보아야 투자 결정을 내리기가 훨씬 용이해질 수 있다.

그 기업이 연구소나 개발실을 갖고 있다면 꼭 둘러보는 것이 좋다. 연구 개발의 열기를 파악할 수 있기 때문이다. 때론 지나가는 말로 연구원에게 개발현황이나 제품에 대해 물어보면 대개 순수한 연구원들로부터 의외로 솔직한 대답을 들을 수도 있다.

벤처기업을 직접 방문해야 하는 이유는 또 있다. 일부 기업의 경우 벤처 열풍을 타고 생긴 유령회사일 수도 있기 때문이다. 때론 벤처도 아닌 기업이 벤처로 둔갑해 투자자를 현혹시키는 사례도 있다. 불의의 피해는 사전에 차단하는 것이 현명하다.

다음으로는 대기업이나 정부 출연 연구소 출신이 만든 벤처기업일 경우엔 무엇보다 창업자의 경력을 살피는게 중요하다. 이들 출신은 대개 믿을 수 있다고 할 수 있다. 사업성도 대부분 괜찮은 편이라는 게 일반적인 분석이다.

그러나 주의할 점도 있다. 창업자가 연구소 재직 중 어떤 분야에서 연구개발을 했는지 살펴야 한다. 창업 아이템이 그동안 해온 연구개발 분야와 일치하는지도 알아보아야 한다. 일치할 경우 놀던 물인 만큼 사업성공률이 높다고 할 수 있다. 창업 동기도 중요하다. 돈 욕심 없는 사람은 없겠지만 단순히 재테크를 위한 것인지, 나름대로 철학을 갖고 있는지 등을 알아보는 것도 필요하다. 향후 그 기업이 어디로 나아갈지를 아는 지름길이기 때문이다.

연구 기간이 얼마나 됐는지도 파악해 놓아야 한다. 연구소에서의 연구기간이 짧으면 앞으로 연구개발 기간이 많이 소요될 수밖에 없다. 그만큼 상품화에 시간이 필요하다는 뜻이다.

함께 근무했던 연구소 동료들의 생각을 듣는 것도 좋은 방법의 하나다. 투자 대상 벤처기업의 개발 가능성, 사업성 등에 대해 조언을 얻는 것이다.

사업계획서도 여러 번 정독해야 한다. 제품과 시장성, 매출전략과 계획, 생산계획과 원가계산 등을 꼼꼼히 살펴보아야 한다. 경영자의 경영철학과 예상수익, 재무제표, 회사 가치산정과 신주 발행가격, 투자계획 등을 따져보는 것도 벤처투자의 비결이라고 할 수 있다.

인터넷 주는 이렇게 고른다

1999년에 전세계 증시를 강타한 주식은 인터넷 관련 종목이었다. 성장성을 무기로 투자자들의 주목을 받았다. 올해에도 인터넷 쪽의 새로운 주자들이 대거 등장할 것으로 기대된다.

모건 스탠리 애널리스트인 메리 미커는 월 스트리트저널의 자매

지 배런스에 기고한 글에서 2000년에 가장 주목 받을 인터넷산업 분야를 기업간 전자상거래(B to B)로 꼽았다. 그는 2000년에는 이 분야에서 많은 기업이 기업공개(IPO)를 단행할 것이라고 진단했다. 그들은 그동안 인기를 끈 기업 - 고객간 전자상거래(B to C)보다 훨씬 더 강력한 영향력을 시장에 행사할 것이라고 했다. 많은 사람들은 인터넷 관련주들이 고평가돼 있다고 지적하고 있다. 심지어는 인터넷 주식의 90%가 거품이라고 평가하기도 한다.

메리 미커는 이같은 의견에 동의한다고 전제했다. 그러나 중요한 것은 시장에서 주가가 제대로 평가되고 있는 나머지 10% 기업이 어디냐 하는 것이라고 지적했다. 그들 말대로라면 미국시장에 등록된 300여 개의 인터넷 기업 중 30여 개만이 진짜배기일 테고 실제로 우량 인터넷 기업의 주를 찾아내는 것은 갈수록 어렵다고 토로했다.

그는 사례로 아메리카 온라인(AOL)도 수년 전에는 버린 자식 취급을 받았으며 야후와 아마존도 마찬가지였다고 했다. 아마존이 사업영역의 확장으로 매출을 올리고 있지만 실제 이익을 남기지 못한다고 해서 이 회사 주가 고평가됐다고 일축해버릴 사람이 있겠는가 하고 반문했다.

코스닥에서도 상황은 비슷하다. 98년까지만 해도 한국통신하이텔 등 몇몇 업체만 흑자를 기록했다.

수많은 인터넷 업체가 사업을 하고 있다. 투자자들은 어떤 기업의 주를 사야 할지 망설일 때가 많다.

인터넷 업체들은 모두 회원수 늘리기를 제1의 경영목표로 삼고 있다. 그래서 연간 적게는 수억원에서 많게는 수십, 수백억원씩을 광고비로 투자하고 있다. 회원수 외에는 달리 평가할 수 있는 방법이 없기 때문이다.

우량 인터넷 기업과 그렇지 못한 기업을 골라내는 옥석 가리기가 그래서 어렵다.

신영증권이 1999년 12월초 내놓은 인터넷 주의 가치평가 기준이란 보고서를 보면 조금은 도움을 받을 수 있을 것이다. 첫째 시장을 선점한 1위 기업, 둘째 매출액 증가율이 돋보이는 기업, 셋째 안정적인 수익을 낼 업체가 유망하다고 진단했다. 하나 더 첨가한다면 핵심역량 기술보유 여부를 판단하는 것도 바람직한 방법이라고 할 수 있다.

가입자 수에서 2위와 현저하게 차이가 나 시장을 선점한 기업은 성장성에서 좋은 점수를 받는다. 인터넷은 특정 사이트에 익숙해지면 다른 사이트로 옮겨가는 것이 어렵기 때문이다. 전자상거래 분야의 다음커뮤니케이션, 한솔CSN, 인터파크처럼 매출액 증가기업도 옥석 판단의 기준이 된다고 할 수 있다.

인터넷 사업은 시스템 구축, 판매 광고 관리비 비중이 크다. 비용 부담이 많아 수익을 내기가 쉽지 않다. 따라서 비용을 줄이고 신속하게 수익을 내기 위해 관련업체간 인수합병을 추진하는 경우가 많다. 막연히 성장잠재력만을 지고의 가치판단으로 삼아서는 안될 것이다. 접속자수, 회원수 등을 알아보고 고객의 인터넷 사용시간, 유료 회원수 등을 자세히 조사하는 것이 바람직하다. 회원 1인당 매출액, 신규회원 1명을 확보하기 위해 들인 비용, 매출액 대비 영업이익 비율 등도 따져보아야 할 것이다.

2000년 3월경 제3주식시장이 문을 열 예정이다. 증권거래소, 코스닥에 이어 비상장 비등록 주식이 거래되는 시장이다. 장외 주식 거래장이다. 그동안 사채업자나 인터넷을 통해 거래되던 비상장 비등록 주식의 매매를 증권사가 중개해주는 시장이다.

제3시장은 한마디로 초고수익, 초고위험 시장이라고 할 수 있다. 코스닥 시장의 그것을 뛰어넘는다. 매매제도에 가격 제한폭이 없어 잘 골라잡으면 하루에 몇 배의 수익은 거뜬히 올릴 수 있다. 반대로 주가조작 가능성을 배제할 수 없고 기업정보 수집이 취약한데다 유동성이 떨어져 한번 당하면 말 그대로 폭삭할 수 있다.

제3시장 등록요건은 감사인 의견이 적정 또는 한정 이상인 기업, 예탁원에 주식예탁이 가능한 기업, 명의개서 대행계약을 체결한 기업, 사모를 통해 주식을 발행한 경우 1년이 지난 기업 등으로 제도적 장치를 마련해 놓고 있다. 또 매매대상 기업으로 지정되면 발행인의 현황, 요약재무상황, 유무상증자, 액면분할 등 최소한의 경영정보를 (주)코스닥증권시장의 호가중개시스템을 통해 공시하도록 되어 있다.

어찌됐든 벌써 발빠른 투자자들은 제3시장 주식을 눈여겨보고 있다. 코스닥이나 거래소 등록 후의 차익을 겨냥한 수순이다. 증권 전문가들은 코스닥 못지 않은 제3시장 열풍이 또 한차례 불 것으로 조심스레 전망하고 있다.

장외시장은 그동안 비정규적인 시장으로 주로 서울 명동의 사채시장에서 활발한 거래가 이뤄져 명동시장으로 불리웠다. 강남의

<표 1-10> 주요 장외주식 가격

(단위 : 원)

업 체 명	사 자	팔 자	2/9	전일대비
삼성SDS	580,000	660,000	620,000	-40,000
삼성자동차	2,600	3,100	2,850	-250
LG텔레콤(법인)	55,000	64,000	59,500	+2,000
신세기통신	75,000	95,000	85,000	+4,000
신세기통신(법인)	60,000	70,000	65,000	-1,000
나래이동통신	155,000	175,000	165,000	+15,000
온세통신	30,000	35,000	32,500	+1,000
두루넷	54,000	57,000	55,500	-500
강원랜드	52,000	55,000	53,500	+2,000
이니시스	10,000	12,000	11,000	-1,000
지앤지텔레콤	29,000	37,000	33,000	-1,000
메타랜드	70,000	80,000	75,000	-2,000
쌍용정보통신	78,000	91,000	84,500	+3,500
한통파워텔	36,000	44,000	40,000	-1,000
LG텔레콤(개인)	64,000	77,000	70,500	+3,500
제일투자신탁	7,500	9,500	8,500	-500
현대정보기술	76,000	81,000	78,500	-1,500

※가격은 주가제공 정보업체마다 다를 수 있음. 　〈자료 : PBI〉

테헤란로나 여의도 지역, 인터넷상에서도 이같은 거래가 이뤄져 하루 거래 규모는 300억~400억원으로 추정된다는 게 증권전문가들의 설명이다.

제3시장이 문을 열면 그동안 장외시장에서 헐값에 주를 샀거나 유상증자에 참가한 투자자들이 제법 돈을 벌 것으로 기대하고 있다.

이 시장에는 거래소나 코스닥 퇴출 종목들이 들어설 가능성이 높다. 거래소의 관리종목이나 코스닥의 투자유의 종목들이 법정관리나 화의에서 탈피하는 등 퇴출요건을 벗어나지 못할 경우 제3시장으로 이관될 전망이기 때문이다. 정부가 이미 코스닥 기업 중 58개 기업이 퇴출대상이라며 3월말까지 유예기간을 준 뒤 4월부터 퇴출시킬 방침이라고 밝혀놓고 있다.

(주)코스닥증권시장은 99년 10월 이후 인터넷에서 주식을 공모한 143사를 비롯 중소기업진흥공단 투자 기업, 코스닥 등록 취소 기업 등 모두 200개 사를 제3시장에 유치한다는 계획을 세워 놓았다. 2000년 1월말 115개 기업이 등록의사를 밝혔다. (주)코스닥증권시장은 삼성SDS, 나래이동통신, 안철수바이러스연구소, 야후코리아 등 지명도가 높은 기업의 등록을 추진중이다.

115개 기업 중에는 인터넷 업종이 62개로 가장 많다. 일반 제조업 22개, 정보통신 20개, 기타 11개 등으로 인터넷 정보통신 관련 기업이 82개로 전체의 70%를 넘는다.

현재 시점에서 딱 잘라 말할 수는 없다. 코스닥 시장보다 수익이 나을지 못할지 단언하기 어렵다. 게다가 정부가 제3시장 등록기업 중 대기업 주식은 양도차익의 20%, 중소기업 주식은 10%를 세금으로 납부토록 할 방침이어서 장 자체가 개점 휴업을 할지도 모르겠다. 수익이 있다면 덤벼드는 게 투자자이고 보면 향후 개설될 제3시장에도 관심과 눈길을 주는 것을 잊지 않아야 할 것이다.

코스닥은 이제 시작이다

1999년 4월 월 스트리트저널에 믿기도 어렵고 그렇다고 그냥 웃어 넘길 수도 없는 흥미로운 기사가 게재됐다. 영업활동을 중단한 한 기업의 주식이 잘 나가는 인터넷 전자상거래 업체와 주식등록 약자(심벌)가 같다는 이유만으로 주가가 이틀만에 2,800배나 올랐다는 것이다.

인터넷 주식은 사두면 돈이 된다는 개인투자자들의 미국판 묻지 마 투자의 결과였다. 이틀만에 주가가 2,800배나 오른 회사는 회로 제조업체인 애피안 테크놀로지사였다. 주당 가격이 0.007센트에서 20센트까지 뛰었다. 무려 28만 5,700%나 상승했다. 믿기지 않는 수치다.

이유는 이러했다. 인터넷 전자상거래 업체인 애프넷 시스템사는 3월 29일 주식 공개를 발표하고 나스닥에서 APPN 심벌을 사용하겠다고 밝혔다. 마침 인터넷 정보통신 관련주가 상승세를 보이던 나스닥 시장에는 애피안 테크놀로지가 APPN을 사용하고 있었고 정작 애프넷 시스템사는 공개 전이었다. 개인투자자들이 동일 회사인 줄로 착각하고 3일간 무려 930만주를 매입했다. 회로 제조업체인 애피안의 휴지 조각이나 다름없던 주식이 황금알을 낳는 골든주로 탈바꿈한 셈이다.

1999년에 코스닥 시장에서 인터넷 정보통신 주들이 대부분인 벤처종목의 투자수익률은 최소 5배였다. 대신증권은 작년 1~11월 사이 재테크 종목 가운데 코스닥 투자수익률이 194%로 가장 높았다고 밝혔다. 특히 코스닥의 벤처종목 수익률은 490%였다고 했다. 코스닥 다음으로는 거래소 주식투자 61%, 금 8%, 3년만기 회사채 4.47%, 아파트(전국 평균 2.5%)순으로 투자수익이 높았다고 밝혔다.

이 회사 관계자는 성장성이 높은 코스닥 벤처기업들의 주가 상승은 2000년에도 계속될 것이라고 전망했다. 재테크 수단으로는 역시 코스닥 그것도 인터넷 정보통신 등 벤처기업들의 주식이 그만이라는 뜻이나 다름없다.

코스닥 등록을 위해 신주 공모 청약에 몰려드는 투자자와 돈을 보아도 코스닥의 신화는 끝나지 않았다는 것을 알 수 있다. 99년 12

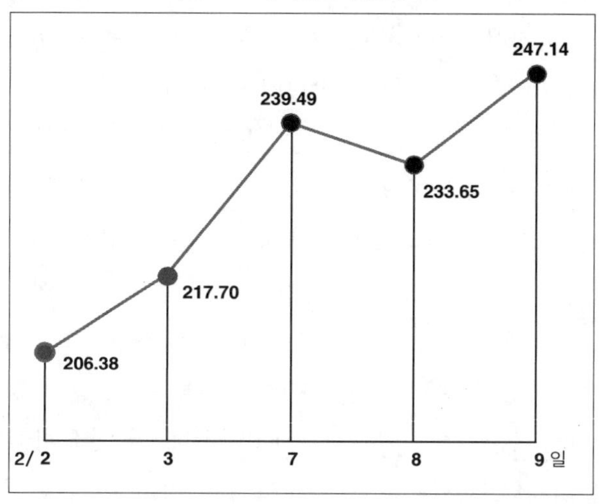

〈표 1-11〉 코스닥종합지수

월 3일 신주 공모 청약을 실시한 다우데이터시스템의 청약경쟁률은 평균 210대 1이었다. 드림라인이 153대 1, 도원텔레콤 121대 1, 코리아링크 110대 1이었다. 적어도 100대 1은 기본이었다.

한국통신하이텔은 60대 1을 넘었고 청약을 위해 유입된 돈만도 1조 3,883억원이었다. 2000년 들어서도 변함이 없다. 1월 6, 7일 공모주 청약을 받은 컴퓨터 소프트웨어 개발업체인 미디어솔루션의 청약경쟁률은 평균 1,160대 1을 넘었다.

돈 되는데 돈이 몰려든다고 할 수 있다. 미디어솔루션, 마크로젠, 코로엔터프라이즈 등 19개 사가 2000년 1, 2월중 코스닥에 등록했다. 3월 이후부터 연말까지 300여 개 사가 코스닥에 등록할 예정이다. 또 한번 개인투자자들의 관심을 끌 수밖에 없을 것 같다.

99년말 현재 은행의 가계대출 잔액은 60조원을 넘어섰다. 시중 여유자금이 아직도 많이 대기중이라는 것도 코스닥의 또다른 신화를 만들어 가는데 일조할 것으로 기대된다. 이미 엄청난 돈이 코스닥이라는 황금어장을 찾았다. 그러나 아직도 부동자금 6조원 이상이 코스닥에 눈독 들이고 있다. 1999년에 코스닥 투자에서 빠진 사람들도 벼르고 있다. 2000년 1월 중 폭락사태로 허탈감에 빠졌던 투자자들도 재기를 노리고 있다.

1월의 폭락사태를 벗어나 2월부터 다시 상승기류를 타기 시작한 코스닥 시장은 8일 하루 거래액이 거래소를 추월하는 신기록을 수립했다. 이날 거래대금은 무려 4조 8,000억원으로 거래소의 3조 5,000억원을 넘어섰다. 사상 처음이었다. 이날 코스닥 시장의 거래량은 2억 1,000만주, 거래소의 2억 2,000만주에 거의 육박했다. 코스닥 시장에 몰려갈 수 있는 돈의 잠재력이 얼마나 큰가를 확실히 보여주었다. 인터넷 정보통신 첨단으로 상징되는 뉴 밀레니엄 시대를 맞아 코스닥은 이제 새로운 출발점에 서 있다고 할 수 있다.

컴, 텔 계열 주는 전설을 만들 것인가

증권전문가들은 2000년에도 컴, 텔 계열의 인터넷 정보통신 종목들이 또 한 차례 초상승기류를 탈 것으로 예상하고 있다. 이미 상당 수준 주가가 올라 있지만 더 오를 징후가 뚜렷하다는 이유 때문이다. 2000년 1월 폭락사태를 맞았던 코스닥 시장은 2월 들어 인터넷 정보통신 주가 장세를 급등세로 변화시켰다. 2월 7일 코스닥 지수가 사상 최대폭인 21포인트나 오른 것은 바로 이들의 공로였다. 2월 들어, 버추얼텍은 2만 8,850원이던 주가가 5만 700원으로 75.73%나 급등했다. 스탠더드텔레콤은 5,230원에서 9,180원으로

75.52%가 올랐다. 외국인들의 인터넷 정보통신 주 매수도 크게 늘어났다. 1월 중순 이후 보름간 외국인 순매수 실적을 보면 로커스가 715억원, 새롬기술 464억원, 한솔M.COM 412억원, 드림라인 408억원, 한글과컴퓨터 362억원에 달했다.

인터넷 정보통신 주가 여전히 투자자들의 입맛을 끌고 있다고 하겠다. 여기에 2000년 연말이면 꿈의 정보통신서비스로 불리는 IMT- 2000 서비스의 사업자가 결정된다는 것도 컴, 텔 계열 주의 매력으로 꼽히고 있다.

인터넷 분야도 만만치 않다. 2000년부터는 전자상거래 쪽의 인터넷 사업이 본격적인 궤도에 진입하고 이 분야에 더 많은 알짜기업들이 속속 등장할 전망이다. 자연히 사업확대와 함께 투자자들로부터 큰 인기를 누릴 것으로 예상되고 있다.

2000년에도 영상이동전화인 IMT-2000과 인터넷이라는 두 마리 토끼가 뛰어노는 증권가가 될 전망이다. 컴, 텔 계열의 주식 중 몇몇은 새로운 황제주로 등극, 또 한번의 전설을 만들어 갈 것이다.

IMT사업자가 선정되면 지난 94년 제2이동통신 사업자, 96년 PCS사업자 선정 때와 마찬가지로 정보통신의 선두주자로 부상하게 될 것이다. 해당 기업의 주가가 오를 것은 불 보듯 뻔하다고 할 수 있다. 기업에게는 엄청난 영업이익을 가져다 주고 투자자에게는 막대한 투자수익을 줄 수 있는 성장보증수표나 진배없다고 많은 전문가들이 분석하고 있다.

인터넷 쪽의 성장 가능성도 무한하다. 99년까지 관련기업들이 기반구축에 치중했다면 올해부터는 본격적인 사업을 펼칠 것으로 기대되고 있다. 성패에 따라 주가도 천차만별로 등락을 거듭할 것으로 예상된다. 사이버 공간에 또다른 세계가 만들어질 정도로 인터넷에선 못하는 게 없는 만큼 더 많은 인터넷 관련기업들이 등장할 것이다. 기존 업체와 신규 업체간의 치열한 경쟁은 필연코 눈에 띠는 성장세를 구가하는 기업을 탄생시킬 것이다.

하나로통신이 인터넷 종합정보서비스 업체로 사업영역을 확대하고 삼성물산도 인터넷 사업을 강화하고 있다. 한솔CSN도 야후와 손잡고 인터넷 사업을 극대화해 나갈 예정으로 있다.

인터넷 분야의 시장 선점기업의 주가는 새로운 황제주로 등극할 것이다. 코스닥 시장을 끌어가는 견인차 역할도 확실히 할 것으로 기대된다.

유무선 및 위성망을 통합해 전세계를 대상으로 음성 데이터 동화상 등 어떤 종류의 통신서비스도 할 수 있는 IMT-2000의 사업권 획득 경쟁은 그래서 더욱 치열하게 전개되고 있다. 한국통신(협력업체=한통프리텔)그룹, SK텔레콤(=신세기통신)그룹, LG텔레콤(=데이콤, LG정보통신)그룹, (가칭)한국IMT-2000주식회사(하나로통신, 온세통신 등)등 4개 그룹이 출사표를 던져놓고 있다.

정부가 아직 사업자수, 선정 일정, 선정 방식에 대한 최종 방침을 밝히지는 않았다. 그러나 주파수 사정과 지나친 사업자 선정이 많은 부작용을 일으킨다는 PCS 때의 경험을 감안하면 3개 그룹 정도가 선정될 가능성이 클 것으로 그쪽 전문가들은 예상하고 있다.

컴, 텔 계열의 인터넷 정보통신 기업들의 주가가 2000년 한해 증시와 코스닥 시장을 좌지우지할 것이라는데 이의를 제기할 사람은 없을 것이다.

제 **2** 부

주식 투자,
기본은 알아야 한다

때때로 주가는 급격히 변동한다. 혼란이 일어날 소지가 있는 것이다. 이 때 투자자를 보호하기 위해 마련된 조치가 가격변동폭 제한이라고 할 수 있다. 이것은 주가가 하루 동안 오르고 내릴 수 있는 제한폭을 가리킨다. 증권거래소는 초창기에 주식의 전일 종가를 기준으로 상하(±)12% 범위 내로 가격변동 제한폭을 정했었다. 그러나 98년 이후 주식거래 금액과 물량이 커졌다. 그래서 상하(±)15%로 높여 시행하고 있다. 이익폭도 커진 반면 손해폭도 커진 셈이다. 전일의 종가가 1만원인 종목의 경우 오늘 하루 오를 수 있는 상한가는 1만 1,500원이다. 최대로 떨어질 수 있는 하한가는 1만 원에서 1,500원을 뺀 8,500원이 되는 것이다. 코스닥 등록기업의 가격제한폭은 현재 상하(±)12%이다. 코스닥증권시장(주)는 올 5월부터 이를 상하(±)15%로 확대해 나갈 방침이라고 밝히고 있다.

관리 · 감리종목

관리종목은 기업이 부도가 났거나 회사 정리절차가 개시된 종목, 또는 3년간 연속해 공인회계사로부터 부적정이라는 감사의견을 받은 기업의 주를 가리킨다. 이런 주식은 상장폐지라는 소위 증권가에서 말하는 사형선고 직전의 종목이다.

감리종목은 주가가 급등할 경우 투자자 보호차원에서 주의를 촉구하기 위해 만들어진 제도다. 최근 6일간의 주가상승률이 65% 이상이고 3일 계속해 종가가 최근 30일 동안 최고인 주식을 가리킨다.

감리종목들은 대부분 작전세력들이 붙어 있는 경우가 많다. 투자위험도가 그만큼 크다고 보면 이해하기 쉽다.

공매도(空賣渡)

주식을 실제로 갖고 있지 않은 상태에서 팔고 3일 내에 사서 갚는 것을 말한다. 주식 매매체결과 대금결제 사이에 시차가 있는 점을 이용해 가능하다. 비싼 값에 공매도한 후 주가가 떨어지면 주식을 싸게 사 채워 넣으면 상당한 이익을 볼 수 있다. 예상과는 달리 주가가 오르면 손해를 보게 된다. 주식을 살 때 매수금액의 40%만 있으면 사자 주문을 낼 수 있는 것과 반대 개념으로 보면 된다. 작년에 한 투자자가 주식 공매도를 이용해 종잣돈 1,000만원을 130억원으로 불린 것으로 알려져 여러 투자자들을 놀라게 했다.

공매도 후 주식을 채워넣지 않으면 증권회사가 일단 매매계약을 이행한 뒤 공매도자에게 비용을 청구한다. 대개 유상증자시 새로 발행되는 주식의 상장 이전에 공매도가 이뤄지곤 한다.

기업공시

주식 투자는 얼마나 빨리 정확한 정보를 얻느냐에 따라 성패가 좌우된다. 이른바 돈 놓고 돈 먹기, 곧 머니게임이기 때문이다. 주가가 오르고 내리는 데는 크든 작든 반드시 이유가 있다. 정확한 정보를 남보다 빨리 입수하면 그만큼 이익을 얻을 수 있다. 자칫 악성

루머나 그릇된 정보에 휩쓸려 투자할 경우 큰 낭패를 보기 십상이다. 상장기업의 정보는 여러 채널을 통해 얻을 수 있다. 신문보도, 정치권, 관계, 기업뿐 아니라 증권사나 은행 등을 통해서도 좋은 정보, 나쁜 정보 모두를 입수할 수 있다.

중요하면서도 공식적인 정보입수 통로가 기업공시다. 상장기업이 유가증권 발행 및 유통과 관련해 제공하는 투자 판단 정보이기 때문이다. 대부분의 신문이 증권면에 기업공시를 게재하는 이유다. 기업공시는 발행공시, 정기공시, 수시공시, 기타공시 등으로 나뉜다.

발행공시는 주식을 발행할 때 회사내용을 알려주는 정보다. 정기공시는 1년치 사업보고서나 반기보고서와 같은 것으로 사업실적을 제공하는 정보다. 둘 다 과거 내용이 대부분이다.

수시공시와 기타공시는 미래의 정보와 관련된 것으로 투자자들에게 큰 영향을 주는 정보다. 수시공시는 재무구조, 채권, 채무 등 기업경영 내용에 중요한 사항이 발생한 경우 제공된다. 기타공시는 합병이나, 영업양도, 자사주 취득 등의 사유가 생겼을 때 제공된다.

기업공시 활용

기업공시는 거래소 시세방송에서 신문보도 등 다양한 방법으로 제공된다. 최근에는 객장의 체크 단말기(증권거래 전문 컴퓨터), 인터넷을 통한 홈트레이딩 시스템으로 시간대별 종목별로 공시를 살펴볼 수 있다. 증권거래소(www.kse.or.kr)나 금융감독원(www.fss.or.kr)의 인터넷 홈페이지에서도 제공된다. 공시는 반드시 읽어두어야 한다. 그러나 아무리 빨리 본 공시라도 이미 철 지난 정보라는 것을 알아야 한다. 자기 혼자만 접한 최근 정보가 아니라 한물 간 정보라고 보면 된다. 증시는 정보가 워낙 빨리 돌고 도는 곳이다. '소문에 사고 공시에 팔아라'라는 말까지 있다. 공시보다 한발 앞서나가야 한다. 기업은 제재를 받거나 죽기를 각오하고 허위공시를 띄우기도 한다는 것을 잊어서는 안 된다.

대형·중형·소형주

　상장기업의 주식을 자본금 규모에 따라 편의상 분류해 부르는 명칭이다. 주로 신문보도에서 많이 사용한다. 자본금 350억원 이하인 기업의 주식은 소형주, 350억~750억원 사이는 중형주, 그 이상은 대형주로 분류한다. 주식 수 기준으로는 전체 주식수가 700만주 이하인 종목은 소형주, 700만주~1,500만주 사이는 중형주, 그 이상은 대형주에 속한다. 종합주가지수는 상장기업 종목의 시가총액(주식수×주가)을 가중평균해 산출하기 때문에 주식수가 많은 대형주가 지수에 미치는 영향이 클 수밖에 없다.

　증시에 돈이 많이 몰릴 때는 대형주의 상승세가 크다. 그러나 당연히 덩치가 크다 보니 갑자기 오르거나 갑자기 푹 꺼지지 않는 경향도 가끔 있다.

동시호가(同時呼價) 활용

　동시호가 매매는 거래소 시장에선 오전 8~9시, 낮 12~오후 1

시, 오후 2시 50분~3시 등 하루 3차례 이루어진다. 코스닥 시장에 선 오전 8~9시 한 번뿐이다. 이 시간대에 접수된 주문은 모두 같은 시간대에 들어온 것으로 간주하는 것이 동시호가다. 이때는 가격→시간→수량 순서의 매매체결 우선 순위가 가격→수량순으로 이원화된다.

동시호가는 연일 상한가를 기록하는 종목의 경우 팔자가 거의 없어 상한가로 매수주문을 낼 수밖에 없을 때 이용하면 좋다. 소위 유망주를 사고 싶을 때가 그런 경우다. 동시호가 주문을 접수한 결과 한 종목의 상한가 매수주문이 50만주인 반면 매도주문은 5만주밖에 없다고 하면 주문을 낸 계좌에 각각 100주씩을 배분하게 된다. 따라서 주문 계좌수가 50개라면 각자 100주씩 5,000주를 고르게 나눠 갖는 것이다. 나머지 4만 5,000주는 매수수량이 많은 사람부터 차례로 나눠 갖는다.

거래소 시장에서는 동시호가때 접수된 주문은 9시 이후 거래에서 거래가가 맞는 매물이 나오면 수량배분의 원칙에 따라 처분된다. 그러나 코스닥 시장에서는 시초가가 결정된 이후의 거래에서는 수량은 고려하지 않는다. 가격우선→시간우선의 원칙을 적용한다. 코스닥 시장 투자자들은 오전 8시 주문접수가 시작될 때 남보다 1분이라도 빨리 주문을 내는 것이 당연히 유리하다.

DR(주식예탁증서)와 주가의 상관관계

DR은 국내 기업의 주식을 근거로 외국인투자자에게 발행하는 국제 유통증권을 일컫는다. 국내 주식을 그대로 외국시장에 유통시킬 경우 수송시 분실의 위험이 있다. 또 배당금 신주인수권 등 외국인 투자자들이 주주의 권리를 행사하는 데도 어려움이 있다. 그래서 생긴 제도다. 글로벌시대를 맞아 주식시장이 국제화되고 있는데 따른 조치라고 보면 된다.

DR발행가는 대개 시세보다 약간 높게 결정된다. 외환 리스크나 투자부대비용 등을 감안한 프리미엄이 붙어서다. 국내 주식과 DR의 값은 대개 같은 값으로 움직인다. 국내주가가 해외 DR가격보다 높으면 외국인 투자자들은 국내 주식을 팔고 해외에서 DR를 사게 된다. 반대로 해외 DR에 프리미엄이 붙으면 국내 주가가 저평가된 것으로 판단한 외국인들이 국내 주식 매수에 나서게 된다. 국내 증시에 영향을 주는 외국인 투자자들의 동향을 파악하려면 DR가격의 움직임을 눈여겨보는 게 큰 도움이 된다.

매매거래 정지 · 중단

투자자를 보호하기 위해 주식 매매를 정지시키는 것을 말한다. 증권거래소가 명하는 것으로 증시안정을 위해 발동되기도 한다. 부도가 난 관리종목은 지정 하루 전부터 매매거래가 정지된다. 은행거래 정지를 당하거나 사업보고서 미제출, 3년 이상 자본 전액 잠식 등의 사유가 발생하면 하루 동안 거래가 정지된다. 상장폐지가 확정된 종목도 정리매매가 시작될 때까지 매매가 정지된다. 증권가에 나도는 근거 없는 루머로 특정 종목의 거래가 폭락하거나 폭증할 경우에도 거래가 정지된다.

상장회사가 무상증자 10% 이상, 주식배당 10% 이상, 병합 또는 영업양도 및 감자를 할 때도 주식매매가 일시 정지된다. 투자자들의 주의를 환기시키기 위해서다. 이때는 오전중 이같은 내용을 공시했다면 그 시점부터 오전장까지만 정지된다.

액면분할을 위해 발행회사가 주권 제출을 요구하는 경우에도 대개 이틀간 매매가 정지된다. 상장회사가 공시를 번복한 경우에도 불성실 공시 시점부터 다음날 주식시장이 끝날 때까지 거래가 정지된다.

주가가 일정 범위 이상 폭락할 때는 주식매매 중단조치가 취해진다. 예를 들어 종합주가지수가 10% 이상 떨어져 1분 이상 지속되면 모든 주식의 매매가 30분간 중단된다. 주식매매중단조치는 하루에 한 번만 취해진다. 그 이후에는 주가가 다시 폭락해도 시장은 계속 열린다.

주를 사고 파는 시점(매매시점)

주를 사고 파는 타이밍을 맞추는 것은 곧 투자의 성패를 좌우하는 결정적 요인이다. 매매시점에 대한 정답은 없다. 많은 개인투자자들이 언제 사고 언제 파느냐고 묻는 경우가 많은 것도 이 때문이다.

매매시점을 찾는 것은 본능적인 감각에 의존할 수밖에 없다. 매일 매시 매분 돌아가는 전체 장세의 상황, 곧 숲을 보면서 결정하는 것이 바람직하다. 금리변동은 대개 주가와 정반대로 움직인다. 투자자들이 금리변동에 신경을 쓰는 이유다. 금리가 오를 것 같으면 증시자금이 금융권으로 빠져나가면서 파는 주식이 많이 나온다. 증시에 나쁜 영향을 주기 마련이다.

때로는 언론에서 주가가 폭락했다고 떠들거나 증시부양책이 필요하다고 떠들기 시작할 때는 사고 싶은 주를 재빨리 사야 할 시점으로 보면 된다. 개인투자자의 기본 중의 기본은 스스로 목표수익률을 정해놓고 욕심내지 않고 마음을 비우면서 적절할 때 사고 파는 것이다.

매매 주문

주식 매매주문은 거래하는 증권회사에 요청한다. 증권사가 투자자를 대신해 매매주문을 내도록 증권거래법에 규정되어 있기 때문이다. 각 증권사가 내는 주문은 증권거래소에 집결돼 처리된다. 거래소에서는 전장, 후장, 시간외 매매가 있고 후장매매 10분 전부터는 후장 동시호가라고 해 모두 같은 시간대에 주문이 들어온 것으로 간주한다. 주식매매는 가격과 수량 기준에 따라 체결된다. 후장이 끝난 뒤 30분간은 시간외 매매가 이뤄진다. 이때는 종가로만 이뤄진다. 최소 10주 미만의 단주도 매매대상이다. 5만원을 밑도는 단주는 거래소를 통하지 않고 증권사를 통해 매입할 수 있다.

증권사에 주문을 내는 방법은 3가지가 있다. 지정가 주문, 시장가 주문, 조건부 지정가 주문 등이다. 어느 주를 2만원에 800주 사달라고 하면 지정가 주문방식이다. 제일 싼 값에 800주 사달라고 하는 것이 시장가 주문이다. 조건부 지정가 주문은 지정가 주문을 냈으나 원하는 종목의 가격이나 매도물량이 조건과 안 맞아 매매가 체

결되지 않을 경우 장 막판에 시장가 주문으로 바꾸어 거래를 성사
시키는 것이다.

매매 체결

주식 매매체결에는 3가지 원칙이 있다. 첫째 가격 우선이다. 높은
가격에 사고 싼 값에 팔겠다는 사람부터 매매를 체결시켜 준다. 둘
째는 시간 우선으로 똑같은 값이라도 먼저 매수 주문을 낸 사람을
우대한다. 셋째 수량 우선 원칙이다. 가격, 시간 두 원칙에서도 우열
을 가리지 못하는 경우가 생길 수 있다. 이때는 많이 사겠다고 한
사람부터 먼저 매매를 시켜주게 된다.

매매 호가

주식을 사거나 팔려면 가격과 수량을 확실하게 제시해야 한다.
이를 호가라고 한다. 바꾸어 말하면 매매 대상인 주식의 가격, 수량
과 함께 사려는지(매수), 팔려는지(매도)를 분명히 밝혀야 한다. 호
가의 기본단위는 주가의 가격대에 따라 다르다. 5,000원 미만 주식
의 기본호가는 5원이다. 4,000원짜리 주식은 4,005원, 3,895원식으로
5로 나뉘어져야 한다. 5,000원 이상 1만원 미만 주의 호가단위는 10
원, 5만원 미만은 50원, 10만원 미만은 100원이다. 50만원 미만은
500원, 50만원 이상은 1,000원 단위로 나뉘어져야 한다.

매매수량 단위는 주식이나 수익증권 모두 10주다. 10주, 20주, 30주 등으로 10의 배수로 제시해야 한다.

매수청구권

소수 주주들을 포함한 주주들의 이익을 보호하기 위해 법적으로 보장된 장치다. 기업은 합병, 영업 양도, 영업 양수 등으로 회사내용에 중대한 변화가 생길 경우 주총의 결의를 거쳐야 한다. 이때 소수 주주들의 주장이 묵살되기 쉬워 보호장치로 만들어졌다. 예를 들어 한 상장사가 부실 관계사를 합병해 주가가 떨어질 우려가 있을 경우, 주주들이 보유주식을 공정한 가격에 회사가 사줄 것을 요구할 수 있는 권리다.

매수청구가격은 원칙적으로 회사와 주주가 협의해 결정한다. 그러나 대부분은 중대 사안에 대한 이사회 결의일 전 2개월간 거래량의 가중평균가격으로 정하고 있다.

투자자들은 매수청구가격이 현재 시세보다 높을 것으로 계산되면 매수청구권을 행사하는 게 유리하다. 반대로 주가 하락기에는 청구권을 쓰기보다는 주식을 그대로 갖고 있는 것이 더 유리하다고 할 수 있다.

블루칩

재무구조가 건전한 우량주를 가리킨다. 우량주는 경기변동에 강한 편이다. 장기간에 걸쳐 고수익 고배당을 가져오는, 신용도가 높고 지명도가 높은 주이다. 블루칩(blue chips)이라는 명칭은 포커에서 쓰는 흰색, 빨간 색, 청색 등 3종류의 칩 가운데 가장 높은 것이 청색이라는 데서 유래됐다고 한다. 국내 증시에서는 삼성전자, 한전, 포철, SK텔레콤 등의 주식이 블루칩 대접을 받고 있다.

성장주

기업의 수익이 증가하는 등 성장세가 예상되는 주를 말한다. 대개 신제품 개발, 신기술 개발, 신시장 개척 등 현재보다 미래에 수익성이 좋을 것으로 전망되는 주다. 과거엔 건설주, 증권주 등이 성장주로 날린 적이 있다. 최근에는 첨단업종의 종목이 많다. 인터넷, 정보통신 관련 종목, 생명공학, 우주공학 관련 종목이 대개 여기에 속한다. 지난해 증시나 코스닥에서 많이 오른 주들이다. 그러나 성장종목이라고 해서 개별기업의 미래 수익에 대한 판단을 잘못할 경우 속된 말로 떡 줄 사람은 생각도 않는데 김치국부터 마시기 십상이라는 점을 잊어서는 안된다.

손절매

주식 투자를 할 때는 사는 것도 중요하지만 파는 게 더 중요하다고 할 수 있다. 제값 주고 제때 사는 것보다 제값 받고 제때 파는 게 더 어렵다는 말과 같다. 이익을 내고 매도하면 가장 바람직스럽

다. 그러나 경우에 따라서는 손해를 보면서도 주를 팔아야 할 때가
있다. 미련 갖지 말고 버릴 때는 과감히 버려야 한다는 것이다. 정
확한 상황 인식과 판단으로 손해보면서 파는 것이 바로 손절매다.
흔히 투자자들간에 '손목 잘라라' 또는 '발목 잘라라'라는 농담을 주
고 받는다.

신용거래와 신용잔고

증권회사에 일정한 보증금을 넣고 자금이나 주식을 빌려 주식투
자를 하는 것을 신용거래라고 한다. 신용거래는 신용에 의한 매입
과 주식을 빌려주는 대주가 있다. 대개 신용매입을 뜻한다. 증권사
가 직접 자금이나 주식을 빌려주는 것을 자기신용이라고 한다. 증
권금융회사로부터 자금이나 주식을 빌려 고객에게 대출해주는 것을
유통금융이라고 부른다. 신용매입은 투자자들이 단기투자전략으로
시장인기주를 매입코자 할 때 많이 사용하고 있다.

신용잔고란 신용거래에 있어 미결제로 남아 있는 주식을 가리킨
다. 곧 신용거래를 한 투자자가 증권회사에 갚아야 할 기한부 부채
다. 신용잔고는 대부분 단기적인 시세차익을 노리고 투자된 자금이
다. 언제든지 매도기회만을 노리는 잠재적 매도세력으로 보면 된다.
따라서 신용잔고가 해당 종목의 자본금 규모에 비해 지나치게 많아
지면 주가의 상승탄력이 현저하게 떨어지게 되는 것이다. 신용잔고
가 크게 늘어나 있는 종목은 더 이상의 상승여력을 상실하고 있는
경우가 많다. 투자에 신중을 기해야 한다.

실권주(失權株)

유상증자때 주주가 자신에게 배정된 신주 인수권을 포기할 때 발행하는 주를 가리킨다. 기업은 이 실권주를 일반투자자를 대상으로 판다. 곧 공모를 하는 것이다. 공모가는 미리 정해진다. 대개 시세보다 20~30% 싼 것이 보통이다. 실권주 공모로 받은 주식이 상장돼 마음대로 사고 팔고 하려면 2~4주가 걸린다. 청약은 공모를 담당하는 증권사에 위탁계좌를 개설한 뒤 실권주 청약서를 작성하고 사고 싶은 액수만큼 증거금을 내면 된다. 증권금융의 공모주 청약예금에 가입해 두면 증권사를 갈 필요도 없다. 어느 기업이 언제 얼마만큼의 실권주를 공모하는지 정보도 받아보고 청약증거금 대출도 받을 수 있다.

실권주를 청약받고자 할 때는 기업의 가치를 제대로 파악하고 향후 주가가 어떻게 변할지를 예측하는 게 순서다.

액면분할과 주가

액면분할(stock split)이란 주가가 너무 비싸 시중에 거래되는 유동성이 약할 것을 우려해 액면가를 잘게 쪼개는 것을 가리킨다. 액면가 5,000원인 주식 1주를 500원씩으로 잘라 10주로 나누어 발행하는 식이다. 2,500원, 1,000원, 200원, 100원 등으로 다양하게 나눈다(한국경제신문 시세표에서는 회사 이름 뒤에 A, B, C, D, E 등 알파벳으로 표기해 알려준다).

액면분할은 분할비율만큼 주식수가 늘어나게 된다. 그러나 주가에 주식수를 곱해 산출하는 시가총액에는 변함이 없다. 이는 또 기업의 가치나 내용에도 변함이 없다. 주주에게도 지분율 등 지위에 영향을 미치지 않는다. 액면분할을 하는 목적은 주가에 대한 심리적 부담을 줄여 쉽게 사고 팔 수 있도록 하기 위한 것이다. 코스닥 시장의 주가가 높게 형성될 것으로 전망되는 컴, 텔 계열의 인터넷 정보통신 관련주들이 많이 이용하고 있다.

액면분할은 주가상승에 호재로 작용하는 경향이 강하다. 지난해 코스닥 시장에서 액면분할을 실시한 60여 개 기업이 분할을 전후해 100% 가까운 상승률을 기록했다. 다우기술, 광전자, 팬텍, 콤텍시스템 등이 그 예다. 그러나 항상 호재로 작용하는 것은 아니다. 따라서 단순히 액면분할 종목을 찾기보다는 수익성이 좋고 성장성이 돋보이는 데도 주가가 높다는 이유만으로 액면분할을 한 종목을 선택하는 것이 바람직하다.

액면분할의 장점

액면분할을 하면 우선 소액투자자들이 주식을 사고 파는 게 용이해진다. 소위 개미군단으로 통칭되는 소액 개인투자자들은 귀족주 또는 황제주로 통하는 고가의 주를 사는 것이 힘들다. 그러나 이들 주식이 액면 분할할 경우 수월하게 매입할 수 있다. 발행기업 측면에서는 주식이 몇몇 대주주나 기관투자자들에게 편중되지 않고 일반 개인투자자들에게 골고루 분산돼 효율적으로 자금을 조달할 수 있어 좋다. 경영참견 압박도 덜 받게 되는 것은 물론이다.

기업가치가 제대로 평가되는 것도 장점의 하나다. 주가가 지나치게 높으면 자연히 유동성이 떨어질 수밖에 없다. 그 경우 실제 가치에 비해 저평가되기 쉽다. 그러나 주식분산도가 커지면 성장성과 수익성이 적절히 반영될 수 있는 것이다.

예탁금 회전율

투자심리도와 함께 증시가 얼마나 과열 또는 침체되어 있는지를 알려주는 지표다. 이는 주식거래 대금을 고객예탁금으로 나눈 비율이다. 이 수치가 50%면 고객예탁금 가운데 절반이 매매에 참여하고 있다고 보면 된다. 대개 50%를 기준으로 넘으면 과열이라고 판단한다. 투자심리도는 장이 열린 10일 동안 5일이 올랐다면 투자심리도는 50%다. 투자심리도가 80% 이상이면 대개 과열로 보고 30% 이하면 침체(안정기)로 보면 된다.

투자심리도가 80% 이상을 넘으면 서서히 팔 준비를 하고 30% 이하면 저가매수에 나서야 하는 것으로 이해하면 된다.

이격도(離隔度)

현재 주가가 이동평균 주가로부터 떨어져 있는 관계로 당일 주가를 당일의 이동평균 주가로 나눈 뒤 100을 곱해 산출한다. 이동평균선과 함께 주식시장의 저점을 예측하는 지표다. 이격도는 5, 20,

60, 120일 등 기간별로 산출한다. 특정일의 종합주가지수가 980이고 5일 이동평균 주가가 930이라고 하자. 이날의 5일 단위 이격도는 980÷930×100으로 계산해 105%가 된다. 당일의 주가와 이동평균 주가가 일치하면 이격도는 100%가 되는 것이다.

대개 주가는 이동평균선에서 멀리 떨어지면 회귀하는 경향이 있다. 바꾸어 말하면 이격도 100%를 중심으로 오르고 내리고 하지만 즉시 100%로 접근하려 하는 것이다.

이격도가 100%를 넘으면 주를 팔고 100%를 밑돌면 주를 사야 할 때라고들 한다. 이격도가 110% 이상이면 과열, 90% 이하는 냉각이라고 보면 된다.

이동평균선

이동평균선은 일정한 기간의 주가를 평균해 나온 값을 연속적으로 연결한 선을 가리킨다. 주가가 언제 어느때 어떤 변수로 얼마나 오르고내릴지 아무도 모르기 때문에 일정기간의 변동 흐름을 파악하고 주가의 저점을 알아보는 지표다. 기간은 대개 5일, 20일, 60일, 120일의 이동평균선이 있다. 5일 단위 이동평균선의 마지막날 값은 휴장일을 뺀 직전 5일간의 평균치로서 매일 매일의 평균치를 연결한 곡선으로 표시된다. 이동평균선은 대개 주가 상승기에는 오른쪽 꼬리가 위로 올라가는 상승곡선을 그리게 된다.

일본 엔화와 주가

증시에서는 일본 엔화에 관심이 많다. 이유는 엔화가 오르면 국내 증시에는 호재로 작용한다. 반대로 내리면 악재가 된다. 엔화가 오르면 우리 기업과 경쟁관계에 있는 일본기업의 수출경쟁력이 약화된다. 자연히 국내 제품의 수출이 잘되고 기업의 경영실적이 좋아지게 된다. 이른바 기업도 증시도 반사이익을 보는 것이라고 할 수 있다. 다만 원자재를 일본에서 수입하는 국내 기업의 경우 생산비용 부담이 커져 경영압박 요인이 된다는 것을 알아두어야 한다.

우량주

수익성이 좋고 성장성이 크며 자본구성면에서도 안정적인 기업의 주를 가리킨다. 이 중 어느 요소가 가장 중요한가는 시점에 따라 달라질 수 있다. 기업의 성격에 따라서도 달라진다. 대개 우량주를 판단하는 기준으로는 경영자의 능력, 업계 내의 지위, 시장점유율, 국제경쟁률, 중요산업 여부 등을 꼽는다. 선진국의 경우 우량주는 기업의 실적을 그대로 반영하는 경향이 크다. 따라서 우량주에 투자할 때에는 기업실적에 대한 예측이 중요한 요소로 작용하는 것은 물론이다.

기업이 회사를 키우기 위해 자본금을 늘리는 방법으로는 2가지가 있다. 주주들에게 돈을 받고 주식을 나눠주는 유상증자와 돈을 받지 않고 주식을 주는 무상증자가 그것이다. 유상증자의 경우 주주들이 납입한 청약대금의 일부가 자본금이 된다. 유상증자 주당 발행가가 1만원이면 기업은 액면가 5,000원을 자본금으로 집어넣고 나머지 5,000원은 운영자금으로 쓴다.

무상증자는 증자하기 전 기업이 벌어놓은 잉여금을 자본금으로 돌리면서 이 금액에 해당하는 주식을 주주들에게 지분에 비례해 나눠주는 것이다. 무상증자는 증시가 강세장이든 약세장이든 대체로 호재로 작용한다. 무상증자 후에는 좋은 회사라는 인식과 함께 주를 사려는 사람이 늘어나 주가 상승에도 도움을 준다. 반면 유상증자는 강세장일 때는 호재로, 약세장에서는 악재로 작용하게 된다.

자산주

장기투자를 하는 일반투자자나 기관투자자들에게 자산으로의 가치를 주고 있는 주식을 가리킨다. 안정성과 성장성이 높다. 주가변동에서 급락과 급등이 없는 것이 일반적인 특징이다. 시장이 장기침체기일 때는 귀족주로 뛰어오를 가능성을 가진 종목이라고 할 수 있다.

자전(自轉)거래

신고 대량매매, 시간 외 대량매매라고도 부른다. 한 종목에 대해 동일한 수량의 사자와 팔자 주문을 동시에 체결하는 거래를 일컫는다. 바꾸어 말하면 서로간에 가격과 수량을 사전에 짜고 하는 거래를 말한다. A라는 기관투자가가 보유중인 주식 10만주를 B라는 기관투자가에게 사전에 협의한 가격에 넘길 때 중개하는 증권사가 거래소에 신고한 뒤 통째로 매매하는 방식이다. 한번에 많은 물량이 쏟아져 나오면 주가에 영향을 주기 때문에 이를 최소화하기 위한 것이다. 오전 9시 이전, 낮 12시~오후 1시, 오후 2시50분~3시 오후장 마감 직후 등 정해진 시간에 거래를 한다. 거래소는 신고가 들어오면 즉시 공시해 투자자들의 오판을 막아주게 된다. 주가가 조금씩 오르는 시점에서 오전내내 거래량이 10만주 정도였는데 갑자기 오후에 100만주 이상으로 늘어나게 되면 투자자들이 뇌동매매를 하기 쉽다. 이런 경우 자전거래가 아닌지 확인해 보면 된다. 대개 연말 결산기가 되면 자전거래가 자주 일어난다.

적정주가

말 그대로 주식의 적정한 가치를 말한다. 적정주가를 알고 투자하는 것이 큰 손해를 보지 않는 길이다. 기업의 적정주가를 산출하는 데는 주가수익비율(PER)이 많이 이용된다. 또 EV/EBITDA 지표도 활용된다. PER는 기업의 주가를 주당순이익(EPS)으로 나눈 값이다. 바꾸어 말하면 기업이 낸 순익 1원을 증권시장에서는 얼마로 평가하고 있느냐는 것이다. PER로는 같은 업종의 여러 회사의 주가를 상대적으로 평가할 수 있다.

동종업종인 A사의 PER가 10배이고 B사가 15배라면 A사 주는 B사 주에 비해 상대적으로 50% 저평가되어 있다고 할 수 있다. 더 오를 수 있는 여지가 있는 셈이다. 투자 판단의 기초가 됨은 물론이다. EV/EBITDA는 시가총액과 순부채의 합계를 영업현금 흐름으로 나눈 값이다. 낮을수록 해당기업의 주는 저평가된 것으로 보면 된다. 그러나 적정주가도 증시상황에 따라 수시로 변할 수 있다는 사실을 명심해야 한다.

주도주 고르는 법

장세를 이끌어 가는 주를 가리킨다. 주도주는 시장흐름이 강세냐, 약세냐, 유동성장세냐, 아니면 실적장세냐 하는 식으로 장세를 좌우하는 주체가 누구냐에 따라 결정된다. 강세장 때는 대형 우량주가, 약세장 때는 실적호전주와 중소형주가 주도주 역할을 한다. 증시에 돈이 몰려 주가가 올라가는 유동성장세 때는 유통물량이 많은 은행 증권 건설주가 대개 주도주로서 개인투자자들이 좋아하는 주다. 외국인들이 활발히 순매수를 늘리면 핵심 블루칩이 주도주로 부각된다. 기관투자가들이 장세를 끌어갈 때는 대형 우량주가 주도주다. 일반투자자들이 활발히 주식매입에 나설 때면 저가 대형주와 중소형 개별종목이 주도주 역할을 하게 된다.

증권사는 대개 일보를 통해 추천종목을 내놓는다. 하루 45개 정도를 유망종목이라고 추천한다. 투자자에 대한 서비스 차원에서다. 추천하는 종류는 적극매수(Strong Buy), 매수(Buy), 보유(Market Performer), 매도(Market Under Performer) 등으로 분류하고 있다. 적극매수는 종합주가지수보다 20% 이상 초과수익률이 기대될 때 정하는 등급이다. 매수는 10% 이상, 보유는 ±10%일 때 내는 의견이다. 종합주가지수보다 10% 이하로 수익률이 떨어질 것으로 예상될 때는 매도 등급으로 표시한다. 주식투자 초보자들이 항상 눈여겨 보아야 하는 것이 바로 증권사 추천종목이다.

테마주

어떤 사건이나 사회현상이 발생하면 세인의 관심이 일시에 그 쪽으로 쏠리기 마련이다. 증시에도 이같은 현상이 발생해 투자자들의 관심이 일제히 특정 재료에 집중되는 일이 있다. 이에 따라 그 재료와 관련되는 종목이 관심주가 되어 상승세를 타게 되는데 이를 흔히 테마주라고 부른다. 증시에서는 대개 여러 종목에 하나의 동일한 재료가 연결돼 군을 이루며 주가의 등락을 같이 할 때 테마라고 부르고 있다. 테마는 정치·경제·사회·문화 등 모든 분야와도 관련이 있고 국제적인 영향을 받기도 한다.

선거나 통화관리에 따른 금리변동, PC방이나 댄스방의 호황, 정보통신 선호 현상, 유행의 변화 등도 모두 증시에서는 테마로 형성될 수 있는 것이다. 테마는 증시상황에 따라 그 효과의 강약에 차이를 보인다. 같은 테마라고 하더라도 종목별로 주가의 움직임이 다르게 나타나기도 한다. 또 어느 한 종목이 다수의 테마에 중복되는 경우를 복합테마 종목이라고 부른다. 이런 종목은 주가 상승폭이 더 크고 상승세가 지속적이어서 더 많은 관심을 끌게 된다.

허수주문

시장에서 주를 매수 또는 매도할 때 유리하게 상황을 인식시키기 위해 내는 주문을 가리킨다. 물량을 과도하게 표출시키고자 할 때 내는 주문도 마찬가지로 부른다. 거래가 이루어질 수 없는 가격으로 많은 물량을 매수 또는 매도 주문을 냈다가 취소하는 것이다. 바꾸어 말하면 살 의사가 전혀 없으면서 매수주문을 내놓는 것이다. 허수주문은 시장 안정에 걸림돌이 된다. 종전에는 기관투자자들이 자주 사용하곤 했으며 이러한 방법은 도덕적으로 문제가 있다는 지적을 받아왔다. 최근 코스닥 시장이 활성화되면서 개인투자자들도 코스닥 시장에서 가끔 사용하는 경향이 있다.

제3부

인터넷 정보통신을 해부한다

황금알을 낳는 공룡

지난 92년 새해 벽두부터 국내 언론들은 제2이동통신 사업자 선정을 놓고 황금알을 낳는 거위를 누가 가져갈 것인가 하고 대서특필했다. 휴대폰서비스(이동전화)의 폭발적인 성장성을 고려해 언론이 붙인 표현이었다. 사업권을 따면 흔히 쓰는 말처럼 '노가 난다'는 것을 빗대어 쓴 말이었다.

당시 체신부(현 정보통신부) 공무원들은 그같은 자극적인 단어는 쓰지 말아줄 것을 기자들에게 당부했다. 지나친 과열경쟁과 사업자 선정 자체가 특혜로 비춰져 타 그룹들 사이에 야기될 마찰을 우려했기 때문이다. 속내로는 사업자로 선정될 경우 떼돈을 번다는 인식을 국민들에게 주지 않기 위해서였다.

제2이동통신 사업권 획득에 출사표를 던진 그룹들도 마찬가지였다. 선경(현 SK그룹), 포철, 코오롱, 쌍용, 동양, 동부 등 6개그룹 관계자들도 향후 시설투자비만 해도 몇천억 원에 달해 별 남는게 없으니 제발 그같은 표현을 삼가해 달라고 부탁했다.

그러나 결과는 언론의 표현이 적어도 절반은 맞았다고 할 수 있다. 92년 8월말 선경그룹은 제2이동통신 사업자로 선정됐다. 그러나 정치 사회적인 파장 때문에 7일만에 사업권을 정부에 반납했다. 선경은 나중에 그 대가로 한국이동통신(KMT)을 차지했다. 그 뒤 93년 6월에 있었던 두번째 선정작업에서 제2이동통신 사업권은 포철과 코오롱의 연합 컨소시엄이 따냈다. 지금의 신세기통신이다.

한국이동통신을 인수한 선경은 회사명을 SK텔레콤(식별번호 011)으로 바꿨다. SK텔레콤은 99년말 현재 가입자가 1,011만명에 달한다. 99년 한해 매출은 3조 9,460억원을 기록했다. 예상 순이익은 3,000억원 정도로 추정된다. 2000년에는 매출 5조원, 순이익 5,000억원을 잡고 있다. 99년 대비 매출액 증가율을 19%, 순이익 증가율을 25%로 잡을 만큼 확실한 성장세를 자신하고 있다. 제2이동통신을 포기하는 대신 한국이동통신을 인수한 것이 오히려 황금알을 잡은 셈이 됐다.

이 회사 주는 증시에서 황제주 중에서도 으뜸 대접을 받고 있다. 주당 가격은 99년 407만원으로 장을 마쳤다. 올해 들어 연초 주가 하락장세에도 불구하고 1월 10일 기준 336만원에 달했다. 100주 정도만 사려고 해도 중대형 아파트 한 채는 팔아야 할 금액이다.

신세기통신(식별번호 017)은 99년말 현재 가입자가 324만명 내외다. 99년 매출은 1조 2,478억원으로 예상하고 있다. SK텔레콤이 신세기통신을 인수키로 함에 따라 이 회사는 휴대폰서비스 분야의 거대 공룡으로 부상할 것이 확실시된다. 황금알을 낳는 거위가 황금알을 낳는 공룡으로 대변신을 하게 될 것으로 전망된다.

SK텔레콤은 올 연말 선정할 차세대 영상이동전화인 IMT-2000 사업권 획득도 준비하고 있다. 지난 1월에는 이동중인 차량 안에서 일본에 있는 상대방과 서로 얼굴을 보면서 통화하는 128kbps(초당 전송비트수)급의 IMT-2000 서비스의 시연통화에 성공했다. 곧이어 서울 분당 등 수도권에서 IMT-2000 시스템을 설치해 옥외 시험을 하고 이를 통해 348kbps급 IMT-2000 시스템 개발을 가속화해 나갈 계획이다. 연말 정보통신부로부터 이 사업권을 따 이동전화시장의 거대 공룡 자리를 고수해 나간다는 전략이다.

제2이동통신 사업자는 없다

대통령 선거전에까지 영향을 미치며 90년대 초반 전국을 떠들썩하게 했던 제2이동통신 사업자는 결국 역사의 뒤안길로 자취를 감췄다. 20세기에 있었던 원인이 21세기를 불과 10일 앞두고 원인무효로 끝난 것과 다름없다.

SK텔레콤은 지난해 12월 20일 신세기통신을 인수한다고 발표했다. 신세기통신의 대주주인 포철 지분 27.66%와 코오롱 지분 23.53%를 인수한 결과다. 신세기통신이 제2이동통신 사업자로 선정된지 정확히 5년 6개월만의 일이다. SK텔레콤이 셀룰러 이동전화 서비스의 천하통일을 한 것이다.

사업권 선정, 반납, 한국이동통신의 인수 등 일련의 쓰라린 경험을 한 SK그룹의 관계자들은 한마디로 세상일은 알 수 없다는 느낌일지 모른다. 신세기통신의 대주주인 포철과 코오롱 측은 착잡한 마음이 더 강할 것이다. 그러나 누구보다 감회가 새롭고 씁쓸한 마음을 지울 수 없는 사람이 있다. 당시 체신부장관이었던 송언종(변호사) 씨다. 그는 사업자 선정 이후 불과 9일만에 장관으로서 모든 책임을 지고 사의를 표명했다.

당시 송 장관은 선정의혹설을 따지는 의원에게 이렇게 강변했다. "대학총장의 아들이 성적이 되는데도 아버지가 총장으로 있는 대학에 불합격시킨다는 게 말이 되느냐"고 했다. 그리고 "양심을 걸고 허가 과정에 하자가 없다"는 주장을 강력히 표명했다.

제2이동통신 사업자 선정은 끝내 노태우 대통령의 사돈기업 봐주기 등 특혜시비에 휘말렸고 재계는 이동통신 후유증에 시달렸다.

결국 선경은 92년 8월 27일 제2이동통신 사업권을 반납했다. 국민 정서에 맞지 않는다면 국민 총화합 차원에서 제2이동통신 사업추진을 포기하겠다고 선언한 것이다.

송 장관은 노 대통령 임기 만료와 함께 30여 년 오랜 세월 몸담아 왔던 관직을 떠났다.

SK의 신세기통신 인수로 017 휴대폰서비스에 가입한 320여만 명도 함께 011 SK텔레콤의 가입자로 넘어갔다.

SK텔레콤은 합병하는 신세기통신의 가입자가 불편을 겪지 않도록 양사 가입자간에 통화할 때는 식별번호(011, 017)를 누르지 않고 전화번호만 눌러도 통화할 수 있게 했다. 또 올 상반기까지는 현재의 경영체제를 그대로 유지해 017 가입자가 피해를 보지 않도록 배려했다.

신세기통신의 대주주인 포철은 지분매각 대금으로 SK텔레콤의 지분 6.5%를 받아 한국통신에 이어 SK텔레콤의 3대주주가 됐다. 코오롱은 주당 2만 8,500원씩 1조 691억원을 현찰로 받아갔다.

지난 94년 1월 15일 서울 남산 하얏트호텔 정문에서 남쪽 200m 쯤에 있는 이건희 삼성그룹회장의 개인 영빈관(승지원)에서 재계 총수들이 모여 도출해낸 재계결의가 만 6년만에 마침표를 찍은 것이라고 할 수 있다. 총수들은 당시 '선경이 제2이동통신을 포기하는 대신 한국이동통신 경영권을 인수하고 쌍용과 동양은 제2이동통신의 지배주주를 포기하게 한 선언'을 유도해 냈다. 자연히 포철과 코오롱이 제2이동통신의 공동 대주주가 됐고 이들 또한 결국 SK텔레콤에 회사를 넘기고 94년 이전 상황으로 돌아갔다.

도약의 틀 마련한 PCS

　3개 PCS(개인휴대통신) 사업자들에게도 99년은 중요한 한 해였다. 가입자가 크게 늘고 매출도 상당히 올렸다. 96년에 사업자로 선정돼 97년 10월부터 본격적인 서비스를 시작한 지 불과 2년여 남짓만에 이룬 쾌거라고 할 수 있다. 사업권을 딸 때만 해도 빨라야 3년, 4년 후에야 어느 정도 자리를 잡을 것으로 예상했었다. 이들은 사업자간에 다소의 차이는 있지만 일단 PCS에 대한 이미지를 확고히 심어주었고 또 그만한 대접을 받았다고 자위하고 있다.

　이동전화시장의 선두주자인 SK텔레콤의 위세에 눌려 시장점유율 확대가 상당히 어려울 것이라는 당초 예상과 비교하면 대단한 성장이라고 할 수 있다. 정보통신부의 한 관계자는 PCS 기술을 적극 활용할 경우 가입자 확보 등에서 상당한 도움을 얻을 수 있을 것이라고 말했다. 휴대폰방송, 데이터송수신, 인터넷서비스 등 개발할 분야가 무한정이라는 이유 때문이다. 걸어다니는 네트워크로 발전시켜 나갈 경우 또 하나의 황금알을 낳는 거위로 부상할 것이라고 정보통신 전문가들은 전망하고 있다.

　3사 중 선두주자는 한통프리텔(식별번호 016)이다. 한국통신이 대주주이고 이의 후광을 등에 업고 성장속도가 무척 빠르다. 99년말 기준 가입자가 426만여 명으로 500만명을 눈 앞에 두고 있다. 99년 순수 서비스분야 매출은 1조 4,629억원이었다. 2000년에는 매출 2조 5,800억원, 순이익 16억원으로 흑자전환을 예상하고 있다. 올해부터는 무선인터넷, 전자화폐사업 등 정보서비스 사업을 대폭 강화해 나갈 계획으로 있다.

<표 3-1> 무선 인터넷 구성도

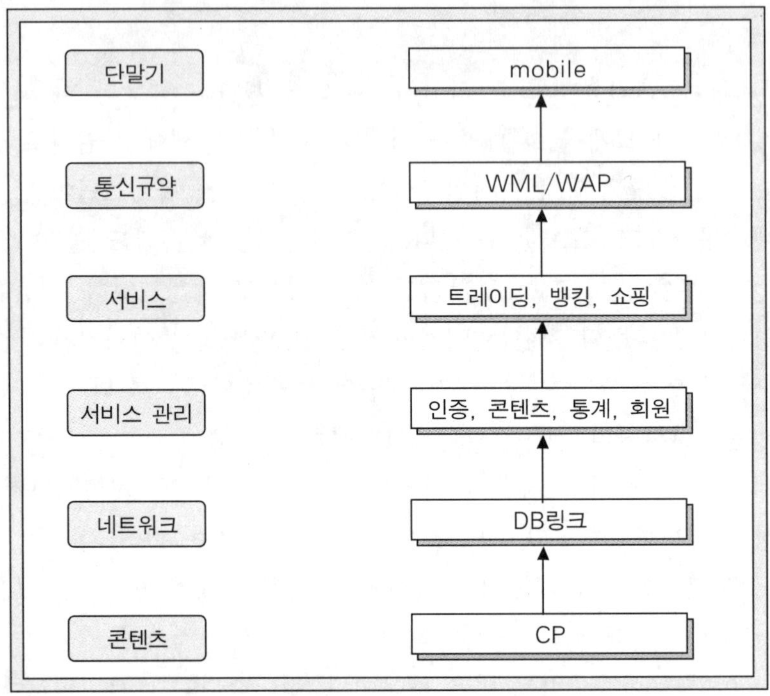

　LG텔레콤(식별번호 019)은 가입자가 308만여 명에 99년 매출이 1조 264억원에 달했다. 이 회사는 올해 안에 코스닥 등록을 할 예정이다. 벌써부터 투자자들로부터 관심을 끌고 있다.

　한솔PCS에서 회사명을 바꾼 한솔M.COM(식별번호 018)은 가입자가 274만명, 99년 매출 9,060억원, 2000년에는 1조 8,333억원, 순이익 28억원으로 잡고 있다.

　PCS업계에서는 3개 사업자가 2개로 모아져야 한다는 의견들도 꾸준히 나오고 있다. 이 경우 PCS사업자간 판도변화와 함께 전체 휴대전화 서비스 시장에 커다란 변화가 있을 것은 당연하다. 현재까진 구체화된 것은 없다. 한통프리텔이나 LG텔레콤이 한솔M.COM을 인수할 거라는 얘기만 간간히 나오고 있는 형편이다. 그러나 한통 프리텔은 한솔M.COM의 인수를 검토한 적이 없다고 지난 1월 공 시했다. 한솔 측도 결코 매각의사가 없다고 밝히고 있다.

무선통신 가입자가 유선통신을 앞질렀다

이동전화 사업자와 PCS 사업자, 무선데이터통신 사업자, 주파수 공용통신(TRS) 사업자 등을 무선통신 사업자라고 한다. 반면 한국 통신, 데이콤, 하나로통신, 온세통신 등 시내외 전화 국제전화 서비 스를 제공하는 사업자들은 유선통신 사업자로 분류한다.

무선통신 사업자는 기지국을 통해 전파로 통신서비스를 제공한 다. 유선통신 사업자는 지상과 지하, 바다 속에 설치한 케이블(일명 전화선)을 통해 서비스를 제공하는 업체다. 국제전화의 경우 통신위 성을 이용하기도 한다. 오랫동안 통칭 전화서비스 업체로 불리워 온 고전적인 통신서비스 업체다. 대부분 시내전화, 시외전화, 국제 전화 서비스를 제공하고 있다.

지난 95년부터 무선통신 서비스의 인기도는 유선통신 서비스를 앞질러 왔다. 무선호출(삐삐) 서비스가 청소년들과 젊은 직장인들 사이에서 선풍적인 인기를 끌면서 휴대폰으로 이어진 무선통신 서 비스는 이미 이같은 장밋빛 전망이 예견되어 있었다.

여기에 주파수공용통신(TRS), 무선데이터통신, 위성휴대통신 (GMPCS) 서비스가 활발히 제공되고 있는 것도 일조를 했다. 특히 작년 하반기부터는 PCS단말기로 인터넷까지 할 수 있게 되는 등

급격한 기술발전으로 새로운 가입자를 계속 창출할 수 있었기 때문
이다.

정보통신부에 따르면 99년 중 무선통신 가입자는 2,344만명을 기
록했다. 처음으로 유선통신 가입자(2,162만명)를 앞섰다. 국내 통신
115년 역사상 처음 있는 일이다. 올해에는 무선통신 가입자가 전년
보다 14.7% 이상 증가한 3,076만여 명에 달할 것으로 예상되고 있
다.

지난 94년 제2이동통신 사업자가 선정되고 한국통신의 자회사인
한국이동통신이 SK텔레콤으로 바뀐 후 국민들의 휴대폰 사용이 급
증한데 따른 것이라고 할 수 있다. 이어 96년에는 디지털방식의 휴
대폰 서비스인 PCS(개인휴대통신) 3개 사업자가 등장, 서비스를 시
작하면서 무선통신 가입자는 폭발적으로 증가해 왔다.

무선통신 서비스의 가입자는 지난 93년 312만명에 불과했다. 94
년 733만명, 그리고 95년 처음으로 1,000만명을 넘었다. 97년에는
2,277만명으로 2,000만명을 넘어섰다. 불과 4년만에 7배가 늘어났
다. 2개 이동전화와 3개 PCS(개인휴대통신) 사업자의 매출도 99년
말 기준 7조 3,842억원에 달했다. 제2이동통신 사업자를 선정할 당
시인 92년 산업연구원이 전망한 수치와는 비교가 안 된다. 연구원
은 2000년 가입자가 602만명, 시장규모는 2조원에 달할 것으로 전
망했었다. 그러나 실상은 연구원의 예상보다 가입자 수에서 3.8배,
시장규모에서 3.7배나 폭증했다. PCS 사업자가 나올 줄 예상하지
못했다 하더라도 비교가 안 된다.

바꾸어 말하면 5개 이동전화 사업자 모두가 황금시장에서 되는
사업을 하고 있다고 할 수 있다. 이동전화시장의 선두주자인 SK텔
레콤의 한 관계자는 매일 폭발적으로 늘어나는 가입자 때문에 시설

확충에 큰 어려움을 겪었다고 토로할 정도였다.

99년 중 무선통신부문 총 매출액은 9조 1,291억원으로 98년에 비해 39%가 증가했다. 특히 이동통신 분야는 98년보다 61.3%가 늘었다. 96년 3조 4,000여억 원이었으니 3년만에 딱 3배 가까이 증가한 셈이다.

올해 무선통신 부문 매출은 11조 5,084억원에 달할 전망이다. 99년 대비 26%나 증가한다는 예상이다. 사업성이 그만큼 좋다는 뜻으로 해석할 수 있다. 2000년 국내 통신시장 규모는 21조 8,690억원으로 확대될 것으로 전망되고 있고 이중 52.6%가 무선통신 부문이 차지할 것으로 기대되고 있다. 무선통신 부문 성장성이 유선 부문을 확실히 추월할 것으로 보아도 된다.

가입자 수가 돈이다

정보통신 서비스업체는 가입자 수에 따라 일희일비한다. 신규 가입자가 계속 늘면 회사 분위기가 활짝 펴진다. 반대로 해지자가 늘어나면 회사에 비상이 걸린다. 교환기 전송로 등 시스템이나 네트워크에 이상이 생겨 서비스가 일시적으로 중단되는 것 다음으로 나쁜 상황이라고 할 수있다.

유선 사업자든 무선 사업자든 가릴 것 없이 똑 같은 실정이라고 보면 된다. 이는 한마디로 가입자가 얼마나 되느냐에 따라 매출도, 이익도 결정되기 때문이다. 곧 가입자 수가 돈으로 환산되기 때문이다.

SK텔레콤의 경우 작년에 매출 3조 9,460억원을 올렸다. 가입자는 작년말 기준 1,011만명이다. 가입자 1명의 전화사용료가 1년간 39만원 정도라는 계산이 나온다. 바꾸어 말하면 가입자 1명이 한달에 3만 2,000여 원 어치의 통화를 하면 매출이 그 정도 나온다고 할 수 있다.

한통프리텔은 작년에 1조 4,629억원의 매출을 기록했다. 가입자는 427만명이다. 가입자 1명이 1년간 34만 2,000여 원 어치의 전화사용료를 낸 셈이다. 매달 2만 8,000원 꼴이다. SK텔레콤이나 한통프리텔의 가입자들이 월 평균 내는 통화료가 큰 차이가 없다는 것을 알 수 있다.

무선통신뿐만 아니라 유선통신 서비스업체도 별 다를 바 없다. 한국통신은 작년에 9조 6,247억원의 매출을 올렸다. 전화가입자는 시내외, 국제 모두 합해 2,048만명이다. 단순 계산을 하면 가입자 1명이 연간 47만원 상당의 통화료를 냈다. 114안내수입, 전보수입 등 다른 수입원을 갖고 있지만 대충 가입자 기준으로 계산해도 월 3만 9,000원 정도로 계산이 나온다.

PC통신이나 인터넷접속 서비스업체도 가입자가 있는 이상 똑같다고 할 수 있다. 정보통신사업자들은 영업외 수익도 있겠고 임대수입도 있을 수 있다. 그러나 수입의 거의 전부가 통화료 쪽에서 이뤄지고 있다고 해도 과언이 아니다.

정보통신 서비스업체들이 한때 가입자를 부풀려 발표한 것도 이런 이유 때문이다. 사업초기에 경쟁이 치열할 때는 경우에 따라 몇 개월씩 전화요금을 연체한 사람도 가입자 수에 포함해 발표하기도 했다. 무료가입자를 유료가입자인양 허수로 발표한 것도 같은 맥락에서 이해할 수 있다. 인터넷이나 정보통신 업체를 알고자 할 때는 가입자 수를 살펴야 한다.

한국통신은 정부가 최대 주주인 공기업이다. PCS사업자인 한국통신프리텔과 PC통신업체인 한국통신하이텔의 대주주이기도 하다.

국내 통신사업자의 원조이며 한국의 통신을 대표하는 기업이라고 할 수 있다. 정부가 대주주이니 일반인들의 신뢰도나 기대가 클 수밖에 없다. 역대 사장도 거의 체신부, 정보통신부 등 관련 정부부처의 고위관리를 지낸 분들이 맡아왔다.

자회사로는 한국통신기술, 한국통신진흥, 한국공중전화, 한국통신카드, 한국통신케이블TV 등을 두고 있다. 한국통신프리텔, 한국통신하이텔의 제1 대주주이기도 하다. 통신 관련 사업은 거의 전부 다 하고 있다고 해도 과언이 아니다. 자연히 국내 통신 관련 업체에는 이 회사 출신들이 즐비하다.

전국 주요 도시마다 전화국을 두고 있으며 서울 중앙전화국 하나에서만 1년간 웬만한 기업은 꿈도 꾸기 힘든 액수인 수천억 원이 넘는 전화료 수입을 올리고 있다.

공기업답게 총 27조원을 들여 초고속 정보통신망 구축을 추진하고 있다. 인터넷 선진국과 정보사회 구현을 목적으로 한 1인 1PC 보급도 추진하고 있다. 막대한 예산을 들여 무궁화 통신방송위성을 확보하고 있다.

국내 교환기의 디지털화를 추진, 현재 디지털교환기 2만 5,000여 회선을 갖고 있고 시내 전화국간 전송시설을 광통신장비로 대체해 98년 말 현재 25만 4,716 DS-1 회선을 보유하고 있다.

아날로그망인 기존의 공중전화통신망을 디지털화해 전화, 데이터, 영상 등의 다양한 통신서비스를 함께 제공할 수 있는 ISDN(종합정보통신망) 서비스를 제공, 작년말 현재 3만 8천여 명의 가입자를 갖고 있다.

한국통신은 2000년에는 인터넷 사업을 강화키로 하고 무려 1조 800억원을 투자할 계획이다. 사이버경영의 원년으로 삼는다는 포석이다. 미국 IBM과 제휴해서 아시아 최대의 인터넷 데이터센터(IDC)를 국내에 설립키로 합의도 했다. 하나로통신과 새롬기술이 시작한 인터넷 무료 시내외, 국제전화 기술도 확보해놓고 있다.

민간기업의 인터넷사업 확대에 따라 ADSL 등 초고속인터넷 가입회선도 140만 회선으로 늘린다는 청사진을 내놓았다. 명실상부한 한국 최고의 정보통신사업자 위치를 고수하겠다는 전략이다.

99년 매출은 9조 5,956억원, 순이익은 3,833억원이었다. 가입자는 2,048만명이다. 2000년에는 매출 10조 5,300억원, 순이익 5,000억원을 잡고 있다. 주가는 99년 1월 4만 3,000원으로 시작해 12월 28일 17만 9,000원으로 장을 마감했다.

LG그룹에 편입된 데이콤

국내 최초의 민간 정보통신업체라고 할 수 있는 데이콤이 마침내 LG그룹 계열사로 공식 편입됐다. 새해 벽두인 1월 3일 LG그룹은 공정거래법에 따라 제1 대주주로서 데이콤을 공식 접수했다고 발표했다.

지난 94년 4월 한국통신이 데이콤 지분을 내놓으면서 시작된 데이콤 인수 계획이 5년만에 성사된 것이다. 그것도 20세기말에 벌여놓은 작전을 21세기초에 완료한 셈이다.

동양그룹과의 치열한 지분경쟁, 정부와 재계의 따가운 눈총 속에서도 LG는 정보통신 서비스 분야에 진출, 21세기를 대비한다는 주도면밀한 데이콤 인수전략을 추진해 왔다.

LG그룹의 한 관계자는 "타 그룹들이 철강, 자동차 분야에 뛰어들 때도 오직 데이콤을 앞세운 정보통신 하나만 보고 달려왔다"고 털어놨다. 그룹의 미래를 위해 남몰래 데이콤에 쏟아부은 정성이 얼마나 컸는가를 짐작케 한다.

데이콤은 지난 82년 출범했다. 한국통신을 대주주로 삼성, 금성(현 LG), 대우 등 전자업체들을 주주로 해 한국데이타통신이란 회사명으로 출발했다. 현대는 84년 데이콤이 증자할 때 주주로 참여했다. 결국 56.1%의 지분을 갖고 있는 LG그룹이 데이콤의 주인으로 낙점됐다.

데이콤은 천리안으로 PC통신사업을 시작해 하이텔과 함께 국내 PC통신 가입자를 750만명으로 늘리는데 기여했다. 국제전화, 시외전화 서비스도 제공, 유선사업자로서의 확고한 기틀을 마련했다. 인터넷 전용선사업도 벌이고 있다. 휴대폰서비스 등 무선통신서비스만 하지 않고 있다.

그러나 LG그룹에 편입됨에 따라 같은 계열사로 PCS사업자인 019 LG텔레콤과의 시너지효과를 거둘 수 있을 것으로 기대되고 있다. 함께 올 연말 사업자를 선정할 계획인 차세대 영상이동전화 IMT-2000 사업권 수주경쟁에도 참여하고 있다.

데이콤은 99년 중 7,420억원 매출에 300억원의 순이익을 냈다. 2000년에는 매출 1조 50억원에 순이익 940억원을 잡고 있다.

데이콤은 인터넷 종합서비스 사업을 강화하면서 나스닥시장 등록을 추진중인 하나로통신의 대주주로 10.73%의 지분을 보유하고 있다. LG그룹의 식구로 편입된 데이콤이 정보화가 핵심인 뉴 밀레니엄시대에 어떤 모습으로 변화하는가에 따라 한국의 정보통신도 큰 영향을 받게 될 것이다.

93년부터 97년까지는 한마디로 삐삐(무선호출서비스) 세상이었다. 가입자가 폭발적으로 증가하면서 삐삐사업자들은 늘어나는 매출에 즐거운 비명을 질렀다. 당시 삐삐는 젊은 회사원들과 청소년들 사이에 필수품으로 자리잡았다. 학교에서는 쉴새없이 울려대는 삐삐음 때문에 수업이 방해받을 정도였다. 회사원들은 긴급 연락수단으로 무조건 삐삐를 받았다. 영업사원들은 삐삐를 농땡이도 칠수 없게 만드는 족쇄라며 불만을 터뜨리기도 했다.

당시엔 유치원생들까지 삐삐를 차고 다닐 정도였고 서울 강남의 고급아파트촌에서는 목에 삐삐를 매단 애완견도 이따금 볼 수 있었다.

삐삐는 국내 정보통신산업을 한발 앞당겨 성장시킨 효자로 인정받고 있다. 일반인들에게 정보통신이 무엇인지를 느끼게 해 준 일등공신이다. 정보통신 장비생산업체에게는 큰 돈을 벌어줬다. 중소벤처기업들이 너나 없이 삐삐 단말기 생산에 나선 것도 그같은 이유 때문이었다.

SK텔레콤, 나래이동통신, 서울이동통신 등 사업자는 물론 삼성전자, LG정보통신 등 내노라하는 업체들도 삐삐 단말기를 생산해 큰 재미를 보았다. 팬텍, 스탠더드텔레콤, 엠아이텔 등은 삐삐 단말기업체로 출발해 오늘의 성장을 이뤘다고 해도 과언이 아니다. 94년 기준 삐삐 단말기 시장만도 4,000억원에 달할 정도였다.

삐삐 확산 속도는 실로 경이적이었다. 한국이동통신(현 SK텔레콤)이 91년 삐삐서비스를 제공할 때만 해도 가입자는 140만명에 불과했다. 그러나 92년 삐삐사업자가 대거 등장하면서 상황은 급반전했다. 서울에 나래이동통신, 서울이동통신이, 부산엔 부일이동통신이, 대구엔 세림이동통신이 서비스를 제공하면서 전국은 삐삐음으로 가득 찼다. 95년초 가입자는 800만명을 넘었고 싱가포르, 홍콩 등과 함께 무선호출기 보급률에서 세계 1, 2, 3위를 다툴 정도였다.

97년말에는 1,520만명으로 피크에 달했다. 당시 휴대폰가입자가 570만명 정도였으니 삐삐 가입자가 얼마나 많았는지 알 수 있다.

삐삐는 그러나 97년말을 고비로 PCS서비스가 본격화되면서 위축되기 시작해 이제는 무선통신분야의 틈새 시장으로 탈바꿈했다. 99년 6월말 현재 가입자는 635만여 명이다. SK텔레콤(가입자 300만명)을 제외한 전국의 12개 사업자의 가입자가 380여만 명에 불과하다. 삐삐의 전성시대는 휴대폰 서비스에게 그 바톤을 넘겨주었다.

휴대폰 전화 선진국

휴대폰 전화 서비스는 흔히 이동전화라고 하는 셀룰러 전화와, PCS(개인휴대통신) 전화 등 2개 방식으로 통화를 한다. 무선통신사업의 핵심 사업분야다.

10년 남짓한 국내의 짧은 서비스 역사에도 불구하고 이동 전화 사업자에게 매년 막대한 수익을 안겨주고 있다. 가입자에게는 정보

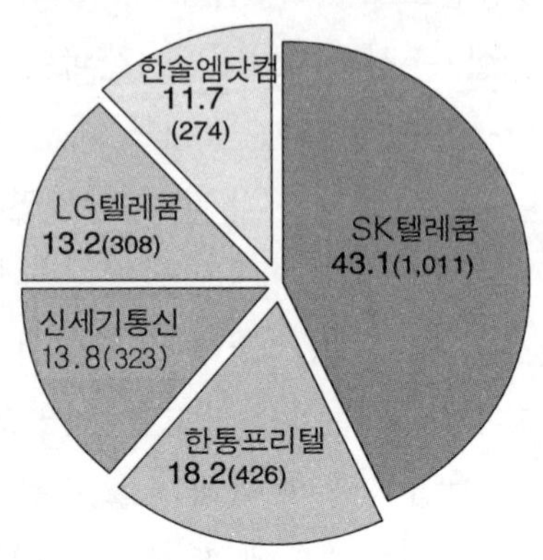

〈표 3-2〉 이동전화 5개사 시장점유율
(단위 : %, 만명, 99.12월말 현재)

통신의 혜택을 마음껏 누리게 하고 있고 이들 주식을 보유한 투자자에게는 주가 상승에 따른 상당한 이득을 가져다 주고 있다.

휴대폰 서비스 가입자는 99년말 기준 2,344만명. 국민 1.9명당 1명이 이 서비스를 이용하고 있다. 올 연말까지는 3,076만명에 달할 전망이다. 1.4명당 1명 수준이다. 5세 이하의 어린이들만 빼고는 전국민이 휴대폰 서비스를 이용한다고 보아도 무리가 아니다. 치약, 신발, 시계와 같이 누구나 갖고 있는 개인용품으로 자리잡았다. 휴대폰 전화 쪽에서는 선진국 중의 선진국이라고 할 수 있다.

휴대폰 이용자는 지난 96년 이후 급격히 증가해 왔다. 매년 배이상 늘어났다. 96년 가입자는 전년보다 93.8%가 증가해 318만명에 달했다. 97년에는 016, 018, 019 등 PCS(개인휴대통신) 서비스가 본격적으로 시작되면서 114.7% 증가해 683만명, 98년에는 105%가 증가해 1,398만명에 달했다.

SK텔레콤과 신세기통신이 제공하는 셀룰러방식 가입자는 1,335

만명, 한통프리텔, 한솔M.COM, LG텔레콤 등 PCS 방식 가입자는 1,011만명이다. PCS 3개 사업자의 가입자는 지난해 처음 1,000만명을 넘었다.

휴대폰 전화는 단순히 음성통화의 단계를 넘었다. 기술발전으로 문자서비스는 물론 인터넷까지 이용하게 됐다. 각종 데이터도 주고받을 수 있는 멀티미디어의 총아로 자리를 확대해나가고 있다고 할 수 있다. 그래서 걸어다니는 네트워크라는 새로운 별칭을 얻었다.

인터넷을 이용할 수 있게 되면서 사이버 쇼핑에 금융업무까지 할 수 있는 첨단 기기로서의 역할을 하고 있다. 기술적으로 어디까지 발전할 것인지 짐작조차 어렵게 한다.

자연 휴대폰 단말기 생산업체에게도 막대한 이득이 돌아가는 것은 물론이다. 삼성전자, LG정보통신, 모토롤라, 텔슨전자 등은 휴대전화 가입자 증가에 따라 단말기 생산이 늘어 사업내용이 좋고 이익도 많이 내고 주식도 인기가 높은 편이다.

카폰은 박물관에 있다

불과 10여 년 전에만 해도 긴 안테나를 단 검정색 구형 로얄 승용차를 심심찮게 볼 수 있었다. 대부분 기업체 사장이거나 가진 게 있어 보이는 개인사업자들의 차량으로 생각하면 됐다. 당연히 차량 뒷자리에서는 군용 무전기만한 검정 카폰(차량전화기)을 들고 통화하는 모습도 볼 수 있었다. 부의 상징처럼, 힘있어 보이는 사람처럼 행사하게 만들었던 카폰이었다. 당시만해도 카폰을 사용하는 사람은 호텔, 골프장, 공연장 등에서 VIP 대접을 받을 정도였다. 하지만 요즘 그런 차량을 보기는 힘들다.

카폰은 지난 84년부터 국내에 공급되기 시작했다. 92년까지만 해도 보급률이 휴대전화보다 많았다. 92년 국산화율은 삼성전자 62%, 현대전자 38%, 금성정보통신(현 LG정보통신) 25% 정도였다. 나머지 업체들은 단순조립판매 또는 완제품을 수입 판매했었다.

93년 8월에는 한국이동통신(현 SK텔레콤)이 서울시내 직행좌석버스에 이동무선전화기를 설치해 버스 안에서도 공중전화를 할 수 있게 됐다. 이 전화기는 공중전화카드를 사용할 수 있게 제작되었다. 일부 부유층만이 사용하던 카폰이 일반인들을 대상으로 대중화되기 시작한 1단계 작업이라고 할 수 있다. 곧바로 경부선과 호남선 열차에도 카드식 이동무선공중전화가 설치 운영되었다. 때맞춰 일부 우등고속버스와 대한항공 리무진버스에 설치되었던 동전식 무선공중전화기도 카드식으로 교체되었다.

97년초에는 서울 시내 개인택시 5,000여 대에 택시폰이 설치돼 승객들이 전화를 걸고 받을 수 있게 됐다. 버스에 설치된 이동무선전화기가 전화를 걸기만 하는 공중전화라면 택시폰은 전화를 걸고 받을 수 있는 카폰과 같은 기능이었다. 카폰처럼 고유 전화번호가 있어 승객이 필요한 전화를 받을 수 있게 된 것이다.

승객 중에는 특별히 전화를 걸고 받을 일이 없는데도 버스나 택시 안에서 전화를 한다는 소박한 호기심에 다이얼을 누르는 모습도 간혹 있었다. 휴대폰이 보편화되기 이전 카폰이 누렸던 영광이라고 할 수 있다.

카폰은 이제 주위에서 사라진 지 한참됐다. 목에 핸드폰을 달고 다니거나 등에 짊어진 가방에 휴대폰을 매달고 다니는 10대들은 카폰이 뭔지도 모를 것이다. 승용차에 부착하고 다니던 긴 안테나도

구경하기 힘들어졌다. 자가운전자는 물론 버스 택시의 기사, 승객 모두 휴대전화기를 소유한 휴대전화 시대가 되어 카폰의 기능이 다했기 때문이다.

서울 광화문에 소재한 한국통신 1층에 있는 정보통신 홍보전시관과 용산에 있는 우정박물관에는 한때 부의 상징처럼 또 권위를 나타내는 수단처럼 사용되던 카폰과 긴 안테나들이 견학온 어린이들의 호기심 어린 눈길을 받고 있을 뿐이다.

PC통신의 영광

작년 12월 24일, 한국통신하이텔이 코스닥에 등록했다. 액면가 1,000원에 공모가는 2만 8,000원이었다. 곧바로 벤처기업인 다음커뮤니케이션이 주당 2만 8,000원에 하이텔 주식 20만주를 매입했다고 해서 많은 사람들이 비상한 관심을 보였다.

증권가에서도 주가가 상당히 오를 것으로 보고 있던 터였기 때문이다. 한통하이텔 주는 1월 현재 8만원대에서 오르락내리락 하고 있다. 액면가 5,000원 기준으로 환산하면 40만원대다. 많은 사람들이 PC통신사업의 유망성을 인정하고 있는 것이라고 할 수 있다.

PC통신은 온라인망을 이용해 기업, 가정에서 필요로 하는 전문정보, 생활정보, 공공정보 등의 데이터베이스(DB)와 홈쇼핑, 홈뱅킹, 예약거래 처리 등을 종합적으로 제공하는 서비스다. 당연히 인터넷 서비스도 이용할 수 있고 전자우편, 동호회, 공개자료실 등도 운영하고 있다.

지난 88년 데이콤이 천리안 서비스를 국내 최초로 상용화하면서 시작됐다. 곧이어 92년 한국PC통신(현 한국통신하이텔)이 하이텔을, 94년에는 나우콤이 나우누리를, 96년에는 삼성SDS가 유니텔을 상용화했다. 97년에는 SK텔레콤이 넷츠고를, 98년에는 LG인터넷이 채널아이 서비스에 들어갔다.

자연히 가입자수도 크게 늘었다. 95년 72만명 정도에서 현재는 750만명 이상으로 늘어났다. 한통하이텔은 새해 1월 6일로 가입자가 200만명을 넘어섰다고 밝혔다. 92년 서비스를 시작한 지 7년만이다. 국내에도 가입자 200만명이 넘는 PC통신사가 2개(천리안 220만명)로 늘어났다. 유니텔도 곧 200만명을 넘어설 것으로 예상되고 있다. 미국의 AOL(아메리카 온라인)사는 2,000만명, 일본 니프티서브는 350만명, PC밴은 270만명, 독일 티온라인은 330만명의 가입자를 확보하고 있다.

99년 중 천리안은 매출 1,405억원, 순익 300억원을, 하이텔은 매출 600억 원, 순익 10억원 상당을 올렸다. 2000년에는 천리안이 1800억원의 매출을, 하이텔이 1160억원을 잡고 있다.

올해 들어 PC통신업계는 새롭게 재편되고 있다. 올 연말까지 가입자가 1,800만 명으로 늘어날 것으로 예상되고 있기 때문이다. 또다시 한바탕 가입자 유치전쟁을 치를 채비다.

데이콤이 LG그룹사로 편입됨에 따라 천리안이 LG인터넷의 채널아이 조직을 흡수, 운영키로 했다. 무선 인터넷사업을 강화해 모바일 천리안사업과 실시간 메시징서비스를 개발할 계획이다.

SK텔레콤의 넷츠고는 지난해 5월부터 운영하고 있는 인터넷 쇼핑몰 해피투바이를 휴대전화 011과 연계해 무선 쇼핑몰로 육성할 방침이다. 유니텔은 삼성SDS에서 분사되어 이 사업에 주력할 수 있게 됐다. 최근에는 홈페이지와 별도로 포털사이트 웨피를 신설, 본

격적인 서비스에 들어갔다. 나우콤은 두루넷에 인수합병돼 날개를
달게 됐다. 이를 계기로 올 하반기까지 커뮤니티와 콘텐츠를 초고
속통신망 기반으로 전환할 계획이다.

하이텔도 한국통신이 지분을 확대해 강력한 사업 드라이브를 걸
수 있게 됐다. 4월경 PC통신과 인터넷의 경계가 없는 하이텔2000
서비스를 내놓고 시장공략을 본격화할 계획이다. 그러나 올들어 시
장환경도 바뀌고 있다. 무료 인터넷 서비스가 속속 등장하고 있고 인
터넷 관련 서비스의 가격파괴 현상도 가속화될 전망이다. PC통신서
비스가 또다시 고속성장의 영광을 누리게 될지는 두고 볼 일이다.

인터넷이 세상을 바꿨다

컴맹과 넷맹은 더 이상 없다. 컴퓨터와 인터넷을 모르고 21세기
를 사는 사람은 없다. 잘하느냐 못하느냐의 정도 차이가 있을 뿐이
다. 3, 4년 전만해도 40~50대들은 인터넷 얘기만 들어도 애써 외면
하는 이들이 많았다. 나와 관계 없는 일이라고 생각했기 때문이다.
"얼마 후면 직장 생활도 그만 둘 텐데, 컴퓨터도 모르면서 인터넷은
안 해도 되겠지"하는 이들이 대부분이었다. 인터넷 세상이 그렇게
빨리 올 줄을 아무도 몰랐던 것이다.

그같은 상황은 급격히 달라졌다. 이제는 40대 이후라도 명함에 e
메일 주소를 써다닐 정도가 됐다. 인터넷상에서 전자우편을 주고
받을 수 있게 됐다고 할 수 있다. 어느덧 모든게 www(world wide
web)로 통칭되는 인터넷 세상이 우리 옆에 성큼 다가서 함께 행보
하는 세상으로 바뀌었다고 하겠다.

국내 인터넷 이용자는 작년말 현재 공식적으로는 700만명, 비공식적으로는 1,000만명에 달하고 있다. 지난해 400만명이 늘어 700만명이 됐다는게 정보통신부의 발표이고 1,000만명도 넘을 것이라는 것은 정보통신업계의 분석이다.

공식적으로도 올해말까지 1,300만명, 내년에는 2,000만명에 달할 것으로 전망되고 있다. 아주 고령자와 초등학교 저학년 학생 이하를 빼면 거의 모든 국민이 인터넷 이용자라고 해도 과언이 아닐 것이다.

99년말 현재 전세계 인터넷 이용자는 1억 4,000만명에 달하고 있다. 2002년에는 2억명이 넘을 것으로 예상하고 있다. 인터넷에 연결되어 있는 IP주소를 갖고 있는 컴퓨터 숫자인 호스트 수만 해도 국내 21만개, 전세계로는 3,100만개에 달하고 있다. 국내 인터넷 시장 규모는 99년 4,100억원에서 2003년경에는 3조 6,000억원대로 성장할 것으로 예상되고 있다. 전세계적으로는 3,000억 달러를 웃돈다.

인터넷이 열어주는 세상은 무한하다. 바꾸어 말하면 현실세계에서 이루어질 수 있는 모든 것이 가능한 또 하나의 세상이라고 보면 된다. 세상의 모든 정보를 얻을 수 있는 정보의 바다(sea of information)라는 표현도 약하다. 인간이 생활을 해 나가는 데 필요한 의·식·주에서부터 정치, 문화, 오락, 취미생활 등 모두가 인터넷 세상에도 있다.

현실에 있는 음식점도 있고 집도 살 수 있고 입는 옷도 구할 수 있다. 교육을 받을 수도 있고 책도 구입할 수 있고 증권투자도 하며 영화, 예술 등 문화생활도 할 수 있다. 신문, 방송도 있고 장난감도 있으며 오락, 게임, 스포츠 등도 똑같이 즐길 수 있다. 현실세계에 있는 것은 다 있다. 현실세계에서 가능한 것은 인터넷 세상에서도 모두 가능하다고 할 수 있다.

인터넷접속 서비스업체에 가입한 후 초기화면에서 검색하고 싶은 인터넷 주소(http://www.xxx.com 또는 co.kr)를 치고 들어가면 인터넷 세상과 만날 수 있다.

인터넷이 21세기 빈부를 결정한다

연초 코스닥에서 3주만에 800억원을 벌었다는 한 벤처기업 사장 (42) 얘기가 보도돼 화제를 일으켰다. 자산가치 800억원이라는 말에 아내까지 심한 혼란을 겪을 정도였다고 했다. 10만원짜리 수표 한 장을 주어도 그렇게 좋아하던 부인이었다고 한다. 그는 코스닥에 등록해 돈방석에 앉은 인터넷 통신장비 생산업체 사장이었다.

이밖에도 비슷한 경우로 떼돈을 번 사람들이 많다. 대개가 인터넷과 관련한 벤처기업가들이다. 인터넷이 새로운 부의 제조기였다고 해도 과언이 아니다. 바꾸어 말하면 인터넷을 알면 부를 쌓고 인터넷을 모르면 부와는 거리가 멀다고 하는 얘기나 다름없다.

앞서 화제가 된 사장은 40대 초반이다. 그러나 벤처사업과 코스닥으로 돈방석에 앉은 사람들은 40대보다 훨씬 나이 어린 사람들이 많다. 대기업보다는 인터넷 관련 벤처기업에 뛰어들어 신기술 개발에 참여한 모험가들이다. 그런 회사의 직원으로 우리사주를 배정받아 떼돈을 번 사람들이 대개 20~30대들이다.

인터넷 콘텐츠 개발업체에 근무하는 한 여사원(22)은 벌써 10억원대의 부자가 됐다. 여상을 졸업하고 무역업체 경리부에서 몇 개월 근무하다가 그 회사로 옮겼다. 우리사주로 받은 주식이 코스닥에 등록되면서 떼돈을 벌었다. PC통신회사에 근무하는 30대 중반의 K과장도 비슷한 케이스다. 우리사주로 받은 액면가 1,000원짜리 주식이 코스닥 등록 후 8만원으로 뛰었기 때문이다.

인터넷 사이트에는 광고를 봐주면 돈을 주고 경품을 주는 곳도 많다. 20~30대 젊은 대학생이나 회사원들이 이 사이트의 주고객인 것은 말할 것도 없다. 무료사이트에서 게임도 즐기고 운이 따르면 돈도 번다. 언론사나 증권사가 인터넷상에서 실시하는 사이버투자 게임에 참가해 상금을 타는 이들도 제법 된다. 그래서 틈만 나면 직장에서건 PC방에서건 인터넷에 들어가 시간을 보낸다. 필요한 정보도 얻는 것은 물론이다. 소위 인터넷이 생활의 상당부분을 차지하는 넷족이 많아졌다.

아파트청약도 인터넷으로 받고 연극, 영화, 열차, 항공기 티켓 예매도 인터넷으로 한다. 시간 낭비하고 돈 들여 차 타고 직접 가서 표를 구입하는 것은 비경제적일 수밖에 없다. 인터넷만 알면 차비도 시간비용도 줄일 수 있는 것이다. 고생도 훨씬 덜할 수 있다.

IMF로 회사를 그만둔 P부장(51)은 반대의 경우다. 그는 퇴직금 중 4,000만원을 주식에 투자했다. 남들이 인터넷 정보통신 주식을 살 때 솔직히 그 기업이 무엇하는 회사인지, 무엇을 만드는지를 몰라 돈 되는 주식을 사지 못하고 다른 기업에 투자했다. 결과는 반토막이 났다. 그는 인터넷을 몰라 단기매매로 돈을 벌 기회를 놓쳤다고 했다. 인터넷을 모르는 게 그렇게 후회스럽더라고 허탈해 하기까지 했다. 그는 새해 들어서야 학원에 가서 인터넷 기초과정부터 열심히 배우고 있다.

빌 클린턴 대통령과의 섹스 스캔들로 유명한 모니카 르윈스키. 그가 핸드백 액세서리 등을 취급하는 인터넷 판매회사 사장으로 변신했다. 광고 모델이기도 했던 그는 인터넷 비즈니스로 새 인생을 출발한다고 했다. 지난해 연말 크리스마스를 전후해 미국 전역을 휩쓸었던 인터넷 쇼핑 열기에 자극을 받았는지도 모를 일이다.

농구황제 마이클 조던도 e-Business에 나섰다. 조던은 존 얼웨이(미식축구), 웨인 그레츠키(아이스하키) 등 스포츠계의 은퇴스타들과 함께 엠비피닷컴(MVP.com)을 설립한데 이어 2월에는 골프용품 전자상거래 업체를 인수했다. CBS방송이 운영중인 인터넷 골프기업 아이고골프닷컴(igogolf.com)이 그 회사다. 조던 일행이 본격적인 e-Business 사업확대에 나선 것이라고 할 수 있다.

올들어 21세기의 화두는 단연 e-Business이다. 어떤 기업이라도 전세계를 시간과 공간을 초월해 동시에 이용할 수 있는 인터넷을 통한 e-Business와 사업을 연계하지 않고서는 생존할 수 없게 될 것이라고 전문가들은 말하고 있다.

세계적 컴퓨터업체인 휴렛팩커드는 인터넷을 수돗물이나 전기처럼 편리하게 사용하는 e-Business를 새로운 기업전략으로 채택했다. 국내에서도 삼성그룹 등 대부분의 그룹들이 e-Business 사업을 새로운 경영전략으로 삼고 있다. 이들은 뉴 밀레니엄의 신사업 1순위로 e-Business를 꼽고 있다. 특히 벤처기업들과의 전략적 제휴나 합병을 추진하고 있다. 삼성은 삼성전자가 인터넷콘텐츠, 삼성에버랜드가 게임포털, 삼성물산이 웹쇼핑몰을 맡아 이 분야의 진출을 서두

〈표 3-3〉 주요 대기업 벤처투자계획

기 업	투자액	사업내용
삼 성	5,000 (억원)	·삼성물산, 2005년까지 100개사 투자 ·삼성전자, 매년 15~20개사 투자
현 대	280	·현대건설, 인큐베이터 사업추진 ·현대상사, 벤처사업팀 구성
L G	1,000	·LG창업투자, 80개사 500억 투자 ·연암공대, 창업 인큐베이터개설운영
S K	700	·SK(주), SK텔레콤, SK상사 벤처캐피털 운영 ·정보통신, 생명공학에 집중

르고 있다. SK는 사이버쇼핑몰과 인터넷 무역, 포털사이트 쪽을 LG는 사이버쇼핑몰과 인터넷 무역, 사이버금융 분야에 진출, 주목을 받고 있다.

e-Business의 성장에 대해서는 어느 누구도 자신있게 진단하지 못한다. 예측을 불허할 만큼 속도나 규모면에서 놀랍게 성장할 것이라는 막연한 예측뿐이다. e-Business가 모든 분야에서 가능하기 때문이다.

e-Business는 인터넷 백화점에서의 쇼핑, 인터넷을 통한 증권투자, 무역, 아파트 청약, 금융거래, 경매, 음식주문, 항공권, 철도여행권, 극장, 공연장 티켓구입 등 관련분야가 무궁무진하다. 하나하나 열거한다는 게 불가능할 정도다.

미국의 프라이스라인사는 미 전역에서 매일 50만 개의 빈 좌석으로 항공기가 운항되는 것에 착안해 e-Business를 벌여 성공한 케이스로 꼽힌다. 이 회사는 항공사에서 빈 좌석을 받아 인터넷을 통해 경매했다. 가격도 고객이 써내도록 했다. 당연히 제대로 살 때보다

싸다. 항공사, 승객, 프라이스라인사 등 모두가 득을 보고 있다. 일본에서는 오는 99년 4월 중 인터넷 슈퍼마켓이 문을 열 것이라고 한다.

세계 e-Business 시장규모는 99년 기준 3,360억달러에 달하고 있다. 2003년에는 무려 8조달러가 넘을 것으로 예측되고 있다. e-Business를 하지 않는 기업은 더 이상 기업이 아니라는 말도 그래서 더욱 실감난다. 뉴 밀레니엄시대로 들어서면서 인터넷접속 서비스, 포털-콘텐츠, 전자상거래, 소프트웨어 등으로 대표되는 e-Business에 출사표를 던지는 기업들이 속속 생겨나고 있는 것도 이같은 이유 때문이다.

도메인도 돈 벌어준다

인터넷 세상에서는 상상하기 힘든 별일도 많다. 인터넷 주소인 도메인 하나가 무려 1,000만달러에 팔려 많은 사람들을 놀라게 했다. 우리 돈으로 약 113억 5,000만원 정도나 된다. 그러나 외국에서 있었던 이 일은 사기로 끝났다. 지난 1월 1일 실시된 도메인 경매에서 1,000만달러에 www.year2000.com.을 사겠다고 한 제의는 응찰자가 나타나지 않아 코미디로 막을 내렸다. 이 도메인은 210만달러(23억 8,000만원)에 팔렸다.

1월 중순에는 국내 초고속 인터넷서비스 업체인 두루넷이 무려 500만달러(약 57억원)에 도메인을 샀다고 해서 또 한번 사람들을 놀라게 했다. 매입한 도메인은 www.korea.com(코리아닷컴)이다.

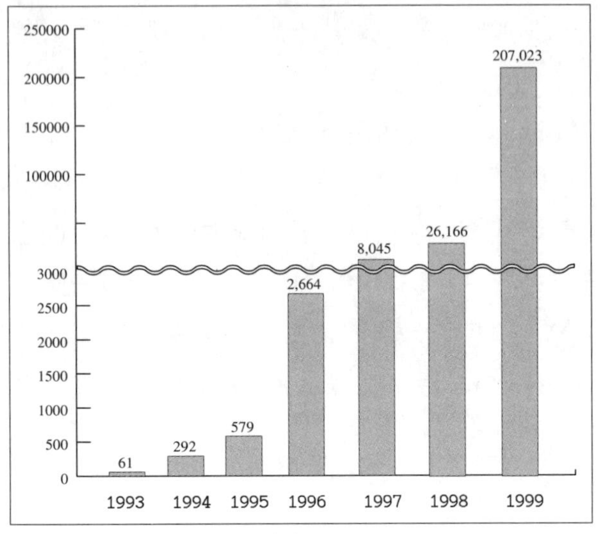

연도별	1993	1994	1995	1996	1997	1998	1999
합계	61	292	579	2,664	8,045	26,166	207,023

※위의 수치는 93년부터의 누적된 .KR 도메인 수   자료 : 한국인터넷정보센터

세계에서 두번째로 비싸게 팔린 도메인이 됐다. 그 이전 750만달러(약 85억원)에 팔린 도메인이 역대 최고 가격이다. 작년 12월에 팔린 www.business.com(비즈니스닷컴) 도메인이 그 주인공이다. 750만달러에 이 도메인을 판 사람은 약 3년 전 15만달러에 샀다니 50배 비싸게 되판 셈이다. 두루넷은 www.korea.com 도메인을 재미교포가 운영하는 정보통신업체인 티악C&C사로부터 매입했다. 세계적인 컴퓨터 생산업체인 컴팩은 www.altavista.com이란 도메인을 330만달러에 산 적이 있다.

국내에서는 3억원에 팔린 도메인이 있다. 청바지로 유명한 의류

업체인 (주)닉스가 1등 1명에게 상금 3억원을 걸고 도메인을 공모한 결과 35만건의 응모작 중 www.ifree.com을 1등으로 선정했기 때문이다. 2002 월드컵 마스코트인 아트모(Atmo)와 같은 이름의 도메인인 www.atmo.com(포르노 사이트)은 국내 인터넷 업체가 5만달러에 낙찰받아 인수하기도 했다.

도메인은 컴퓨터의 숫자로 표시된 인터넷주소(IP주소)를 이용자가 사용하기 쉽도록 문자로 변환해 표시한 것을 가리킨다. IP주소는 주민등록번호에, 도메인은 이름으로 비유할 수 있다. 따라서 사람의 이름인 도메인은 가상공간의 소유증명서 같은 것이다. 대개 사업내용을 암시하고 부르기 쉽고 쓰기가 편한 대신 먼저 등록한 사람에게 권리가 인정된다는 희소가치성을 갖고 있다. 이 때문에 인터넷이 열어가는 정보사회에서는 큰 돈이 되고 있다.

또 국가와 관련성이 있는 도메인은 자칫 분쟁의 씨앗이 되는 경우도 있다. 대표적인 도메인이 www.19450815.com이다. 이른바 광복절 관련 도메인이다. 이 도메인은 국내에 유학온 중국인 대학생이 지난해 11월 15일 등록했다. 그런데 일본의 한 아시아 민간외교 단체가 이 도메인을 고액에 매입하려고 한다는 내용이 알려지면서 한국, 일본, 중국의 네티즌들 사이에 비상한 관심을 끌었다. 국내 네티즌들은 광복절을 상징하는 이 도메인이 일본인에게 넘어가서는 안된다는 반응을 나타냈다.

이와 유사한 또다른 도메인인 www.19450815.co.kr와 중국 정부 수립일인 1949년 10월 1일을 상징하는 www.19491001.com 등 3개 도메인은 국내 한 네티즌이 이미 등록해 놓고 있다.

중소기업은행과 인터넷프라자시티는 인터넷 도메인을 담보로 최고 3000만원까지 대출해 주는 서비스를 하고 있다. 이처럼 도메인

이 인터넷 정보통신시대에는 큰 돈이 된다는 점에 착안해 도메인을
몰래 훔쳐 사용하는 도메인 도둑도 생겨나고 있다. 도메인 상담과
도메인 임대업체도 등장하는 등 점차 사업화되어 가고 있다.

올해초 타임워너와 합병한 아메리카온라인(AOL)이 가장 먼저 준
비한 일이 도메인 확보라고 했다. 합병 하루 전인 9일 아메리카온
라인타임워너.net에서 타임AOL.com.에 이르기까지 양사의 이름을
조합해 만든 21개 이상의 도메인을 등록했다고 한다. 도메인 투기
꾼이 비슷한 도메인으로 유사 웹사이트를 만들 것을 우려한 조치였
다. 도메인을 확보하는 것이 돈이라는 것을 입증해준 사례라고 할
수 있다.

국내에서도 인터넷 도메인 등록이 급격히 늘어나고 있다. 한국인
터넷정보센터(www.nic.or.kr)에 따르면 95년말 579건이던 kr 도메인
수는 96년말 2,664건에 달했다. 98년 이후 도메인에 대한 기업이나
개인의 관심이 높아지면서 98년말 2만 6,166건으로 늘었다. 작년에
는 인터넷, 전자상거래 등이 궤도에 오르면서 폭발적으로 증가해
99년말에는 20만 7,023건으로 늘어났다. 도메인은 등록 후 3개월간
사용치 않아도 소유권이 유지된다. 타인에게 양도 양수가 가능하며
개인도메인(pe.kr)의 복수등록도 허용되고 있다.

통신회선을 빌려 드립니다

회선임대 사업자이면서 초고속인터넷 서비스를 제공하는 두루넷

이 미국 나스닥에 성공적으로 상장됐을 때 사람들은 놀라움과 함께 많은 궁금증을 일으켰다. 나스닥 청약률은 22대 1이었다. 99년 11월 17일의 일이다. 무려 1,010만주를 주당 18달러에 공모해 어떻게 성공할 수 있었을까 하는 놀라움 때문이었다. 무엇하는 회사인지 궁금증도 컸다.

두루넷은 지난 96년 설립됐다. 한통프리텔 등 3개 PCS사업자가 정해질 때 회선임대 사업자로 함께 선정됐다. 98년 7월 월정액만 내면 광케이블을 통해 24시간 무제한 초고속 인터넷을 사용할 수 있는 서비스를 시작했다. 최대주주는 삼보컴퓨터(12%)이며 마이크로소프트(10.5%)와 한국전력(7.9%) 등이 주요 주주다.

두루넷과 같은 사업을 벌이는 회사들은 한국통신, 데이콤, 지앤지텔레콤, 드림라인 등이 있다.

5개사 모두 회선임대 사업자들이다. 이들은 막대한 자금을 들여 자체 통신망을 구축해 통신회선을 필요로 하는 기업이나 개인들에게 임대해 주고 있다.

정부기관이나 기업체들의 사내통합망, 금융기관의 온라인 전산망, PC통신망, 인터넷서비스망 등으로 빌려주고 있다. 회선에 여유가 있을 때는 다른 기간통신 사업자에게도 빌려준다. 정보산업이 발달하면서 음성 데이터, 영상 등의 많은 정보량을 신속히 처리할 필요가 커지면서 통신회선의 임대수요는 점차 늘어나고 있는 추세다. 국내와 해외지사를 연결해 주는 국제전용회선 서비스도 있다.

기업체에서 각 부서마다 설치된 컴퓨터를 연결해 전자결재를 한다든지 할 때 사용하는 T1(1.544Mbps의 속도)급 디지털 전용회선이라는 것도 이들이 빌려주는 회선이다. 98년의 경우 전용회선 서비스의 매출은 8,700여억 원, 가입자는 60만명 정도. ISDN(종합정보통신망)서비스의 매출은 157억원, 가입자는 3만 7,000명이다.

사이버 주식거래 등 최근 들어 인터넷 사용이 크게 늘어나면서 통신회선 임대사업도 더욱 활성화되고 있다. 값싸게 인터넷에 있는 그 많은 정보를 신속하게 검색하고 자료를 다운로드받을 수 있는 초고속 인터넷서비스가 속속 등장하고 있기 때문이다.

초고속 인터넷서비스는 월 3만~5만원의 정액만 내면 이용할 수 있다. 인터넷에서 각종 파일을 일반 전화선보다 최고 200배 빨리 다운로드 받을 수 있다. 전화가 올 경우 통신을 끊을 필요도 없다. 한국통신과 하나로통신이 제공하는 초고속통신망 ADSL도 같은 종류의 서비스다. 회선임대 사업자라는 명칭보다 초고속 인터넷서비스 업체들로 더 잘 알려져 있다.

날개 단 인터넷 접속서비스

인터넷 이용자가 늘어나고 다양한 컴퓨터 기종이 연결되면서 인터넷을 보다 빠르게 사용할 수 있는 인터넷 접속서비스가 제철을 만났다. 전세계 1억 4,000만명에 달하는 인터넷 이용자들이 인터넷을 보다 빠르게 사용할 수 있도록 초고속의 접속서비스가 필요한 때문이다. 국내 인터넷 이용자는 약 1,000만명에 달하며 2002년에는 1,900만명에 이를 것으로 예상되고 있다.

인터넷서비스 제공업체(ISP : Internet Service Provider)들이 크게 늘어나고 사업도 활성화되고 있는 이유다. 작년말 현재 초고속 인터넷 접속 서비스 가입자는 48만명. 올연말까지는 300만명 이상으로 늘어날 것으로 전망되고 있다.

이 서비스는 국제회선과 자체 인터넷 접속노드를 통해 개인과 기업, 가입자들을 인터넷에 연결해 주는 서비스다. 한국통신과 데이콤 등의 20여 ISP가 직접 해외라인을 확보해 제공하고 있다. 한국무역정보통신과 무역협회 등은 ISP로부터 임대한 국제회선을 통해 인터넷 접속서비스를 제공하고 있다.

이 서비스는 컨텐츠서비스나 웹호스팅, 인트라넷 구축서비스 등 다른 인터넷서비스의 기본이 되기 때문에 많은 ISP들이 가입자 확보에 열을 올리고 있다. ISP들은 최근 들어 단순 접속서비스뿐만 아니라 인터넷폰과 관련된 종합 솔루션도 제공해 나가고 있다.

국내에서는 서울대학교가 제공하는 KREN 등 비상용 서비스와 한국통신의 KORnet, 두루넷의 THRUNET, 하나로통신의 HanaNet, 드림라인의 DREAMX, 다우기술, 새롬기술 등이 있다. 비상용 서비스는 6개, 상용 서비스는 40개 정도다. 세계적으로는 미국의 AOL(아메리카 온라인)이 가장 빛보는 기업이다. AOL은 현재 가입자가 2,000만명에 달하고 있다. 이 회사는 올해 들어 자동차메이커인 포드사와 인터넷 포털업체인 야후와 제휴해 온라인 영업을 강화하고 있고 세계 최대 오락 미디어업체인 타임워너와도 합병해 큰 반향을 일으키고 있다.

자체 통신망을 통해 인터넷서비스 사업을 하고 있는 곳은 한국통신(ADSL=비대칭디지털가입자회선), 하나로통신(ADSL), 두루넷(케이블), 드림라인(케이블모뎀) 등이다. 이들은 올해 전년대비 200~300%의 매출성장을 예상하고 있다. 가입자 증가속도가 빠르고 수요가 크게 늘어날 것으로 전망되고 있기 때문이다. 그러나 초기 투자비용이 조 단위를 넘을 만큼 막대하기 때문에 아직 순이익을 내기는 어려운 실정이다.

한국통신은 올해 초고속 인터넷 가입자를 140만명, 하나로통신은 100만명을 목표로 잡고 있다. 온세통신도 한국전력의 케이블TV망을 이용해 3월부터 초고속 인터넷 접속서비스를 실시할 예정이다.

PC통신을 통해 인터넷을 제공하는 업체는 한국통신하이텔(하이텔), 데이콤(천리안), 삼성SDS(유니텔), SK텔레콤(넷츠고) 등이 있다. 이들은 현재 가입자가 각각 140만~220만명에 달하고 있다. 많은 매출과 상당한 액수의 순이익을 올리고 있다.

특히 2000년 9월경 전화선이나 ADSL 대신 전선을 이용해 전기콘센트 연결만으로 고속 인터넷접속과 전화서비스가 가능한 신기술이 세계 최초로 국내에서 상용화될 예정으로 있다. e-Business 활성화에 따라 ISP는 갈수록 날갯짓이 활발해질 전망이다.

신화를 만들어가는 전자상거래

서울 동대문, 남대문 시장이 사이버 쇼핑몰을 구축하고 있어 관심을 끌고 있다. 만년 재래시장이 인터넷시대에 걸맞는 전자상거래로 활로를 찾는다고 할 수 있다. 동대문의 프레야 타운, 두산타워(두타), 밀레오레, 남대문의 남대문주식회사 등이 대표적이다. 삼성물산이 2000년부터 3년간 인터넷쇼핑몰 사업과 기업간 전자상거래 분야에 각각 1,000억원씩을 투자하겠다는 청사진을 밝힌 것도 전자상거래의 장밋빛 장래를 겨냥한 것으로 분석할 수 있다.

전자상거래(EC=Electronic Commerce)는 인터넷을 통해 안방이나 사무실에서 상품 및 서비스를 매매하는 것이다. 거래주체간 관계에 따라 기업간(Business to Business, 약칭 B2B) 전자상거래와 기

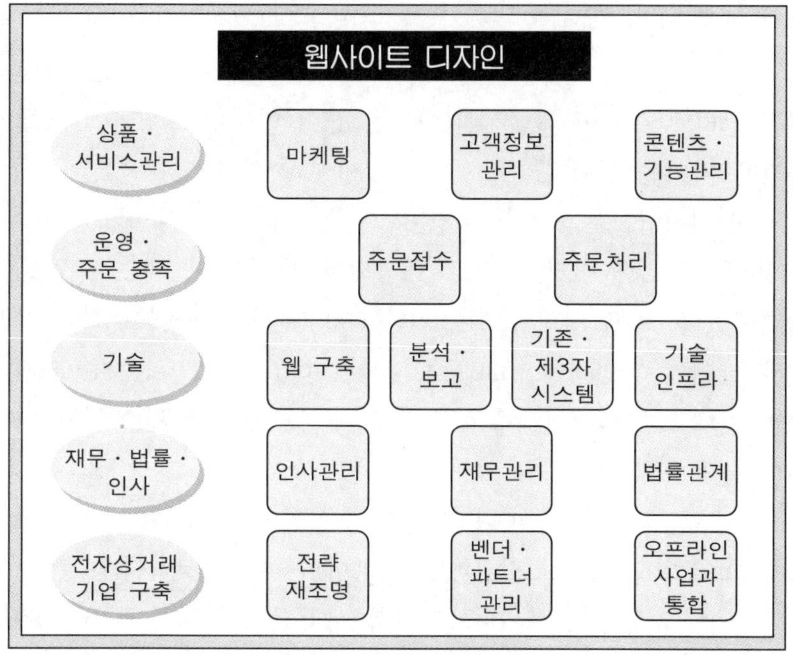

* 자료 : 맥킨지

업-소비자(Business to Consumer)간 전자상거래로 구분된다.

전자상거래는 지난 92년 www(world wide web)가 도입된 이후 대표적인 인터넷 비즈니스로 부상하고 있다. 거래비용을 줄일 수 있고 시간적 공간적 효율성과 편리성, 투명성 등의 장점이 있기 때 때문이다. 미국 와튼계량경제연구소에 의하면 이 시장은 매년 70% 가까운 고성장을 할 것으로 전망되고 있다. 전자상거래가 인터넷의 꽃이라고 불리는 것도 이같은 성장성 때문이라고 할 수 있다.

미국의 아마존, 이베이 같은 전자상거래 업체들은 시간과 공간의 제약을 받지 않는다는 편리함을 내세워 경이적인 성공을 거두고 있다. 차를 몰고 힘들게 매장에 가지 않고도 집에서 PC로 상품정보를 얻고 상품구입과 대금지불까지 할 수 있는 장점이 인터넷시대를 맞아 소비자들에게 크게 어필하고 있기 때문이다. 작년 연말 미국에서는 인터넷 쇼핑이 대대적인 인기를 끌어 인터넷 쇼핑몰 업체들이 즐거운 비명을 질렀다.

국내 시장규모는 B-C간 시장이 99년 현재 670여억 원, 올해에는 1,500억원으로 늘어날 것으로 예상되고 있다. 97년에는 60억원에 불과했었다. B2B 시장규모는 99년 600억원에서 올해는 1,800억원으로 늘어날 전망이다. B2B 쪽과 관련이 있는 EDI(전자문서교환) 서비스 매출액은 지난해 1조원 정도, 올해에는 1조 7,000억원 대로 늘어날 것으로 예상되고 있다.

한솔CSN, 인터파크, 매디다스, 39쇼핑 등이 대표적이며 세계적으로는 미국의 인터넷 서적판매업체인 아마존이 유명하다.

전자상거래는 처음에 B-C 쪽에서 시작됐으나 점차 B2B 분야로 확산되고 있다. 올해부터는 전체 세계 시장의 90%를 B2B 분야가 차지할 전망이다. 골드만 삭스사는 B2B 시장규모가 99년 중 430억 달러에서 올해에는 1,140억달러, 2003년에는 1조달러로 크게 확대될 것으로 분석하고 있다.

정부도 전자상거래 기업에 대한 법인세 감면과 관세행정 간소화 등 활성화 방안을 마련 중에 있다. 거의 모든 기업이 전자상거래를 확대해나갈 것으로 예상된다. 사이버증권회사의 등장과 증권사와 타 금융기관의 업무제휴를 통한 서비스 다양화도 성장요인으로 꼽을 수 있다. 또 은행과 보험사의 인터넷서비스가 활성화되고 전자상거래 결제 및 전자청구서 발송 등으로 인한 인터넷 금융거래의 증가현상도 이 분야 시장확대에 크게 기여할 것으로 예상되고 있다.

지난해까지 큰 이익을 남기지 못했던 전자상거래가 인터넷시대를 맞아 본궤도에 오를 날이 멀지 않았다고 할 수 있다.

나홀로 쇼핑을 즐긴다

인터넷 이용이 확산되면서 급속히 보편화되고 이용도가 커질 분야가 바로 인터넷 쇼핑몰이다. 아직은 전자상거래의 대부분을 이들이 차지하고 있다. 99년말 현재 국내의 크고 작은 쇼핑몰들이 모두 2,000개에 이른다는 것이 관련업계의 분석이다. 지난해 매출은 1,500억원 규모로 98년보다 300% 정도 늘어난 것으로 보고 있다.

현재 운영중인 쇼핑몰의 종류도 무척 다양하다. 컴퓨터, 전자제품에서부터 도서, 교육자재, 의류, 장난감, 여행상품 등 취급하지 않는 쇼핑몰이 없을 정도다. 작년 11월 30일에는 한국장애인재활협회 산하 장애인들이 운영하는 곰두리쇼핑몰도 개장했다. 이 쇼핑몰은 장애인 용품이나 선물, 과일 등 생활용품을 주문받아 구매신청자에게 배달해주고 있다.

개인 인터넷 쇼핑몰도 많이 등장해 성업중이다. 뜨개질이나 자수를 잘 하는 주부, 액세서리 제작에 능한 여사원, 부업으로 웨딩드레스를 만들어주는 주부에서부터 지방에서 특수작물을 재배하는 농부, 어촌의 생선가게 주인, 보석상 등도 혼자 힘으로 인터넷에 쇼핑몰을 구축, 운영하고 있다. 이른바 이런 나홀로 쇼핑몰도 인기가 높다. 이들은 큰 돈을 버는 것 같지는 않지만 틈새시장을 공략할 경우 어느 정도 괜찮은 수익을 낼 것이라는 게 전문가들의 분석이다.

인터넷 쇼핑몰은 크게 전문 쇼핑몰과 종합 쇼핑몰로 구분된다. 종합쇼핑몰은 한마디로 백화점식 쇼핑몰을 의미한다. 삼성몰과 롯데인터넷쇼핑몰 등이 대표적이다. 이들은 대개 제조업체에서 상품을 구매해 인터넷이라는 사이버공간을 통해 판매하고 있다.

〈표 3-6〉 각종 인터넷 쇼핑몰

옥션 홈페이지

esale 경매 홈페이지

일본에서는 대형 편의점 세븐일레븐재팬이 가전, 전기, 여행 등 8개의 다른 업종 기업들과 공동으로 초대형 사이버 쇼핑몰 세븐드림닷컴(7dream.com)을 구축, 오는 6월 오픈할 예정이다. 이 쇼핑몰에서는 가정의 PC나 전국의 세븐일레븐 가맹점에 설치된 컴퓨터 단말기를 통해 상품과 서비스 주문을 받아 세븐일레븐 점포에서 이를 결제 처리하는 방식으로 영업을 하려고 계획하고 있다.

전문쇼핑몰은 말 그대로 전문적인 상품만을 취급하는 쇼핑몰이다. 교보문고, 와우북, yess 등이 그것이다. 이들의 장점은 상품에 대한 보다 깊이 있는 정보를 제공하는 것이라고 할 수 있다. 취급상품이 백화점식 쇼핑몰보다는 적어도 소비자를 위해 모든 필요한 정보를 제공하고 구매를 유도한다고 할 수 있다. 코스닥에서 인기 있는 골드뱅크, 인터파크, 한솔CSN 등도 인기있는 쇼핑몰로 꼽힌다.

인터넷 쇼핑몰에서 빼놓을 수 없는 분야로는 인터넷 경매업체를 들 수 있다. 인터넷 경매는 판매자와 구매자 간에 상품을 매매해주고 거래에서 생기는 수수료를 통해 수익을 올리는 형태다. 일반 쇼핑몰이 치열한 가격경쟁, 과다한 물류비 등으로 안정적인 수입을 올리기 힘든 반면 이들은 수수료라는 안정적인 수입원을 갖고 있는 것이다. 옥션, 이세일 등이 대표적인 기업으로 99년 중 국내 시장규모는 약 300억원, 올해에는 두 배 이상 성장할 것으로 예상되고 있다.

인터넷으로 무료 전화를

코스닥에서 황제주 대접을 받는 새롬기술이 작년 10월 미국 통신서비스업체인 GTE와 제휴해 인터넷 무료 전화서비스인 다이얼패드 서비스를 시작해 많은 사람들이 놀랐다. 무료 전화 서비스를 시작한 지 불과 2개월만에 229만명의 회원을 확보했다고 해서이다.

당연히 새롬의 주가는 튀었다. 11월초 18만원(액면가 5,000원 기준 환산 180만원)대로 올라섰고 연말경 하나로통신과 제휴해 2000년초부터 국내에 이 서비스를 제공키로 해 주가는 더욱 올랐다.

국내에서도 새해부터 인터넷 무료 전화서비스시대가 열렸다. 그것도 시내, 시외는 물론 국제전화(현재는 미국만 가능)까지 무료로 할 수 있게 됐다. 불과 보름 지난 1월 20일까지 하나로통신과 새롬기술이 제공하는 다이얼패드 서비스 가입자는 74만명에 달할 정도로 점차 인기를 얻어가고 있다.

이 서비스는 개인이 PC로 인터넷을 통해 새롬기술의 다이얼패드 서버에 접속, 전화를 걸면 하나로통신의 초고속 인터넷서비스인 ADSL망을 통해 상대방의 전화로 연결해 주는 방식이다. 전화를 받는 사람은 PC가 없어도 가능하다. 통화품질은 휴대전화 수준이라고 한다.

인터넷폰 서비스는 음성재판매, 콜백서비스와 같이 별정통신 서비스에 해당된다. 이 서비스가 전기통신 설비를 보유하지 않고 기간통신 사업자의 통신망을 이용하는 형태이기 때문이다. 음성재판매 서비스는 시외 및 국제전화망을 가진 기간통신 사업자로부터 회선을 빌려 구간별로 음성서비스를 제공하는 사업이다. 콜백서비스는 국가 간에 차이가 나는 국제전화요금체계를 이용해 가입자의 발신국제전화를 재판매사업자가 소재한 국가의 발신으로 전환, 다이얼톤을 제공해 통화를 완료시켜 주고 요금은 이용자에게 청구하는 일종의 중개서비스다.

인터넷폰 서비스는 기존 통신망이 아닌 인터넷망으로 시외 및 국제전화를 제공하는 서비스로 출발했다. 이 서비스는 상대적으로 설비투자와 운영비용이 적게 들어 요금을 낮게 책정할 수 있어 수익성이 높은 편이다.

국내 인터넷폰 서비스 제공업체는 삼성SDS, 현대정보기술, 넥스텔레콤, 아이네트텔레콤 등 7개 업체. 대부분 기업들이 이용하는 이 서비스의 시장규모는 98년 시외전화 122억원, 국제전화 300억원 등이었다. 99년에는 각각 198억원, 500억원 등 총 700억원에 가깝다는 게 정보통신부의 분석이다.

개인들을 대상으로 한 인터넷 무료전화 서비스는 앞으로 더욱 확산될 전망이다. 정보통신부가 새롬기술 등이 제공중인 이 서비스가 현행법상 전화서비스의 하나로 운영에 문제가 없다는 결론을 내렸기 때문이다. 새롬도 연초 삼성그룹과 제휴해 올해 안에 미국 외에도 일본, 영국, 프랑스 등 10개국과도 다이얼패드 서비스를 확대 제공해 나가기로 했다. 개인뿐만 아니라 기업에서도 이 서비스를 이용하려 하고 있어서다. 올들어 두루넷도 이 서비스에 나섰다. 큰사람정보통신, 웹콜시너지 등도 준비하고 있다.

인터넷 무료전화서비스는 전화요금을 받지 않는 것이 광고(배너) 수입만으로도 장사가 될 거라는 판단을 하고 있기 때문이다. 인터넷서비스를 접속하려면 한국통신, 데이콤 등 회선임대 사업자에게 비용을 지불해야 하지만 이 또한 광고수입으로 지불하면 된다는 것이다.

그러나 가입자가 크게 늘면 서버를 확충하는 등 설비투자비용이 많이 들고 시외, 국제전화를 위한 비싼 인터넷접속 사용료 부담도 커지기 마련이다. 이같은 단점을 극복하고 인터넷 무료전화 서비스가 어느 정도로 성공할지 기대된다.

인터넷 관문(포털) 잡으면 돈된다

인터넷 업계에서는 포털을 선점하면 돈이 된다고 한다. 경쟁이 치열하지만 많은 고객을 확보할 경우 성장성이 그만큼 크기 때문이다.

외국업체들이 국내진출을 가장 활발히 추진하는 곳 중의 하나가 인터넷 포털서비스 분야이다. 야후(www.yahoo.co.kr), MSN(www.msn.co.kr), 라이코스(www.lycos.co.kr) 등이 대표적이다. 여기에 대응하고 있는 국내 포털사이트의 선두주자들도 만만찮다. 코스닥 시장에서 인기 있는 다음커뮤니케이션의 다음(www.daum.net), 한글과컴퓨터의 네티앙(www.netian.com), 삼성SDS에서 독립한 네이버(www.naver.com), (주)심마니의 심마니(www.simmani.com) 등이 꼽힌다.

포털(portal)은 원래 대저택의 정문 또는 터널의 입구를 가리키는 말이다. 인터넷에서 처음 만나는 관문이란 의미에서 사용되고 있다. 곧 인터넷에 들어가 웹브라우저를 실행한 뒤 처음으로 접속하는 사이트를 뜻한다. 포털은 대개 광고수입으로 운영된다. 따라서 포털을 이용하는 고객이 많을수록 돈이 된다고 할 수 있다.

네티즌들은 대개 처음 접속하는 포털사이트를 습관적으로 이용하게 된다. 포털서비스업체들이 네티즌의 손길과 눈길을 잡아두기 위해 애쓰고 있는 이유다. 포털사이트가 전자우편, 게임, 팩스기능, 주소록 관리, 동호회 기능 등 다양한 부가서비스를 제공하고 있는 것도 이런 맥락 때문이다.

이들이 제공하는 광고도 다양하다. 배너(맛보기 화면)광고를 클릭

〈표 3-7〉 다음(daum)회원 증가율
(단위 : 만명)

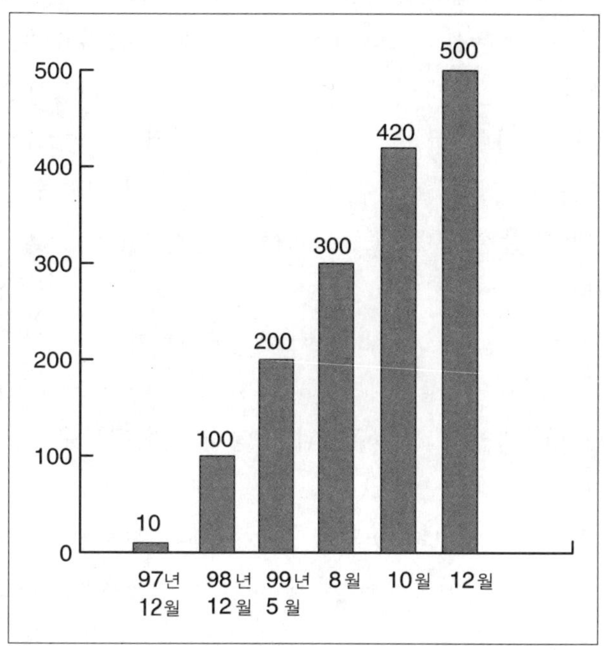

하면 해당 제품정보와 사용법, 주의사항 등을 쉽게 알 수 있다. 국내 인터넷 광고의 총매출액은 98년 110억원에서 99년엔 300억원으로 추정되고 있다. 올해에는 540억원 이상으로 확대될 것으로 예상되고 있다.

작년 하반기 이후에는 휴대폰 단말기와 PC를 연결한 유무선 복합 포털사이트까지 등장해 고객을 끌어들이고 있다. 특정 세대나 지역을 겨냥한 타깃 포털사이트도 나오고 있다.

유무선 복합 포털사이트는 이동전화서비스업체들이 2,000만명을 넘어선 이동전화 가입자의 시장성을 고려해 내놓은 상품이다. LG

텔레콤(019)의 이지웹(www.ezweb019.com), 한통프리텔(016)의 퍼스넷(www.n016.com), SK텔레콤(011)의 스피드011n.TOP(www.n@ TOP.com), 한솔M.COM의 유무선 포털서비스(www.click018.co.kr) 등이 그것이다. 이들 사이트를 통해서도 전자우편 송수신, 개인정보관리, 사이버 주식거래, 인터넷 검색, 전자상거래, 항공권 및 영화, 연극 티켓 예약 등을 할 수 있다. 조만간 이런 서비스를 구현할 수 있는 휴대폰 단말기가 개발될 경우 포털사이트의 선점경쟁은 더욱 치열해질 수밖에 없다.

타깃 포털사이트로는 @386(www.386.co.kr)이 386세대를 겨냥해 운영중이다. 아시아인을 겨냥한 클릭2아시아(www.click2asia.com) 사이트도 있다. 개인의 사주궁합과 다양한 역학정보를 제공하는 역학 포털사이트도 나와 있다.

포털사이트는 무엇보다 정보검색기능과 다양한 정보제공이 생명이라고 할 수 있다. 쉽고 편리하게 검색할 수 있어야 하고 다양한 서비스를 이용할 수 있는 기능이 있어야 하기 때문이다. 다음커뮤니케이션이 강력한 검색엔진으로 한글로 작성된 데이터를 세계 어느 곳에 있더라도 찾아낼 수 있는 검색서비스인 다음 파이어볼을 개발한 것도 이같은 이유에서다.

올해 들어서는 전자상거래와 관련한 최신정보와 상품구매를 동시에 해결할 수 있는 EC전문 포털사이트가 잇달아 등장하고 있다.

EC솔루션 업체인 파이언소프트는 오는 3월 마르켓(가칭)이라는 포털사이트를 개설할 예정이다. 가격검색 사이트인 숍바인더도 최근 사이트를 개편, 전문포털로 탈바꿈했다. 야비스, 웹나라 등도 다양한 쇼핑정보를 담은 포털사이트를 준비하고 있다.

미국의 인터넷 장비제조업체인 시스코시스템스사의 기업 가치가 반도체 업계의 거물인 인텔을 제쳤다고 해서 화제를 일으켰다. 작년 11월의 일이다. 경제전문 블룸버그통신은 시스코사의 주가 총액이 2,783억달러로 2,743억달러의 인텔을 앞질렀다고 밝혔다. 주가총액 기준으로 세계 4위다. 1위는 마이크로소프트(MS)로 주가총액은 4,815억달러였다. 시스코사는 반도체가 세계경제의 핵이던 지난 80년대 중반에 설립됐다. 불과 15년 전이다. 그런데 인텔사를 앞지른 것이다.

시스코사는 컴퓨터통신용 핵심장비인 라우터가 주력 생산제품이다. 인터넷 세상을 맞아 수요가 폭증한 것이 그 이유라고 할 수 있다. 90년 6,900만달러였던 연간 매출이 지난해 122억달러로 늘었다. 9년만에 무려 176배나 성장했다. 미국의 네트워킹 장비회사인 3Com도 작년 12월 중국 북경에 네트워킹 하드웨어 및 소프트웨어 합작회사를 설립했다. 초기자본금이 500만달러에 3Com이 60%를 출자했다. 인터넷 보급이 급속히 확산되고 있는 중국에서 라우터 시장점유율을 2001년까지 20% 가까이 높이려는 게 목적이라고 했다.

인터넷 통신장비시장의 급성장세는 국내도 마찬가지다. 공공부문이든 민간부문이든 인터넷접속 서비스가 늘어날수록 인터넷 관련장비 수요는 커질 수밖에 없기 때문이다. 기업 내 통신 인프라 구축, 전자상거래 등이 활발해져도 수요는 늘어나게 된다.

코스닥 시장에 등록하는 정보통신 분야 벤처기업의 60% 이상이 인터넷 관련장비 생산업체인 것만 보아도 이 시장이 급성장세인 것을 알 수 있다. 국내 인터넷 장비시장은 7,000억원 상당. 그러나 2002년에는 2배인 1조 4,000억원대로 늘어날 것으로 전문가들은 전망하고 있다.

그만큼 성장세가 빠르다고 할 수 있다. 아직 인터넷 서비스업체들이 큰 돈을 벌지 못하고 있는 것과 달리 장비업체는 이들에 앞서 먼저 수익을 올리고 있다.

인터넷 서비스업체들이 막대한 투자를 하고 수익은 나중에 올리는 반면 장비업체는 그들이 선투자하는 비용을 먼저 따먹고 있기 때문이다.

대용량 초고속 장비는 국내에 진출한 시스코사, 루슨트테크놀로지사, 3Com 등이 차지하고 있다. 중소형 장비 쪽에선 국내 업체들이 쏠쏠히 재미를 보고 있다고 할 수 있다.

ADSL 가입자 모뎀을 생산하는 자네트시스템, 인터링크, 새롬기술, 성미전자 등이 그들이다. PC방이 폭증하면서 장비에 전원을 공급하는 전원의 백업시스템을 생산하는 한아시스템과 데이터 전송장비를 생산하는 웰링크, 한국통신의 통신처리시스템의 라우터를 공급하는 다산인터네트 등도 매년 높은 매출성장률을 보이는 기업들로 꼽힌다.

이들 외에도 인터넷 서버와 클라이언트 시스템을 인공적으로 통합 분석하는 시스와쳐를 개발한 아이엠아이티를 비롯 인성정보, 테라, 코리아링크, 그리고 라우터와 모뎀을 생산하는 재승정보통신, 엘프텍사 등도 인터넷 장비분야에서 점차 두각을 나타내고 있다.

인터넷이 발전할수록 이들이 생산하는 장비들의 수요 또한 커질 것이 분명하다. 한편으로는 생산업체도 늘어나 경쟁은 더욱 치열해질 수밖에 없을 것으로 예상된다.

  국산 휴대전화기가 프랑스에서 큰 인기를 끌고 있어 관심이 높다. 애니콜로 유명한 삼성전자는 지난해 프랑스에서 1억 4,000만달러어치의 휴대전화기를 팔았다. 무려 65만대다. 그것도 대당 소비자 가격이 1990~1490달러나 하는 고가품이다. 그런 비싼 휴대전화기

삼성전자 mp3 휴대폰

  를 성공적으로 판매하는 성과를 거두었다. 고가품 시장점유율이 22%였다. 핀란드의 노키아 제품에 이어 2위를 차지했다. 유럽인들이 선호하는 미국의 모토롤라, 스웨덴의 에릭슨 제품을 앞질렀다.
  국산 휴대전화기는 지난 92년 이전만 해도 찾아보기 힘들었다. 외국산 제품 일색이었다. 국산화율도 삼성전자 45%, 금성정보통신(현 LG정보통신) 28%에 불과했다. 시장점유율도 미 모토롤라사가 35%를 차지했었다.
  그러나 96년도 이후 상황이 바뀌었다. 국산 휴대전화기의 전성시

대가 열린 것이다. 늘어나는 이동전화 가입자에 맞춰 국내 생산업체들이 더 싸고 더 좋은 휴대전화기를 개발, 고객확보에 성공한 때문이다. 당연히 시장점유율에도 변화가 생겼다.

지난해 휴대전화기 내수시장규모는 약 1,600만대(7조원), 수출물량은 3,300만대(35억달러)에 달했다. 올해의 내수시장은 작년과 비슷할 전망이다. 수출은 중국시장 신규 공급이 가능해져 4,000만대를 훨씬 웃돌 것으로 예상되고 있다. 단말기 제조업체들이 급증하는 주문물량을 만들어 내느라 지난해 여름휴가도 없이 생산라인을 풀가동할 정도였다. 최대 메이커인 삼성전자의 시장점유율은 50%를 약간 웃돈다. 이 회사는 작년 상반기에 휴대전화기로만 1조 2,300억원의 매출을 올렸다. 휴대전화기 한 아이템이 삼성전자가 상반기 중 1조원 이상의 순이익을 올리는 데 톡톡히 한몫을 했다고 한다.

휴대전화 단말기, CDMA시스템, 네트워크장비, 컴퓨터 및 주변기기 등 국내 정보통신기기 생산규모는 98년 469억 7,200만달러였다. 원화로 65조원에 달한다. 내수시장서 소비되는 양은 345억달러 어치다. 세계 51개국 정보통신기기 시장의 7.6%와 4.1%를 차지하는 규모이다.

특히 우리 나라가 세계 최초로 상용화한 CDMA(부호분할다중접속) 단말기와 시스템 수출액도 점차 늘어가고 있다. 99년 중 전년대비 250% 증가한 22억 8,000만달러에 달했다. 95년부터 98년까지 CDMA 이동통신 개발사업의 국내 생산 유발 효과는 21조원, 부가가치 유발 효과는 10조원에 달하고 있다.

휴대전화기 등 통신기기 생산액은 103억달러, 컴퓨터 등 정보기기는 102억달러로 엇비슷하다. 지난 95년만 해도 통신기기 생산액이 60억달러인데 비해 정보기기가 82억달러로 월등히 많았다. 당시

정보기기 분야의 반도체 생산이 활발했기 때문이기도 하지만 최근
들어 이동전화기 등 통신기기 쪽의 성장세가 크게 높아진 탓이다.

또 새로운 통신서비스가 계속 개발되면서 장비생산업체들도 덩
달아 신이 났다. 서비스를 하려면 먼저 장비를 구입해야 하기 때문
에 장비생산업체들이 서비스 사업자보다 먼저 수혜를 입게 마련이
다. 초고속 인터넷 서비스 쪽 장비수요가 크게 증가할 것으로 예상
되고 있다. 서비스 사업자마다 ADSL, CATV모뎀 등의 구입을 서두
르고 있다. 이 분야 장비시장은 향후 1~2년간 3조원 이상의 수요
가 예상되고 있다.

무선인터넷 등 무선통신 분야의 장비 수요도 만만찮다. 연말경
IMT-2000사업자가 선정되면 2006년까지 장비 및 단말기 시장은 각
각 4조원, 8조원에 달할 전망이다. 정부가 2010년까지 32조원을 들
여 구축하기로 한 초고속망 건설을 2005년으로 앞당길 방침이어서
광케이블, 광전송장치, 광가입자망의 수요가 크게 증가할 전망이다.

삼성전자, LG정보통신, 팬택, 엠아이텔, 텔슨전자, 성미전자, 자
네트시스템, 인터링크, 새롬기술, 일진, LG전선, 대한전선, 기산텔레
콤, 삼보컴퓨터 등 통신장비와 정보기기 생산업체들이 잘 나가고
있는 이유다.

컴퓨터는 더 이상 액세서리가 아니다

소위 컴맹은 컴퓨터를 모르는 사람을 일컫는다. 여기서 다시 인
터넷을 모르는 사람을 넷맹이라고 부른다. 인터넷을 하기 위한 필
수조건인 영어가 딸리는 사람을 가리켜 영맹이라는 단어까지 생겨

났다. 4~5년 전만 해도 컴퓨터를 잘 모르는 소위 40대 이후 세대를 가리키는 말로 사용됐다.

그러나 지금은 상황이 달라졌다. 40~50대의 쉰세대들도 컴퓨터를 모르는 사람은 없다. 자녀들과 컴퓨터게임을 하는 이들도 많아졌다. 주부들도 컴퓨터로 가계부를 정리하고 사이버 주식거래도 하고 있다. 웬만한 기업의 간부들은 컴퓨터로 거래처의 주소록을 관리하고 전자결제시스템도 자연스럽게 이용하고 있다. 컴퓨터는 더 이상 책상 앞에 진열해 놓는 액세서리가 아닌 것이다.

국내 PC생산량은 99년 중 약 200만대. 97년 수준으로 회복됐다. 매출액 기준으로는 1조 7,000억원에 달했다. 올해에는 237만대로 늘어 2조원대의 시장을 형성할 것으로 전망되고 있다. IMF로 인해 98년 중에는 120만대로 판매가 저조했다.

세계 PC시장은 2002년까지 연평균 13% 내외의 고성장이 예상되고 있다. 올해부터는 인터넷과 저가 PC가 시장을 주도해 나갈 것으로 전망된다. 국내 경우도 경기회복세와 함께 정부가 교육정보화 방안의 하나로 올해 안에 모든 초중고 교사와 교실에 PC 10만 4,000대를 앞당겨 보급키로 해 컴퓨터 판매는 더욱 늘어날 전망이다. 삼성전자·LG전자·삼보컴퓨터를 비롯한 외국계 컴퓨터업체와 컴퓨터 조립판매 업체들의 행보가 빨라지고 있는 것도 이같은 이유 때문이라고 할 수 있다. 미 IDC사는 지난해 세계 PC보급대수가 1억대에 달했다고 밝혔다. 금액으로 2300억달러에 달하는 규모다.

인터넷 이용확산과 함께 컴퓨터는 이제 가격, 기능면에서 새로운 혁명기를 맞고 있다. 국내에서는 올 하반기에 100만원 내외의 저가형 노트북PC가 등장할 예정이다. 마이크로소프트(MS)는 조만간에 호주머니 PC를 내놓을 예정이라고 했다. 호주머니 PC는 전자서적

기능과 동영상, 음향, MP3용 음악에 이르기까지 여러 종류의 데이터를 저장, 이용할 수 있는 것이라고 한다. 그래서 사람들은 21세기형 PC가 어떤 모습으로 변할지에 대해 관심이 높다. 이미 인터넷을 자유자재로 쓰면서 고화질의 영화와 PC게임을 할 수 있는 웹TV가 나와 있다. 개인휴대정보단말기(PDA)도 선보였고 전자수첩형 컴퓨터 등도 나와 있다.

미국 실리콘밸리의 한 연구소에서는 소위 안경컴퓨터, 모자컴퓨터, 허리띠컴퓨터, 손목시계컴퓨터 등도 개발했다고 한다. MIT대 연구소의 경우 옷처럼 착용하는 컴퓨터 시제품을 개발하기도 했다.

MS의 빌 게이츠 회장은 지난해 3월 일본을 방문, 강연하는 자리에서 향후 10년 안에 말을 알아듣는 컴퓨터가 나올 것이라고 전망했다. 인터넷이 꽃피우는 정보사회에서 PC가 어디까지 발전해 나갈지는 아무도 알 수 없다.

소프트웨어 산업도 유망주다

인터넷 온라인 게임 스타크래프트의 국내 판매량이 100만장을 넘었다고 한다. 청소년뿐만 아니라 젊은 직장인들 사이에 폭발적인 인기를 끌고 있는 게임 소프트웨어. 국내 게임 소프트웨어 판매사상 경이적인 기록이라고 할 수 있다. 98년 4월부터 LG소프트가 미 블리자드사에서 수입해 한빛소프트를 통해 판매한 지 불과 1년 반 만에 세운 기록이다.

이 게임이 첫 선을 보일 때만 해도 전국에 인터넷 PC방은 500여

곳에 불과했다. 작년 하반기에는 1만 2,000여 곳으로 증가했다. 중고등학교 부근에는 3~4개 가게에 한 가게 꼴로 인터넷 PC방이 자리잡고 있다. 스타크래프트의 열풍이라고 했다. 게임방의 증가는 게임관련산업에도 영향을 미쳤다. 약 4조원 이상의 수요를 창출했다고 전문가들은 분석하고 있다.

이 게임 소프트웨어는 전세계적으로 300만장 이상이 팔렸다. 우리 나라가 세계 2번째 시장으로 올라섰다고 한다. 국내에서 베스트게임소프트웨어로 불리웠던 제품이 평균 1만~1만 5,000장 정도 팔렸으니 그 인기도를 알 만하다.

작년 하반기부터 등장한 DDR(Dance Dance Revolution) 게임기도 선풍적인 인기를 끌고 있다. 일본 코나미사가 개발한 이 DDR게임기는 벌써 국산도 나와 대당 200만~500만원에 600여 대가 팔렸단다. PC용도 나왔는데 가격은 2만~7만원대로 최근 들어 불티나게 팔린다는 게 관련업계의 설명이다. DDR를 설치한 댄스방도 부쩍 늘어나고 있다. 이들은 전국 체인점까지 모집하고 있다.

소프트웨어 산업이 고객의 입맛에만 들면 얼마나 날개 돋힌 듯 성장할 수 있는가를 보여주는 대목이라고 하겠다. 소프트웨어가 얼마나 돈이 되는지를 보여준 것은 PC운영체제 소프트웨어인 윈도 프로그램이 그 원조라고 할 수 있다. 이 소프트웨어는 개발자 마이크로소프트(MS)사의 빌 게이츠를 세계 최고의 재벌이자 유명인사로 만들어 주었다. MS는 윈도95, 98로 전세계 소프트웨어 시장의 95%를 석권했다. 빌 게이츠는 2000년 벽두에 "경영일선에서 물러나 내가 가장 좋아하는 일인 소프트웨어 개발에 헌신하겠다"고 발표했다. PC뿐만 아니라 인터넷 세상에서도 최대 핵심은 소프트웨어라는 사실을 재인식시켜 주는 것이라고 할 수 있다. 빌 게이츠를 소프트 웨어산업의 미래를 가장 정확히 판단하고 있는 사람으로 꼽는 이유도 거기에 있다.

인터넷 소프트웨어의 선구자 격인 넷스케이프도 웹브라우저와 자바로 큰 돈을 벌었다.

국내에서는 한글과컴퓨터의 워드프로세서인 아래아 흔글이 대표적이며 버추얼텍이 다음커뮤니케이션과 공동개발한 인트라넷 제품인 인트라윅스도 외국에 대량 수출되는 소프트웨어 중의 하나다.

지난 98년말 기준 국내 소프트웨어 산업 규모는 5조 8,000억원. 96년의 3조원 규모에서 급격히 시장이 커지고 있다. 올해에도 전자상거래 성장에 힘입어 전년대비 35% 정도 성장할 것으로 예상되고 있다. 올 상반기 중에 서울 강남에 최대의 소프트웨어 타운이 건설되는 것도 인터넷 시대에 걸맞는 소프트웨어 산업 육성을 위한 때문이다. 포이동, 양재동, 서초동, 삼성동, 방배동에 걸쳐 건설될 소프트웨어 타운에는 이미 국내 소프트웨어 업체의 84%인 900여 업체가 입주해 있는 지역이다. 한국마이크로소프트, 한메소프트, 핸디소프트, 안철수바이러스연구소, LG소프트 등이 모두 이곳에서 소프트웨어 왕국 건설을 또는 재기의 꿈을 다져나가고 있다.

소프트웨어 업체들이 모두 다 잘 나가는 것은 아니다. 한국의 실리콘밸리로 불리는 포이동 지역의 소프트웨어 업체들 중 20여 곳이 작년에 다른 곳으로 옮겨 갔다. 아예 사업을 포기한 업체도 10여 군데는 된다고 한다. IMF 여파로 많은 게임 관련 업체들이 큰 피해를 본 것이 직접적인 이유다. 유통되는 소프트웨어 중 60%에 달하는 복제품도 암적 존재다. 전체 시장이 아직 협소하고 경쟁이 워낙 치열하다보니 자연히 제살 뜯어먹기가 횡행하고 있고 개발비도 못 건진 채 문을 닫는 경우도 많다. 그래도 젊고 창의적인 젊은이들이 또

다시 그곳에 둥지를 틀고 소프트웨어 개발에 전력하고 있는 것이
한국 소프트웨어 산업의 현주소라고 할 수 있다.

컴퓨터 운영시스템에 문제 있습니까

　작년 연말 삼성SDS 주가가 장외시장에서 18만원에서 90만원으
로 치솟자 많은 투자자들이 비상한 관심을 보였다. 이 회사가 올 3
월경 PC통신 유니텔과 국제전화사업 부문인 유니웨이를 분사해 별
도법인을 세운다는 내용이 알려지면서 비롯됐다. 특히 유니텔의 분
사에는 이건희 삼성그룹 회장의 외아들인 이재용 씨가 관여했다는
사실이 알려지면서 주가는 더 뛰었다.

　삼성SDS는 시스템통합(SI) 전문업체로 출범했다. LG-EDS와 현
대정보기술(HIT) 등과 같은 업종의 기업이다. 기업의 컴퓨터시스템
과 네트워크를 구축 운영해 주는 것이 사업내용이다. 삼성SDS는 99
년 매출 1조 1,000억원에 600억원의 순이익을 냈다. 매출규모에서
국내 25개 SI 관련기업 중 1위다.

　국내 SI 시장규모는 99년 6조원으로 추정된다. 올해에는 20% 정
도 늘어난 7조 2,000억원에 달할 것으로 전망되고 있다. 전세계 시
장규모는 99년 기준 2,800억달러, 2003년에는 4,800억달러에 이를
것으로 예상된다.

　컴퓨터시스템을 가장 효율적으로 사용할 수 있도록 구축해 주는
것이 사업내용이다 보니 인터넷 등 정보화가 진전될수록 시장규모
가 크게 늘어날 수밖에 없는 산업이다. 민간부문의 투자회복, 사이
버코리아21 프로젝트에 따른 공공부문 수요확대, 인터넷 전자상거

래시장의 활성화 등이 성장요인이다. 확장ERP(전사적 자원관리), KMS(지식경영시스템), CRM(고객관리경영), SCM(공급망관리) 등 패키지시장도 활성화될 전망이다.

SI산업은 미국이 가장 발달되어 있고 미국 기업들의 경쟁력이 가장 뛰어나다. LG그룹과 합작하고 있는 세계 최대의 SI업체인 미국 EDS의 창업자는 IBM의 영업사원이었다. 로스 페로는 지난 64년 달라스에 당시 일반인들에게는 생소한 EDS를 설립했다. 자본금이래야 부인인 매고트에게 꾼 1,000달러가 전부였다. 순전히 기술과 운영 노하우만 있으면 되는 사업을 시작한 것이다.

전세계 50개국에 법인과 지사 형태의 회사를 거느린 EDS의 99년 매출은 약 181억달러, 종업원은 13만명이다. 로스 페로가 EDS를 창업한 것은 우연한 동기에서 비롯됐다. PC를 주문한 가정집이나 기업체를 방문했지만 설치를 어떻게 하는지, 사용은 어떻게 하는지를 모르는 이들이 너무 많다는데 착안했다. 그래서 고객이 원하는 사양에 따라 컴퓨터를 가장 싸게 그리고 효율적으로 구축해주고 운영을 도와주는 회사를 차리게 됐다.

이들 SI업체들은 올해부터는 사업영역을 더욱 다각화해 나가고 있다. 각종 소프트웨어는 물론 전산시스템까지 빌려주는 호스팅사업을 벌인다. 웬만한 기업들이 e-Business 분야 진출을 서두르고 있으나 설비투자 부담이 커 어려움을 겪고 있는 점을 감안, 필요한 시스템을 값싸게 빌려 쓸 수 있도록 해주자는 의도에서다. 기업전산시스템을 빌려주는 호스팅서비스는 작년초부터 미국에서 선보여 커다란 호응을 얻었다.

이들과는 달리 특정분야에 국한한 호스팅서비스를 구축해 주는 기업들도 있다. 한국통신은 로터스노츠 기반의 기업 내부정보 관리용(그룹웨어) 호스팅서비스를 해주고 있다. 데이콤과 한글과컴퓨터도 이 시장에 뛰어들고 있다. 마이크로소프트도 드림라인, 컴팩코리아와 손잡고 인터넷호스팅 서비스를 시작할 예정으로 있다.

기업들이 뉴 밀레니엄시대를 맞아 e-Business 분야 진출을 본격화할수록 기업 컴퓨터 운영시스템을 책임지고 있는 SI업체들의 행보도 빨라질 수밖에 없다.

IMT-2000이 판도를 바꾼다

21세기 이동통신 수단이 될 IMT-2000이 단연 올해 정보통신업계의 화두다. 사업권을 잡을 경우 새로운 황금알을 낳는 공룡으로 화려하게 탄생할 수 있기 때문이다. 업계는 그래서 제2이동통신 사업권, PCS(개인휴대통신) 사업권 쟁탈전에 이은 제3차 정보통신대전이라고 표현한다. 그만큼 사업성이 확실하다는 분석이라고 할 수 있다.

한국통신(협력업체=한통프리텔), SK텔레콤(=신세기통신), LG텔레콤(=데이콤, LG정보통신), (가칭)한국IMT-2000주식회사(하나로통신, 온세통신 등) 등 통신사업자들은 벌써 사업권 획득에 혈안이되어 있다. 관련기업들을 대상으로 합종연횡의 짝짓기도 거의 끝났다. IMT-2000사업권이 회사의 운명을 좌우할 것으로 보고 덤벼들고 있다.

장비생산업체들도 마찬가지다. 삼성전자, LG정보통신, 현대전자, 대우통신, 한화를 비롯 마이크로소프트, 퀄컴 등도 시스템시장을 잡기 위해 통신 사업자와 전략적 제휴를 맺고 활발히 뛰고 있다. 맥슨

전자, 팬텍, 텔슨전자, 터보테크 등 단말기 및 주변기기업체들도 예외가 아니다. 기지국분야에서는 성미전자, 홍창, 기산텔레콤, 삼지전자가, 부품쪽에선 삼성전기, 대한전선, KMW, 에이스테크놀로지가 뛰고 있다.

인터넷 및 콘텐츠 업체들도 전쟁터에 참가했다. 다음커뮤니케이션, 옥션, 골드뱅크, 소니뮤직코리아, 에어코드, 인터파크, 에스원, 현대SEGA 등도 데이콤과 제휴해 IMT-2000의 핵심서비스 개발을 서두르고 있다.

전자상거래 쪽과 인터넷 쇼핑몰 업체들인 삼성몰, 트윈피아, 인터파크 등도 바쁘기는 마찬가지다. IMT-2000이 상용화되면 사이버쇼핑에 일대 혁명이 일어날 것으로 판단하고 줄대기에 한창이다.

통신서비스, 장비, 인터넷, 콘텐츠, 전자상거래, 인터넷쇼핑몰 업체 등 국내의 웬만한 정보통신업체들이 모두 IMT-2000에 매달려 있다고 해도 과언이 아니다. 사업권을 따고 장비공급이나 콘텐츠 공급업체로 선정될 경우 기업내용이 달라질 것은 뻔하다. 투자자들로부터 인기 최고의 황제기업 대접을 받게 될 것도 물론이다.

IMT-2000 사업자 선정은 올 12월에 있을 예정이다. 서비스는 월드컵이 열리는 해인 2002년부터 시작된다. 일본은 우리보다 앞서 2001년에 서비스한다. 정부는 사업자를 3개 정도 선정할 계획으로 있다.

IMT-2000(International Mobile Telecomunication-2000)은 꿈의 이동통신이라고 할 수 있다. IMT-2000은 크게 3가지 점에서 휴대전화와 다르다. 첫째, 음성전화는 물론 인터넷이나 영상전화, 화상회의도 할 수 있다. 데이터 전송속도가 최대 20M(메가)bps로 휴대전화보다 수십 배 빠르기 때문이다. 둘째, 외국에서도 자신의 전화기를 사용할 수 있다. 전세계 단일표준을 사용하기 때문에 해외여행이나 출장갈 때 그냥 들고 나가면 머무르는 곳뿐만 아니라 한국에도 통화할 수 있다. 셋째, 가입자를 많이 수용하면서도 통화품질이 휴대전화보다 월등히 좋다. 사용하는 주파수 대역이 셀룰러(800MHZ)나 PCS(1.8GHZ)보다 높은 2GHZ(기가헬쯔)대이기 때문이다.

휴대가능한 영상, 데이터 송수신 전화라는 점 때문에 PC에 익숙치 못한 사람들도 쉽게 인터넷 쇼핑몰이나 전자상거래 수단으로 사용할 수 있을 것으로 예상되고 있다.

IMT-2000의 가입자는 2005년 국내 1,000만명, 전세계적으로 3억명에 달할 것으로 정보통신부는 전망하고 있다. 현재의 휴대전화와 PCS 가입자의 절반 이상이 IMT-2000으로 옮겨갈 것이라는 분석에서다. 서비스시장 규모는 2003년에는 전세계적으로 55억달러, 2010년에는 5,400억달러에 달할 것으로 예상되고 있다. 관련 시스템 및 단말기 등 장비시장은 2005년 세계적으로 610억달러. 국내는 시스템 8조원, 단말기 3조 7,000억원 정도의 시장이 형성될 전망이다. 이때쯤이면 IMT-2000의 국내 서비스시장도 약 4조원대에 달할 것으로 예상되고 있다.

컴(com~, ~com)계열 기업

컴은 컴퓨터(Computer)의 약어로 원래 컴퓨터 제조업체의 이름에 많이 써왔다. 대부분 회사 이름 안에 컴 자를 집어넣어 컴퓨터 제조나 관련 주변기기를 생산하고 있음을 나타낸다. 세계적인 컴퓨터 생산업체인 애플컴퓨터와 컴팩이 대표적이다. 국내에서는 삼보컴퓨터, 엘렉스컴퓨터, 현주컴퓨터 등이 그렇다.

이 컴 계열에는 컴퓨터 상에서 사용되는 각종 소프트웨어를 생산하는 업체들도 포함시킬 수 있다. 회사 이름에 소프트라는 글자가 들어 있으면 컴퓨터와 관련된 컴 계열로 보아도 무방하다고 할 수 있다. 세계 최대 규모의 마이크로소프트사와 LG소프트, 한메소프트가 그 경우다. 소프트웨어 개발업체들은 남다른 신기술을 개발한다는 뜻에서 시스템이나 기기 생산업체처럼 회사 이름에 텍(tec) 자를 쓰는 경우도 간혹 있다.

최근에는 인터넷이 보편화되면서 인터넷 관련 서비스를 하는 회사도 컴 자를 쓰는 경우가 늘고 있다. 인터넷 사이트의 도메인이 www(월드 와이드 웹)으로 시작돼 .com(닷컴)으로 표시되기 때문이다. 순수한 컴 계열 기업과 혼동하지 말아야 한다.

회사이름 앞이나 중간에 컴 자가 있을 경우에는 대개 컴퓨터 제조업체로 보면 된다. 마지막에 컴 자가 있으면 인터넷 관련업체라고 해석해도 무방하다. 이 경우 컴은 커뮤니케이션(Communication)의 약어로 인터넷상에서 정보를 주고받는 의미로 사용되고 있다.

국내에서는 전자업체들이 컴퓨터를 만들기 시작해 삼성전자, LG전자, 현대전자 등도 컴퓨터를 생산한다. 그러나 이들은 컴퓨터 한 아이템만 주종으로 생산하는 회사가 아니라 각종 통신시스템과 기기를 만드는 종합 정보통신기기 생산업체로 보는 것이 타당하다.

금융기관의 뱅킹터미널 전문업체인 한국컴퓨터와 온라인 단말기 등 금융단말기 제조업체인 청호컴퓨터도 같은 컴 계열 기업들이다.

한글과컴퓨터는 약간 다르다. 회사이름에는 컴 자가 들어있지만 컴퓨터제조가 아닌 컴퓨터상에서 운용되는 워드프로세서(소프트웨어)로 유명한 회사다. 이 회사의 영문명칭은 Haan Soft이다. 컴 계열회사로 보아도 무방하다. 물론 한글과컴퓨터가 올해부터 전자상거래, 사이버금융 등 인터넷 사업에 본격 진출키로 함에 따라 향후 넷 계열 기업으로도 분류될 것으로 예상된다.

그러나 한솔텔레컴과 같이 회사이름에 텔레컴이란 세 글자가 함께 들어 있는 경우에는 컴 계열이라기 보다는 텔 계열 기업으로 보아야 한다. 대개 통신을 뜻하는 말로 텔레콤을 쓰지만 간혹 텔레컴으로 표현하는 경우도 있으나 컴퓨터 제조와는 거리가 멀다고 보면 된다.

최근 들어서는 인터넷 관련 서비스를 하는 회사들도 회사이름 끝에 .com(닷컴)을 넣는 경우가 많아지고 있다. 인터넷 서비스회사인 한경닷컴, 동아닷컴과 취업 및 구인 알선업체인 job.com 등이 그렇다. 작년말 한솔PCS가 회사 이름을 한솔M.COM으로 바꾼 이유도 PCS단말기의 인터넷 기능이 첨부되면서 이동전화 서비스에서 진일보해 무선인터넷 서비스를 강화하겠다는 의지로 해석할 수 있다.

특히 광고 문안에 회사 이름은 없고 대신 사이트명만 표시하기도 한다. 그래서 www로 시작해 .com으로 끝나면 인터넷 관련 서비스를 하는 넷 계열 기업이라고 생각하면 된다. 일반 제조업체들도 저마다 회사홍보 및 제품 PR을 위한 인터넷 사이트를 갖고 있으니 혼동해서는 안될 것이다. 최근에 설립돼 잘 알 수 없는 기업의 회사명에 컴 자가 있는 경우는 컴퓨터 및 주변기기 생산업체이거나 인터넷 사업을 하는 기업으로 보면 된다.

텔레커뮤니이션(Telecommunication)의 약자로 통신서비스업체를 가리킨다. 그래서 약칭 통(通) 계열로 표현하기도 한다. 각종 전화 서비스를 하는 기업들이다. 시내전화, 시외전화, 국제전화, 이동전화, PCS서비스를 제공하는 기업 등을 가리킨다. 무선데이터통신, 주파수공용통신, 삐삐(무선호출)서비스 등을 제공하는 기업도 텔 계열에 속한다고 할 수 있다.

이들은 전통적인 통신서비스 업체들로서 대부분 회사 이름에 텔 자나 통 자를 사용한다. 통신사업자 분류상으로는 기간통신사업자들이 대개 여기에 속한다. 우리 나라 통신의 중추적 역할을 하는 사업자라는 의미에서다. 그래서 서비스를 제공하기 위해서는 정부로부터 사업권을 따내야 한다. 사업 자격이 그만큼 엄격하다고 할 수 있다. 서비스 영역도 대부분 전국이나 전세계를 대상으로 하고 있다.

한국통신, 데이콤, 하나로통신, 온세통신, SK텔레콤, 한통프리텔, LG텔레콤, 한솔M.COM 등이 소위 텔 또는 통 회사다. 데이콤은 회사명을 바꾸기 전 한국데이타통신이었고 SK텔레콤의 전신은 한국이동통신, 한솔M.COM은 한솔PCS였다. 한별텔레콤은 약간 다른 경우다. 이 회사는 컴퓨터 무선호출기 위성 및 케이블방송 장비제조업체로 컴과 템 계열에 모두 속하지만 최근 미국에서 디지털 위성방송 서비스사업에 진출, 텔 계열에도 포함되게 됐다.

코스닥에서 인기 있는 한국통신하이텔도 같은 부류다. 이 회사는 한국PC통신에서 이름을 바꿨다. 아남텔레콤도 주파수공용통신 서

비스를 하는 텔 계열 기업이며 삐삐서비스를 하는 서울이동통신,
나래이동통신 등도 마찬가지다.

텔 계열의 정보통신업체들은 자본금 규모가 크고 직원수도 많다.
정부로부터 사업권을 따서 하다보니 대부분 성장성도 좋고 경영 내
용도 좋다. 증시나 코스닥에서 관심을 끄는 귀족주로 대접받는 경
우가 많다. 주가는 몇몇 회사를 제외하곤 오를 만큼 올라 있다. 이
미 회사의 경영내용이 주가에 거의 반영되어 있다고 할 수 있다. 회
사 경영이 안정적이고 지난해에는 증시나 코스닥 시장의 활황세에
힘입어 성장률도 컸다. 대신 주가가 큰 폭으로 떨어질 위험은 적은
편이라고 할 수 있다. 회사가 거의 성장궤도에 들어서 있기 때문이
다.

텔 계열의 회사들은 모두 자체 통신망을 보유하고 있다. 통신망
이 깔려 있어야 서비스를 제공할 수 있기 때문이다. 적게는 수백억
원에서 많게는 수천억원 단위의 대규모 선투자를 한다. 초기 자본
금이 엄청나게 소요된다고 할 수 있다.

완벽한 통화품질 유지를 위해 끊임없이 통신망을 확대하고 신기
술 시스템을 보완해야 하기 때문에 회사설립 이후에도 설비투자비
소요가 크다. 초기 5년간 조 단위의 투자비가 들기도 한다. 시스템
을 관리하고 통신망을 운영하는 한편 단말기도 알아야 하기 때문에
축적된 기술수준도 대단하다. 종업원들의 사기도 높고 매출도 상상
을 초월하는 경우가 많다.

이들 회사 영업은 땅짚고 헤엄치기라고 표현하는 이들도 있다.
정부로부터 사업권을 얻고 통신망을 깔아두면 가입자가 전화를 걸
때마다 통화수입이 들어오기 때문이다.

그래서 과거에는 독점상태에서 서비스를 제공했다. 독점이기 때

문에 수입원인 가입자 유치에도 그다지 신경쓰지 않아도 됐다. 통화품질도 대충 정도만 유지하면 됐다. 데이콤이 등장하기 이전까지의 한국통신이 그 경우였다. 신세기통신과 3개 PCS사업자가 등장하기 이전의 한국이동통신도 같은 경우였다.

경쟁이 도입된 후에도 큰 걱정이 없다는 것이 솔직한 지적이다. 정부가 전화수요를 예측한 뒤 사업자 수를 제한해 허가하기 때문이다. 한 회사가 독식하던 파이를 2, 3개 회사가 나누어 먹는 셈이긴 하지만 정보사회로 발전되면서 가입자가 폭발적으로 증가하고 있기 때문이다. 1년 매출이 4조원에 육박하고 당기순이익만도 3,000억원에 달하는 SK텔레콤을 보아도 알 수 있다.

넷(net) 계열 기업

네트워크(Network)를 줄여서 표현하는 말이다. 네트워크는 원래 통신망을 가리키는 말이지만 이 네트워크를 통해 정보를 주고 받는다는 의미로 사용되고 있다. 바꾸어 말하면 통신을 할 수 있는 선으로 연결되어 있다는 뜻이 강하다.

회사 이름에 넷 자와 같은 의미로 사용하는 라인(line) 자나 링크(link), 또는 인터 자가 들어 있으면 인터넷과 관련된 회사로서 넷 계열로 해석하면 된다. 또 인터넷상에서 정보를 주고 받는다는 의미로 회사 이름에 커뮤니케이션를 쓰는 경우도 넷 계열 회사인 경우가 많다. 인터넷 상의 웹 브라우저인 내비게이터로 유명한 미국의 넷스케이프 커뮤니케이션즈사가 회사 이름 앞자에 넷을 그리고 뒤에 커뮤니케이션을 붙인 경우라고 할 수 있다.

이밖에 첨단 이미지를 상징하는 디지털이란 글자를 상호에 넣는 경우에도 인터넷과 관련한 넷 계열로 볼 수 있다. 인터넷 상에서 접속서비스를 제공하든 정보를 제공하든 이들 넷 자 계열은 대개 인터넷 기업으로 보면 이해하기 쉽다.

삼보컴퓨터 계열사로 미국 나스닥에 상장된 초고속 인터넷 접속 서비스 업체인 두루넷과 인터넷 서비스업체인 LG인터넷이 회사 이름에 넷 자를 쓴 대표적인 경우라고 할 수 있다. 또 네트워크와 같은 의미로 쓰는 라인이란 이름을 가진 기업도 인터넷 관련 회사로 보면 된다.

코스닥에 등록된 초고속 인터넷 접속서비스 회사인 드림라인과 이 분야 세계 최대 업체인 AOL(아메리카 온라인)사도 마찬가지다. 미국 전역에서 매일 50만 개의 빈 좌석으로 항공기가 운항되는 것에 착안해 인터넷으로 빈 좌석을 싸게 팔아주어 성공한 미국의 프라이스라인사도 같은 넷 계열이다. 한국디지탈라인도 비슷하다. 이 회사는 인터넷 및 인트라넷 소프트웨어와 그룹웨어 전문업체로 출발해 인터넷사업에 본격 진출하고 있다.

잡링크는 인터넷 상에서 취업과 구인을 제공하는 회사이며 데이콤 자회사인 인터파크는 인터넷쇼핑몰 업체다. 회사 이름을 줄여서 흔히 골드뱅크라고 부르지만 실제 이름이 골드뱅크커뮤니케이션즈인 회사는 인터넷 상에서 정보를 주고받는다는 의미로 커뮤니케이션즈를 쓰고 있다. 이 회사는 전자상거래와 사이버광고, 사이버보험, 사이버증권 등 인터넷서비스 전문업체다. 인터넷 포털서비스 전문업체로 코스닥에서 잘 나가는 다음커뮤니케이션도 넷 계열이다. 이 회사는 홈페이지 사이트를 www.daum.net로 정해 아예 넷 자를 넣어 쓰고 있다.

첨단 이미지를 상징하는 디지털이란 글자를 표방한 업체 중 디지털임팩트사는 온라인머드게임, 인터넷콘텐츠 서비스 등으로 사업을 시작했다. 최근에는 전자상거래, 인터넷 종합엔터테인먼트 등 인터넷 기업으로 전환을 서두르고 있다. 디지털조선은 인터넷신문사업과 금융포털서비스 등 인터넷 전문기업으로 발돋움했다.

템(tem) 계열 기업

대개 통신장비나 시스템, 부품 등 하드웨어를 생산하는 기업들을 가리킨다. 시스템(system)을 축약해 사용하는 표현이다. 정보통신 관련 기업 중 넷 계열기업과 함께 많은 숫자를 차지하고 있다. 증시나 코스닥에 등록된 정보통신업체 중 템 계열이 가장 많다고 보아도 무방하다.

정보통신기기를 생산하는 업체들이 대부분 템 계열 기업들이라고 할 수 있다. 교환장비나, 전송장비 등을 생산하는 전자업체들도 템 계열 기업으로 분류할 수 있다. 유선전화, 이동전화, 인터넷, PC통신 등 통신서비스를 제공하기 위해서는 하드웨어가 필수적으로 뒷받침되어야 하기 때문에 서비스 수요가 커질수록 텔 계열 기업이 늘어나기 마련이다. 또 새로운 기술이 끊임없이 개발되고 있어 텔 계열 기업 수는 앞으로도 더욱 늘어날 전망이다.

컴 계열 기업 중 일부는 기술을 강조하기 위해 회사 이름에 텍(tec : technology의 줄임말)자나 기술 자를 많이 넣어 사용하기도 한다. 에이스테크놀로지, 아일인텍 같은 기업들이다. 소프트웨어 개발업체인지 시스템이나 기기를 생산하는 업체인지를 확인하는 것이 좋다. 인터넷을 기반으로 한 그룹웨어 개발업체인 버추얼텍은 소프트웨어 개발업체이면서 동시에 인터넷기업을 지향하고 있다. 이 회사는 지난해 버추얼아이오시스템에서 회사명을 바꾸었다.

미국의 인터넷 장비제조업체인 시스코시스템스가 가장 대표적인 템 계열 기업이라고 할 수 있다. CDMA시스템과 전자교환기 등을 생산하는 삼성전자, LG정보통신, 대우통신, 한화정보통신 등도 국내를 대표하는 템 계열 기업들이라고 할 수 있다. 휴대전화기를 모토롤라에 납품하는 텔슨전자 등도 여기에 속한다.

ADSL 가입자모뎀을 생산하는 자네트시스템, 성미전자 등도 마찬가지다. PC방이 폭증하면서 장비에 전원을 공급하는 전원의 백업시스템을 생산하는 한아시스템, 모니터 전문제조업체인 코리아데이타시스템즈, 공공기관과 금융기관의 네트워크시스템 및 광가입자망 전송장비 생산업체인 콤텍시스템, ATM, ADSL 제품을 생산하는 인터링크시스템 등도 템 계열 기업이다.

IMT-2000과 관련해 단말기 및 주변기기 생산을 추진중인 맥슨전자, 팬택, 에이스테크놀로지, 터보테크와 각종 통신부품을 만드는 회사들도 모두 템 계열 기업들이라고 보면 무방하다. SI(시스템통합), 소프트웨어 등을 생산하는 다우기술은 시스템과 소프트웨어를 함께 개발하고 있어 컴 계열이나 템 계열 양쪽으로 보아도 된다고 할 수 있다. 아일인텍은 무선기기 모니터부품 등 통신장비 부품업체, 에이스테크놀로지는 무선통신기기 핵심부품인 RF(필터,듀플렉스)와 이동전화용, 기지국용 안테나 전문생산 업체다.

코스닥의 황제주로 꼽히는 새롬기술은 약간 특이한 편이라고 할 수 있다. 이 회사는 애초 팩스모뎀용 소프트웨어를 기반으로 한 통신소프트웨어 기업으로 출발했다. 이후 통신용 모뎀을 생산해 왔으며 작년말부터는 미국과 한국에서 인터넷 무료전화인 다이얼패드

서비스를 시작하는 등 인터넷 종합서비스 업체로 사업영역을 극대
화해 나가고 있다. 바꾸어 말하면 소프트웨어 쪽인 컴 계열과 통신
용 모뎀인 템 계열, 그리고 인터넷서비스인 넷 계열 모두를 섭렵하
고 있다고 할 수 있다.

제**4**부

정보통신 용어는 알아야 한다

가상기억장치(virtual memory)

사용자로 하여금 주기억장치의 용량보다 훨씬 큰 가상공간을 쓸 수 있도록 해주는 것을 가리킨다. 주소 공간과 실제 공간을 완전히 구분해 사용자가 주소 공간에 프로그램하면 운용체제가 이와 실제 공간의 연결을 맺어준다. 이와 같은 기능을 해주는 하드웨어를 가상기억장치 시스템이라고 한다. 공중전화망에 사설전화망을 구축해주어 사용자가 마치 자기의 사설구내망 또는 전용망과 같이 이용할 수 있게 해주는 것을 가상 사설망 서비스라고 한다.

가상기업(virtual corporation)

실제로 사무실이 없으며 통신을 이용해 네트워크 상에서 기업을 운영하는 형태를 말한다. 바꾸어 말하면 회사의 물리적 위치에 관계없이 소비자로 하여금 회사가 그 지역 시장에서 활동하는 것처럼 느끼게 영업을 하는 기업이다. 인터넷과 전자상거래가 발전될수록 가상기업은 늘어날 전망이다.

PCS(개인휴대통신서비스)

1.8GHZ 대역의 전파를 사용해 이동하면서 디지털 방식의 음성통화를 하는 서비스를 가리킨다. 1인 1대의 소형 휴대 단말기를 사용한다. 기술발전으로 음성통화뿐 아니라 문자송수신, 인터넷 이용

등 다양한 형태의 무선통신이 가능해졌다. Personal Communication Service의 약칭이다. 인구가 조밀한 도시 지역에서 km^{2}당 10만명 선의 많은 가입자를 수용할 수 있다. 초소형 마이크로 셀 망을 구축해 통화를 가능케 해준다. 국내서는 지난 96년 3개 사업자가 선정돼 97년 10월부터 CDMA(부호분할다중접속) 방식의 음성 및 다양한 부가서비스를 실시해오고 있다. 기존의 셀룰러 이동전화사업자와 가입자 유치경쟁을 벌이고 있다. 서비스를 제공하는 회사는 한통프리텔(016), 한솔M.COM(018), LG텔레콤(019) 등이다.

광통신(optical communication)

통신시스템의 전송회선에 빛을 사용하는 것을 말한다. 대개 광섬유 케이블로 레이저 광선을 전송하여 통신이 이루어진다. 전파에 비해 빛은 대역폭이 훨씬 넓다. 따라서 적은 가닥의 회선이라도 많은 정보를 고속으로 전송할 수 있어 ISDN의 핵심기술로 활용되고 있다.

공중통신망

통신망은 이용자에 따라 공중망과 전용망으로 나뉘어진다. 공중통신망은 불특정의 이용자 상호간에 통신수단을 제공하는 것을 가리킨다. 전화망이나 디지털 데이터 교환망이 이에 속한다. 반면 특정 단체나 이용자가 전용으로 통신하기 위한 통신망을 전용통신망이라고 한다.

내장형 모뎀(internal modem)

컴퓨터 내부의 확장 슬롯에 장착하여 쓰는 모뎀이다. 외장형 모뎀과는 달리 모뎀의 상황을 볼 수 없지만 가격이 저렴하다는 것이 장점이다. 설치도 간편하다. 최근에 시판되는 거의 모든 컴퓨터는 모뎀이 내장되어 있다.

노드(node)

교환회선들의 접합부로서 각종 공중정보망의 데이터 교환점을 가리킨다. X.25에서 이러한 접속점들은 패킷 교환기가 된다. 데이터 통신 시스템 중에서 정보처리기능 및 통신기능을 하는 기구이며. 망접속구라고도 부른다. 호스트 컴퓨터, 원격처리장치, 단말장치 등이 접속점에 해당된다. 패킷교환망도 통신기능을 가진 접속점으로 볼 수 있다. 이같은 노드에 설치되는 장치 전체를 통칭해 노드시스템이라고 한다.

다운로드(download)

인터넷에서 호스트 또는 서버에 있는 파일을 자신의 컴퓨터로 가져오는 것을 말한다. 컴퓨터 통신을 통해 전송이 가능하기 때문이다. 다른 컴퓨터에서 자신의 컴퓨터로 정보를 전송받을 때도 같은 표현을 쓴다.

다이얼패드

인터넷 무료전화 서비스. 현재 미국과 국내에서 서비스되고 있다. 이용방법은 인터넷 접속서비스를 통해 인터넷으로 들어간다. 이후 다이얼패드(www.dialpad.co.kr)에 접속한 뒤 회원가입 메뉴를 누른다. 웹 검색프로그램으로 익스플로러나 넷스케이프 내비게이터가 설치돼 있어야 한다. 가입메뉴에서 신상정보를 기입한 후 사용자명(ID)과 비밀번호(Password)를 만든다. 조금 후 전화번호가 그려진 프로그램(자바 통신프로그램)이 나타나고 이 액정화면에 READY라는 단어가 나타나면 준비는 완료된다. 물론 마이크와 스피커, 사운드카드가 있는 멀티미디어 PC라야 한다. 이후 마우스로 전화번호를 누른 뒤 다이얼 메뉴를 찍거나 Enter 키를 치면 전화가 걸린다. 주의할 것은 전화를 걸 때마다 지역번호를 입력해야 한다는 점이다. 서울은 02, 서울서 미국 LA에 걸 때는 001→ 1→ 지역번호→ 가입자번호를 차례로 눌러야 한다.

다이얼패드는 시내, 시외, 국제전화(미국)를 무료로 걸 수 있다. 그러나 국내 이동전화로는 이동전화사업자와 제휴가 된 이후라야 가능해질 전망이다. 1월 현재 미국내 가입자는 230만명, 국내에는 80만명 정도이며 향후에는 세계 주요국과도 다이얼패드 서비스가 가능해질 것으로 예상된다.

데이터교환방식(data switching system)

단말기와 단말기 사이 또는 단말기와 컴퓨터 사이에서 정보를 교환하는 방식을 말한다. 크게 회선교환 방식과 축적교환 방식이 있다. 회선교환 방식은 전화 교환과 같은 방식으로 공간분할 방식과 시분할 방식으로 구분된다. 축적교환방식은 전보 중계와 같은 메시지 교환 방식과 컴퓨터간의 통신을 목적으로 한 메시지를 패킷이라고 불리는 작은 단위로 분할하여 교환하는 패킷 교환 방식이 있다.

DVD(디지털 비디오 디스크)

고화질 영상과 음성을 담을 수 있는 지름 12㎝ 크기의 광디스크를 가리킨다. 대개 영화 1편에 해당하는 135분 분량을 담고 있다. 지난 96년부터 DVD플레이어와 영화 소프트웨어가 나오기 시작했다. DVD 1매의 기록용량은 일반 CD의 약 6~8배다. 대부분 영상데이터는 국제표준 방식인 MPEG2로 압축된다. DVD는 영상매체뿐만 아니라 판독 전용 컴퓨터 기억장치인 CD-ROM의 차세대판이라고 할 수 있는 DVD-ROM으로도 사용할 수 있다. 따라서 PC나 게임기기 및 소프트웨어 제작업계에서도 DVD-ROM 장치를 내놓고 있다.

라우터(router)

어떤 통신망 내에서 트래픽 흐름의 경로를 결정하여 메시지 전달을 신속히 처리하기 위한 컴퓨터 또는 중계장치를 가리킨다. 여러 대의 컴퓨터나 단말기를 그물 모양의 여러 경로로 연결하는 통신망에서 라우터는 송신된 메시지를 수신하여 이것을 가장 짧은 경로 또는 최적의 경로를 선택해 수신 컴퓨터로 전달하는 것이다. 라우터의 기능은 기본적으로는 브리지와 같다고 할 수 있다. 그러나 브리지는 단순히 데이터를 통과시킬 것인가의 여부만을 판단하는 데 그치는 것에 반해 라우터는 데이터에 포함되어 있는 프로토콜을 해석하고 최적의 경로를 선택하여 데이터를 송출하게 된다. 라우터는 그 기종에 따라 대응할 수 있는 프로토콜이 한정된다고 할 수 있다.

로그 인(log in)

네트워크를 사용해 호스트 컴퓨터나 네트워크에 사용자가 자신을 알리고 등록하여 접속하는 일을 가리킨다. PC에서는 대개 사용자가 한 명이다. 따라서 단일 사용자라면 이런 작업이 필요없다. 그러나 호스트 컴퓨터에 여러 대의 단말기가 연결되어 쓰일 경우에는 작업을 하기 전에 자신의 사용자명(ID)과 암호(Password)를 입력하여 시스템에 접속해야 한다. 바꾸어 말해 로그 인 작업이 필요하다. 로그 인과 반대로 네트워크 사용을 종료하는 것을 로그 아웃(log out)이라고 부른다.

로밍(roaming)

이동전화 가입자가 이동통신망을 벗어나서도 이동전화를 사용할 수 있도록 하는 것을 가리킨다. 또 가입한 이동전화 교환시스템 이외의 다른 시스템에서도 통화가 가능하도록 하는 것이 로밍서비스다. 이는 여러 이동전화사업자가 서로 약정해서 로밍(서비스 전환)이 가능하도록 해주기 때문이다. 한 이동전화사업자가 모든 지역에 통신망을 설치할 경우 엄청난 비용이 소요된다. 이 경우 설비비를 줄이기 위해 서로 다른 지역에 통신망을 제각각 설치한 뒤 공유해 사용키로 할 때 로밍서비스가 가능해진다.

　로밍은 바꾸어 말하면 상호 서비스 제공, 서비스권 또는 가입 구역 인수 인계, 통화권 위치 등록이라고도 할 수 있다. 로밍서비스 때문에 미국과 같은 광대한 나라에서도 전국 서비스가 가능하고 유럽에서도 A국의 가입자가 B국에 가서도 통화를 할 수 있게 되는 것이다. 국내서는 PCS사업자인 016 한통프리텔과 018 한솔M.COM이 로밍서비스를 제공하고 있다.

리눅스

　마이크로소프트의 윈도에 맞선 새로운 컴퓨터 운영체제(OS)로 지난해 돌풍을 일으켰다. 지난 91년 약관 21세의 핀란드 헬싱키대 학생이던 리누스 토발즈에 의해 개발됐다. 리눅스는 그후 인터넷을 통해 무료로 보급됐다. 현재 세계적으로 이용자가 800만명을 넘어섰다. 토발즈는 중대형 컴퓨터 운영체제인 유닉스를 PC에서 작동할 수 있게 하면 마이크로소프트사의 도스보다 훨씬 우수한 기능을 발휘할 수 있다는 사실에 착안해 리눅스를 개발했다. 개발자 중심이 아닌 사용자 중심의 운영체제라는 점이 장점이다. 세계적 컴퓨터

업체인 미 IBM이 자사 제품에 리눅스를 채용하고 있다.

토발즈는 현재 실리콘밸리의 벤처기업인 트랜스메타에서 인텔 칩에 대항하는 새로운 중앙처리장치(CPU)인 크루소 칩 개발에 참여하고 있다. 리눅스 혁명과 레드햇이란 책의 저자인 로버트 영은 리눅스의 성장을 확신하고 공급업체인 레드햇을 창업, 리눅스 보급에 열중이다.

국내에서도 리눅스 돌풍이 일어 현재 약 10만명이 이용하고 있으며 한글과컴퓨터는 작년 12월 리눅스 운영체제에 맞는 소프트웨어를 개발하기로 했다. 조선왕조실록 CD롬 제작회사인 서울시스템도 나스닥 상장기업인 미국 코발트사와 협력관계를 맺고 리눅스 사업에 진출할 예정이다. 가산전자, 대신정보통신 등도 리눅스 보급에 열중이다.

마이크로프로세서(microprocessor)

컴퓨터시스템에서 기억장치(메모리) 이외의 모든 중앙처리장치(CPU)의 기능을 대규모 집적회로(LSI) 칩에 탑재한 것을 가리킨다. 복수의 칩으로 된 것과 1개의 칩으로 된 것이 있다. 최근에는 대부분 1개의 칩으로 되어 있다.

미국 인텔사가 지난 71년 발매한 i4004가 마이크로프로세서의 효시다. 그때부터 컴퓨터의 소형화가 가능하게 되었다고 할 수 있다. 마이크로프로세서는 모든 PC의 심장부를 구성하고 있다. 연산논리장치, 레지스터, 프로그램 카운터, 명령해독기, 제어회로 등 CPU의 모든 기능이 1개의 LSI칩에 조립되어 있는 것이다. 여기에 전원을 추가하면 주변기기를 제외한 컴퓨터의 모든 기능을 구비하게 되는 것이다.

흔히 얘기하는 32비트 마이크로프로세서인 펜티엄은 약 310만 개의 트랜지스터를 탑재하고 있다. 대표적인 마이크로프로세서는 인텔사의 80x86 계열과 펜티엄, 미국 모토롤라사의 680x86 계열, 모토롤라와 IBM이 공동개발한 파워 PC 계열, 선(Sun)사의 SPARC 계열 등이 있다. 마이크로컴퓨터와 같은 의미로 사용되기도 한다. 그러나 엄밀히 말하면 마이크로프로세서를 중심으로 주기억장치와 입출력 장치를 갖추고 있는 것이 마이크로컴퓨터라고 할 수 있다.

매킨토시(macintosh)

흔히 맥(Mac)이라는 애칭으로 불리는 PC를 가리킨다. 미국 애플 컴퓨터가 지난 84년에 내놓은 16비트 및 32비트 PC의 상품명이다. 매킨토시 컴퓨터는 컴퓨터에 대한 전문적인 지식이 없는 사람이라도 쉽게 사용할 수 있도록 인간과 기계간의 인터페이스를 중시해 설계 제작된 것이 특징이라고 할 수 있다.

모뎀(modem)

modulator(변조)-demodulator(복조)의 축약어다. 그래서 변복조 장치라고 부른다. 데이터통신을 하는 컴퓨터나 단말 등의 데이터

통신용 기기를 통신회선과 접속하기 위해 사용하는 장치다. 데이터 통신용 기기 내부의 전기신호(디지털신호)와 통신회선 속을 흐르는 전기신호(아날로그신호)는 신호 형태가 서로 다르므로 이 양 신호를 연결해 데이터통신을 가능하게 만들기 위해 모뎀이 필요하다고 할 수 있다.

모듈(module)

잘 정의된 하나의 일을 수행하는 프로그램의 논리적인 일부분을 가리킨다. 또는 큰 시스템 가운데 비교적 독립적인 한 부문을 말하기도 한다. 주 프로그램은 논리적으로 몇 개의 모듈로 나뉘어진다. 모듈은 여러 프로그램 작성자에 의해 나누어 작성되는 성질을 지닌다. 따라서 모듈이 서로 모여 하나의 완전한 프로그램으로 만들어질 수 있다.

명령어

프로그래밍 언어에서 컴퓨터에 대한 하나의 동작 스테이트먼트를 가리킨다. 컴퓨터가 직접 실행 가능한 프로그램의 최소 단위가 명령어다. 명령어는 일반적으로 하나의 연산부호, 하나의 연산대상, 하나 또는 두 개의 주소로 구성된다. 명령어를 실행하는 것은 연산대상을 연산해 그 결과를 주소에 기억시키라는 뜻으로 해석하면 된다.

메가바이트(MB)

MegaByte의 약어로 MB라고 흔히 표현한다. 주로 기억용량을 나타내는 정보량의 단위다.

1MB는 2^{10}KB이다. 이는 또 $2^{30}(=1,024^2=1,048,576)$B이다.

바이트(byte)

정보량의 최소 단위인 비트(bit : 0과 1)의 집합으로 구성된 기본단위를 가리킨다. 일반적으로 8비트로 1바이트를 구성한다. 이 경우 비트의 조합은 2^8, 곧 256가지가 된다. 바이트는 컴퓨터에 의한 데이터처리, 저장, 전송의 기본단위로 많이 사용된다. 컴퓨터 기억장치의 용량은 일반적으로 킬로바이트(KB)나 메가바이트(MB)로 표시한다. 1킬로바이트는 1,000바이트가 아니라 1,024바이트다.

보조기억장치

주기억장치(PC의 ROM, RAM이나 코어 기억장치)의 기억 용량이 부족할 때 그것을 보조하기 위해 사용되는 기억장치를 가리킨다. 자기디스크장치나 자기테이프장치 등이 있고 PC에서는 플로피디스크, 카세트테이프 등이 해당된다고 할 수 있다.

부하(load)

컴퓨터시스템 등에서 원하는 어떤 효과를 얻기 위해서 취하는 행동에 필요한 동작이나 자원을 가리킨다. 부하는 적정한 한도 밑으로 유지되려고 하는 성질을 갖고 있다. 예를 들어 프로세서들을 스케줄링해 컴퓨터 자원의 이용 효율을 높일 수 있으나 이때는 중앙처리장치의 시간과 기억장치가 소모된다. 스케줄링을 잘못해 부하가 너무 커진다면 오히려 스케줄링을 하지 않는 것이 낫다고 할 수 있다. 흔히 컴퓨터가 고장이 아닌데도 작동을 못하게 될 경우 부하가 많이 걸린 게 아니냐고 표현하는 것도 이런 이유에서다.

ADSL(비대칭 디지털가입자 회선)

Asymmetric Digital Subscriber Line. 기존의 2회선 가입자 전화회선을 이용해 전화국에서 가정으로 1.5Mbps(또는 6Mbps), 가정에서 전화국으로는 16Kbps의 통신 '비대칭'을 실현할 수 있는 기술이다. 따라서 동일한 전화회선으로 기존의 전화와 ISDN의 고속도가 공존하는 이용을 가능하게 해준다.

ADSL은 미국 벨 전화회사의 영상 전송서비스인 VDT(Video Digital Tone) 서비스에 이용되고 있다. 이는 ADSL기술과 디지털 영상압축 기술인 MPEG 1을 이용해 전화서비스와 함께 가입자가 케이블TV(CATV)국의 비디오 서버로부터 원하는 영화를 불러내어 시청할 수 있는 주문형비디오(VOD)를 제공하는데 사용되고 있다.

ADSL 기술은 미국 벨코어에서 제안한 것으로 음성보다 높은 주파수 대역에서 이용하는 기술이다. 현재는 하나로통신과 한국통신이 이 기술로 가정에서도 고속 고품질의 인터넷서비스를 이용하는 데 제공하고 있다.

브릿지(bridge)

네트워크의 한 방식이다. 프로토콜 및 네트워크 구성 케이블 등이 서로 다른 여러 개의 네트워크를 접속해 하나의 커다란 네트워크를 나타내는 장치를 가리킨다. 대개 구역내 통신망(LAN)에서 사용된다. 브릿지에는 로컬 브릿지와 리모트 브릿지가 있다. 로컬 브릿지는 구역내 통신망이 복수일 경우 가까이에 있는 곳에 접속할 때 사용한다. 예를 들어 인터넷 등에 접속할 때이다. 리모트 브릿지는 멀리 떨어져 있는 곧 원격지 LAN에 접속할 때 사용한다.

CDMA(부호분할 다원접속)

부호분할 다원접속(code division multiple access)으로 디지털 이동통신 방식의 일종이며 스펙트럼 확산 기술을 채택한 방식이다. 미국 스펙트럼사에서 북미 지역의 디지털 셀룰러 자동차, 휴대전화의 표준 방식으로 대역폭 1.25MHZ의 CDMA 방식을 제안해 지난 93년 미국 전자공업협회가 표준으로 제정한 것이다. 이 방식은 복수의 사용자가 같은 주파수 대역을 공유할 수 있다. 디지털 TDMA

(시분할 다원접속) 방식이나 아날로그 FDMA(주파수분할 다원접속) 방식에 비해 대역폭당 사용자 채널을 10~20배 증가시킬 수 있다. 송신 주파수가 광대역이므로 다중 경로 신호에 의한 주파수 선택성 페이딩이 강하다. 대도시 지역의 밀집지역에 적합하고 서비스 지역의 광역화가 가능해진다. 그래서 셀 수를 줄이고 주파수계획도 간단하게 할 수 있는 것이 장점이다. 우리 나라는 CDMA 방식의 이동통신 기술을 채택하고 세계 최초로 CDMA 시스템과 서비스를 상용화해 내수시장뿐 아니라 수출로도 크게 기여하고 있다.

사이트(site)

원래의 의미는 부지, 장소, 위치를 가리키는 말이다. 송신소나 수신소의 위치, 또는 장소라는 의미로 송신 사이트, 수신 사이트, 지구국 사이트로 사용하고 있다. 그러나 최근 들어 인터넷서비스가 활성화되면서 인터넷 도메인 네임(domain name)을 가진 컴퓨터를 사이트라고도 한다. 이 사이트는 노드나 호스트라고 부르기도 한다. 사이트 내에는 메일서버(mail server), 월드 와이드 웹 서버(www.srever), FTP 서버 등이 설치되어 있다. 또 전자게시판 시스템(BBS) 네트워크 내의 노드를 사이트라고 부르기도 한다.

사이버 스페이스

가상공간(cyber space) 곧 네트워크 상에서 이루어진 무형의 3차원 공간을 가리킨다. 현재는 통신회선을 통해 형성된 가상공간을 의미한다. 바꾸어 말하면 전세계계적으로 연결된 네트워크 시스템들로 구성된 가상 서비스 공간이다. 윌리엄 깁슨의 소설인 네크로맨서(Necro-mancer)에서 사용된 말로서 컴퓨터를 이용한 통신의 집합적인 개념이라고 할 수 있다. 컴퓨터 사용자가 통신망을 이용해 여행할 수 있는 공간을 말한다.

서버(server)

통신망에서 다른 컴퓨터에 대해 그 통신망의 전부 또는 일부에 대한 접속을 제어하는 관리 소프트웨어를 운용하는 컴퓨터상의 장치 또는 프로그램을 가리킨다. 통신망의 자원(디스크 장치, 파일, 프린터 등)에 대한 접속을 제어하는 것도 서버라고 한다. 구역내 통신망(LAN) 상에서 서버 기능을 하는 컴퓨터는 WS(워크스테이션)기능을 하는 컴퓨터에 이러한 자원을 제공한다. X윈도에서 이러한 서비스를 제공하는 서버로는 X서버, 파일서버, 프린터서버, DB(데이터베이스)서버 등이 있다.

서버시스템

규모가 크면서 동시에 같은 정보나 자료를 가지고 있는 곳을 말한다. 서버시스템은 자료와 정보를 주로 송신하는 역할을 한다. 바꾸어 말하면 다른 컴퓨터에서 어떤 문서나 정보를 요구할 경우 그

자료를 제공해주는 컴퓨터다. 각종 정보들이 다양하게 갖추어져 있는 정보백화점이라고 보면 무방하다.

셀룰러 이동전화시스템

이동전화간 또는 이동전화와 일반 공중전화망(PSTN) 가입 전화간에 전화교환서비스를 제공하는 시스템이다. 서비스 지역을 셀(세포) 단위로 분할해 기지국을 설치한 다수의 셀, 각 기지국을 연결하여 제어하는 중앙의 무선회선 제어국 및 이동전화 교환국으로 구성된다.

이 시스템으로 통화를 하는 것을 셀룰러 이동전화서비스라고 부른다. 미국 AT&T사가 무선통신 수요에 부응해 개발해 시카고에서 최초의 시스템이 설치됐다. 80년대 이후 전세계적으로 보급되어 왔다. 우리 나라에서는 CDMA 방식의 디지털 셀룰러시스템을 개발해 96년 4월 상용화에 성공했다. SK텔레콤(011)과 신세기통신(017)이 이 방식으로 이동전화서비스를 제공하고 있다.

SI(시스템 통합)

system intergration(시스템통합)의 약어. 정보시스템을 고객과의 계약에 의해 기획에서부터 시스템 구축, 운용까지 일괄적으로 제공하는 것을 SI서비스라고 한다. 이런 서비스를 제공하는 자를 SI사업자라고 하는데 미국의 EDS와 국내의 삼성SDS, LG-EDS, 현대정보기술, 쌍용정보통신 등이 대표적이다.

SI사업자는 고객에게 가장 적합한 정보시스템의 기획 입안에서부터 설계와 구축, 운용과 보수에 이르기까지 다양한 서비스를 일괄 제공한다. 응용 프로그램 개발이나 하드웨어 선정과 조달도 포함된다. 국제공항 등 대규모 시스템 구축에는 여러 SI사업자가 공동으로 분담해 서비스를 제공하기도 한다. 응용 소프트웨어의 개발은 소프트웨어 전문개발업체에 위탁하거나 하청주기도 한다.

IMT-2000

International Mobile Telecommunication 2000의 약어다. 세계 어디서나 이용할 수 있는 차세대 이동통신을 가리킨다. 고품질의 음성은 물론 데이터와 동영상까지 전송해 상대방의 얼굴을 보면서 통화할 수 있다. 초고속 인터넷서비스 이용도 가능하다. 한마디로 꿈의 이동통신 수단이라고 할 수 있다.

세계 주요 이동통신사업자들의 모임인 GHG는 미국의 퀄컴 등이 주도하는 동기식(CDMA2000)과 스웨덴 에릭슨을 비롯 일본업체 중심의 비동기식(WCDMA)을 통합한 절충안에 합의해 놓고 있다. IMT-2000은 기존 휴대전화보다 주파수 대역이 높아 많은 가입자를 수용할 수 있고 품질도 훨씬 뛰어나다. 데이터 전송 속도도 휴대전화보다 수십 배 빠르고 영상의 질도 좋다.

LG정보통신은 작년 10월 스위스 제네바에서 열린 텔레콤99에서 세계에서 가장 빠른 384kbps급의 시스템과 영상 휴대전화기 시연에 성공했다고 밝힌 적이 있다. 삼성전자는 캐나다 노텔과 IMT-

2000 단말기와 시스템을 공동 개발하고 있다. 데이콤은 인터넷 종합솔루션 업체인 다우기술과 함께 이 서비스에 필요한 통합 메시징 처리와 접속자 인증, 메시지 보안서비스 등을 공동으로 개발중이다.

월드 와이드 웹

world wide web은 통칭 www 또는 web(웹)으로 표현한다. 직역하면 세계 규모의 거미집 또는 거미집 모양의 망이다. 하이퍼텍스트라는 기능에 의해 인터넷상에 분산되어 존재하는 온갖 종류의 정보를 통일된 방법으로 찾아볼 수 있게 하는 정보서비스 및 소프트웨어를 말한다. 지난 89년 스위스 유럽 입자물리학연구소의 Tin Bemars-Lee가 제안한 것으로 인터넷을 이용하기 쉽게 만들어 인터넷시대를 연 주역으로 각광받고 있다. 웹이 텍스트 데이터(문자정보)가 대부분이었던 그때까지의 통신에 의한 정보전달 방법과는 달리 문자, 영상, 음성에 더해 다양한 표현방법을 가능하게 했기 때문이다.

웹에서는 웹서버라고 하는 컴퓨터 내에서 하이퍼텍스트라는 형식으로 작성되어 홈페이지라는 단위로 관리된다. 이는 링크(link)라고 하는 정보에 의해 인터넷상에 분산되어 세계 각지의 하이퍼텍스트와 연결될 수 있는 것이다. 전세계의 하이퍼텍스트가 이리저리로 연결된 모습이 마치 거미가 집을 짓는 것처럼 보이기 때문에 www라고 불리게 됐다.

웹 브라우저(www browser) 또는 줄여서 그냥 브라우저라고 부른다. 인터넷상에서 www 정보를 검색하는데 사용되는 응용 프로그램을 가리킨다. 브라우저 자체에는 인터넷 접속 기능이 포함되어 있지 않으나 윈도95 등 인터넷 접속용 소프트웨어가 설정되어 있기만 하면 브라우저의 가동만으로 전세계 웹 브라우저에 있는 홈페이지를 볼 수 있다. 문자나 화상뿐만 아니라 동영상, 음악, 게임들을 지원하는 멀티미디어 검색 프로그램이다. 미국 넷스케이프사의 내비게이터, 마이크로소프트사의 인터넷 익스플로러, 선 마이크로시스템즈사의 핫 자바 등이 대표적인 웹 브라우저라고 할 수 있다.

온라인 데이터베이스 서비스

사용자가 통신회선을 통해서 사업자의 컴퓨터에 저장되어 있는 데이터베이스를 실시간(즉시:real time)으로 검색, 출력할 수 있게 하는 서비스를 말한다. 이 서비스로 인해 인터넷이 급속히 확산되었다고 볼 수 있다. 온라인 뱅킹업무가 가능해진 것도 이 때문이다. 이 서비스는 키워드를 입력하면 신문, 잡지 기사는 물론 논문, 보고서의 초록 또는 전문을 화면으로 보거나 다운로드받을 수 있고 프린트할 수 있다. 특히 2~3년 전부터는 복수의 데이터베이스를 하나의 데이터베이스로부터 검색할 수 있는 게이트웨이 방식이 주류를 이루고 있다. 이 게이트웨이 방식을 이용하면 1회의 접속으로 복수의 데이터베이스에 걸쳐서 자료를 검색할 수 있다. 미국의 다이얼로그(DIALLOG), ORBIT, NEXIS, 유럽의 Data Star, 일본의 JOIS 등이 대표적인 온라인 데이터베이스 서비스라고 할 수 있다.

음성인식 시스템

음성신호를 입력하여 자동적으로 언어적 의미 내용을 인식하는 하드웨어 또는 소프트웨어 장치나 시스템을 가리킨다. 크게 단어 음성인식 시스템, 연속 음성인식 시스템, 화자인식 시스템으로 분류된다. 단어 음성인식 시스템과 연속 음성인식 시스템은 컴퓨터에 음성으로 명령을 내리거나 정보를 입력하는 좁은 의미의 음성인식 시스템이라고 할 수 있다. 화자인식 시스템은 음성을 발성한 사람을 판정하거나 식별하는 장치로 등록자의 출입관리나 범죄 수사 등에 이용된다. 한국통신하이텔은 작년 6월 미국 AOL사에 이어 두번째로 사람의 목소리에 따라 작동하는 음성인식 통신프로그램인 하이텔99 플러스를 개발했다.

마이크로소프트사의 빌 게이츠 회장은 99년 3월 일본에서 열린 강연회에 참석해 2009년경에는 사람의 음성을 인식하는 기능을 갖춘 PC가 보편화될 것이라고 말했다.

인트라넷(intranet)

인터넷의 기술을 응용하는 기업 내 전용 컴퓨터 네트워크로서 기업의 각종 정보를 표준화하여 서버를 통해 공유하는 기업 내 인터넷을 말한다. 인터넷과 동일한 검색 프로그램(브라우저), 통신장비, 소프트웨어를 활용한 서버를 통해 전자우편, 업무협의, 전자결재, 상품개발, 정보교환 등을 할 수 있다. 이용자는 사용자번호(ID)와 비밀번호(password)가 있어야 접속이 가능하다. 불법적인 외부침입에 의한 기업정보의 유출을 막기 위해 접속을 제한하는 소위 방호벽(fire wall)이 설치된다. 인트라넷의 통신규약과 정보검색 프로그램은 인터넷과 동일하다. 따라서 인트라넷 사용자는 바로 인터넷에 접속해 정보를 검색할 수 있기 때문에 작은 인터넷이라고도 부른다.

인터넷 익스플로러(Internet Explorer)

미국 마이크로소프트사가 개발한 월드 와이드 웹(www) 브라우저의 명칭이다. 넷스케이프 커뮤니케이션즈사가 개발해 유명한 내비게이터에 대한 경합 제품으로 만들었다. 마이크로소프트사의 www 사이트로부터 다운로드를 받아 사용할 수 있다. 스크립트 언어로는 버주얼 베이직 스크립트와 자바 스크립트가 사용되고 있다.

인터넷 폰

인터넷 상에서 시내 통화요금으로 국제통화를 할 수 있는 프로그램이다. 인터넷에 접속하면 시내전화요금이 적용되기 때문에 인터넷을 통해 국제통화를 할 경우에도 분당 40원인 시내전화요금만 내면 된다. 인터넷 폰 프로그램은 현재 한글판도 나오고 있다. 이 프로그램 개발업체인 보칼텍의 홈페이지에 접속하면 한 달 정도 사용할 수 있는 세어웨어를 받아볼 수 있다. 인터넷 폰을 하기 위해서는 486급 이상 컴퓨터와 메모리 8M(메가) 이상, 하드디스크 120M 이상의 공간과 14.4kbps 이상의 속도를 갖는 모뎀, 사운드카드와 통화를 위한 마이크와 헤드폰이 있어야 한다. 사운드카드가 양방향이면 일반전화처럼 동시 통화를, 단방향이면 무전기처럼 단방향 통화를 할 수 있다. 작년 말부터 인터넷 무료전화 서비스인 다이얼 패드가 나와 그 귀추가 주목되고 있다.

자바(Java)

미국 선 마이크로시스템즈사가 개발한 인터넷 프로그램 언어다. C^{++} 언어에 가까운 객체지향형 언어라고 할 수 있다. 지난 95년에 발표돼 96년 1월부터 정식 버전을 배포했다. 인터넷을 사용하는 중에 버그(bug)의 원인이 되기 쉬운 기능, 예를 들어 포인터 연산을 생략했다. 자바는 인터랙티브한 방식으로 동화상이나 대화형 방식을 지원한다. 자바 언어로 개발된 응용 프로그램을 애플릿이라고 하고 윈도95 이상에서만 구현이 가능하다. 바꾸어 말하면 32비트용 넷스케이프 버전 2.0 이상에서만 자바를 실행할 수 있다고 하겠다.
자바 스크립트는 미국의 넷스케이프사가 개발한 스크립트 언어로 웹 브라우저인 내비게이터 2.0에 실장되어 있다.

네트워크 상에서 우편을 전자적으로 처리하는 시스템을 가리킨다. PC통신이나 인터넷 상에서 상대방에게 파일을 전송하는 것이다. 전송되는 파일은 문서, 이미지 파일 등 다양한 형태로 보낼 수 있다. 수신된 메일은 사용자가 원하는 시점에 수시로 꺼내보면 된다. 프린터로 출력하거나 삭제할 수도 있다. 전자우편은 전송시간을 단축시키고 보안 유지도 된다.

초기의 전자우편은 사무실이나 구내에서 구역내통신망(LAN)으로 연결되어 있는 컴퓨터 상호간이나 PC통신 가입자 상호간에 주고 받는 메시지로 많이 사용되었다. 그러나 최근에는 인터넷을 통해 전자우편을 교환하게 되었다. 개별 수신인뿐만 아니라 다수의 수신인이나 집단에게 하나의 메시지를 동보통신 방식으로 보낼 수도 있다.

전자우편 주소(e-mail address)

전자우편을 주고 받을 수 있는 주소. 인터넷 전자우편 주소는 자신의 사용자ID→@(앳, 장소를 나타내는 at, 흔히 골뱅이라고 읽음)→가입업체의 도메인명 순서로 적는다. 예를 들어 사용자ID가 h2k이고 도메인명이 skorea.co.kr인 경우 전자우편 주소는 h2k@skorea.co.kr.이 되는 것이다. 이때 사용자ID와 도메인명 사이의 @표시가 빠지면 전자우편을 받을 수 없다.

ISDN(종합정보통신망)

전화, 전신, 텔렉스, 데이터, 비디오텍스 등 성격이 서로 다른 서비스를 종합적으로 취급하는 디지털 통신망을 가리킨다. Intergrated Service Digital Network의 약어다. 지난 80년 CCITT(현재의 ITU-T) 총회에서 기본개념이 발표됐다. 이전의 통신서비스는 서비스별로 전화망, 텔렉스망, 데이터망 등 전용망을 갖추고 망마다 단말장치를 접속하는 인터페이스가 정해져 있었다. ISDN은 망과 단말장치간의 사용자망 인터페이스를 통일하고 하나의 디지털망으로 모든 통신서비스를 제공하게 한 것이다. 따라서 서비스별로 별도의 망을 갖출 필요가 없다. 국제적으로 표준화된 인터페이스로 통일되어 있어 인터페이스의 관리 및 망 접속이 간편하고 용이한 것이 특징이다.

고품질의 통신이 가능하다. 하나의 회선에 여러 단말장치를 접속해 복수의 통신서비스를 받을 수 있으므로 다른 상대와 다른 종류의 통신서비스 이용이 가능하다. ISDN 표준 인터페이스의 단말장치는 사무실, 출장지, 자택 등 어디에서나 ISDN 서비스를 이용할 수 있으므로 단말장치의 휴대도 가능하다. 현재 한국통신이 이 서비스를 제공하고 있다.

주기억장치(main memory)

중앙처리장치와 직접 자료를 교환할 수 있는 기억장치를 말한다.

주기억장치를 구성하고 있는 각각의 기억 소자에는 외부와 직접 자료를 교환할 수 있는 단자들이 있다. 기억 소자는 또 정전이 되더라도 그 상태를 유지하고 있는 기억 소자와 정전이 되면 기억 내용을 상실하는 기억 소자로 나뉘어진다.

콘텐츠(contents)

내용, 알맹이라는 의미다. 멀티미디어 소프트웨어를 제작할 때 필요한 정지화상이나 동화상, 음성 등과 같은 소재를 가리킨다. 네트워크형 멀티미디어 정보 제공 서비스는 CD-ROM 타이틀이나 디지털 비디오 등의 소프트웨어가 서비스의 알맹이가 되기 때문에 멀티미디어 소프트웨어와 서비스를 포함해 콘텐츠라고 총칭해 부르고 있다.

클라이언트(client)

컴퓨터 처리방식에서 다른 프로그램이 제공하는 서비스를 요구하는 프로세스(프로그램 또는 태스크라고도 할 수 있다)를 말한다. 바꾸어 말하면 다른 프로그램에 내장된 소트 루틴을 요구하는 문서 처리기라고 할 수 있다. 클라이언트 프로세스는 요구한 서비스를 사용하는데 있어서 서비스를 제공하는 상대방 프로그램이나 서비스 자체에 대한 동작을 상세히 알 필요는 없다. LAN상에서는 다른 컴퓨터가 제공하는 망 공유 자원에 접속하는 컴퓨터를 말한다.

　자기디스크 같은 보조기억장치, 프린터, 모뎀, 조이스틱 등 컴퓨터에 연결되어 컴퓨터의 중앙처리장치에 의해 제어되는 장치를 통칭해 부르는 말이다. 주변장치는 컴퓨터시스템이 완전하게 기능하고 유용하게 사용될 수 있게 하는데 필수적인 요소다. 주변이라는 용어가 암시하는 것처럼 추가적이고 불필요한 장치가 아니라는 것을 알아야 한다.

패킷 교환망

　정보의 송수신을 패킷(데이터의 묶음) 교환방식으로 실현하는 교환망을 가리킨다. 망에 접속된 한 개의 회선상에서 동시에 여러 개의 단말간 통신을 가능케 해주는 것이 특징이다. 또 취급하는 정보는 일반적으로 발생 빈도가 높고 데이터의 길이가 짧으며 고품질을 요구하는, 바꾸어 말하면 컴퓨터와 단말간의 대화형 처리나 파일 전송 등을 제외한 컴퓨터통신 등에 적합하다.

호스트(host)

　네트워크 상에서 여러 컴퓨터들의 중심이 되는 컴퓨터를 가리킨다. 이 호스트는 다른 컴퓨터의 파일들을 사용할 수 있게 해준다.

인터넷 상에서는 인터넷에 연결된 컴퓨터로 하나의 사이트 시스템을 의미한다. 곧 인터넷에 연결되어 있는 서비스 제공자의 컴퓨터이며 항상 연결되어 파일들을 제공하고 있다.

홈페이지(homepage)

인터넷 웹 브라우저를 통해 맨 처음 표시되는 초기화면 또는 검색한 사이트의 첫 화면을 일컫는다. 대개 검색사이트의 첫 화면을 홈페이지라고 부른다. 넷스케이프 기능 중 홈은 인터넷 접속시 처음 표시되는 초기화면을 의미한다. 이것은 사용자가 임의로 조정할 수 있다. 초기화면 조정은 메인 메뉴의 옵션에서 지정하면 된다.

해커(hacker)

컴퓨터 기술을 이용해 남의 네트워크에 침입해 불법적인 일을 하는 사람을 말한다. 원래는 컴퓨터 기술이 뛰어나 컴퓨터에 중독된 매니아를 가리켰다. 인터넷 상에서 타인의 시스템이나 프로그램들의 숨어 있는 부분을 건드려 그것의 작동을 바꾸어 정보를 훔치거나 파괴하는 행위를 해크(hack)라고 한다. 때로는 수시간 동안 사이트의 기능을 마비시키기도 한다. 올해 2월 들어 해커들의 공격이 더욱 날카로워졌다. 세계 최대의 포털사이트인 야후를 비롯 전자상거래업체인 바이닷컴, 인터넷 경매사이트인 이베이 등이 해커의 공격으로 접속이 마비되는 곤욕을 치루었다. 급기야 미 연방수사국

(FBI)이 수사에 나섰다. 남의 네트워크에 침입해 이같이 컴퓨터 내의 데이터를 파괴해 기능을 마비시키거나 사업정보를 훔치는 행위를 해킹(hacking)이라고 표현한다.

제 5 부

주목받는
킴, 텔 계열을 분석한다

● 드림라인

개 황	대 표	김철권
	설 립 일	1997. 7. 31
	상장(등록)일	1999. 12. 21
영업내용	분 야	초고속 인터넷 접속서비스
	자 본 금	750억원
주요주주	제일제당(23.68%), 도로공사(17.34%)	

✓ 주가추세선

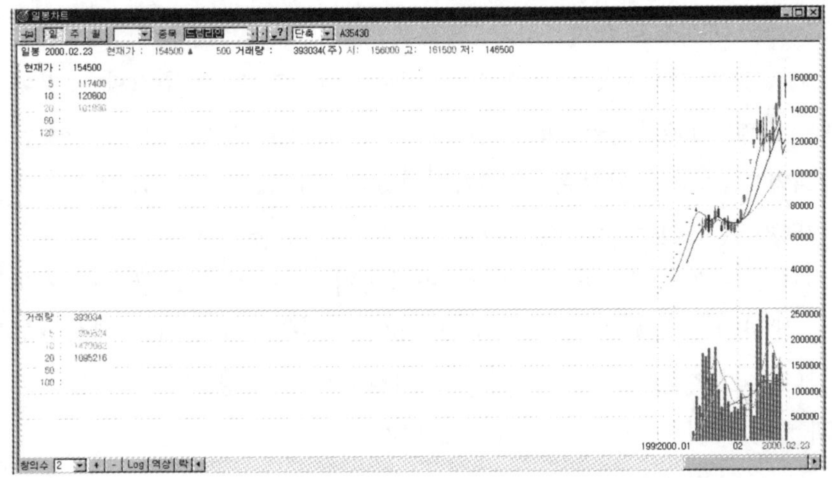

제공 : 한경닷컴

지난 97년 제일제당과 도로공사가 주축이 되어 설립되었다가 99
년 8월 제일제당 계열사로 편입됐다. 고속도로를 따라 구축된 광통신망을 갖추고 있다. 기업대상의 전용회선 임대서비스, 초고속 인터넷 접속서비스, 멀티미디어 콘텐츠를 중심으로 한 온라인서비스 사업을 펼치고 있다. 99년 9월에 시작한 인터넷 서비스 가입자가 크게 늘어 올 1월 말 현재 2만 7,000명에 달한다. 온라인서비스 가입자는 50여만 명.

제일제당 그룹에 편입된 이후 영화, 의약, 금융, 요리 등 콘텐츠 쪽에 활발한 활동을 보이고 있다. 이들 콘텐츠를 초고속회선을 통해 뉴스, 종교, 스포츠, 연예, 게임, 종합방송, 지역방송을 제공하는 국내 최대의 인터넷허브 드림엑스 서비스에 통합 제공할 계획이다. 인터넷과 광통신망을 기반으로 멀티미디어 서비스 사업자 자리를 확고히 굳힌다는 전략이다.

미국 마이크로소프트사와 제휴해 인터넷 비즈니스센터를 건립 중에 있다. 웹TV, 인터넷폰 등의 신규서비스도 적극 추진할 예정이다. IMT-2000사업권 획득 전쟁에도 참여하고 있다. 99년 매출은 224억원, 당기순이익은 -73억원이었다. 올해는 매출 1,100억원에 17억원의 흑자로 돌아설 것으로 전망하고 있다.

초고속 인터넷서비스 지역도 연말까지 주요 시, 도, 군으로 확대할 계획이다. 2001년에는 매출 2,400억원, 순익 200억원을 예상하고 있다. 이재현 제일제당 부회장이 회장으로 취임한 후 공격적 경영과 영업력이 극대화되고 있다는 평가다.

●서울이동통신

개 황	대 표	윤창용
	설 립 일	1992. 9. 17
	상장(등록)일	1998. 9. 16
영업내용	분 야	무선호출서비스, 인터넷 ITS
	자 본 금	404억 4,000만원
주요주주	이봉훈, 이경서, 아틀라스파이낸스	

✔ 주가추세선

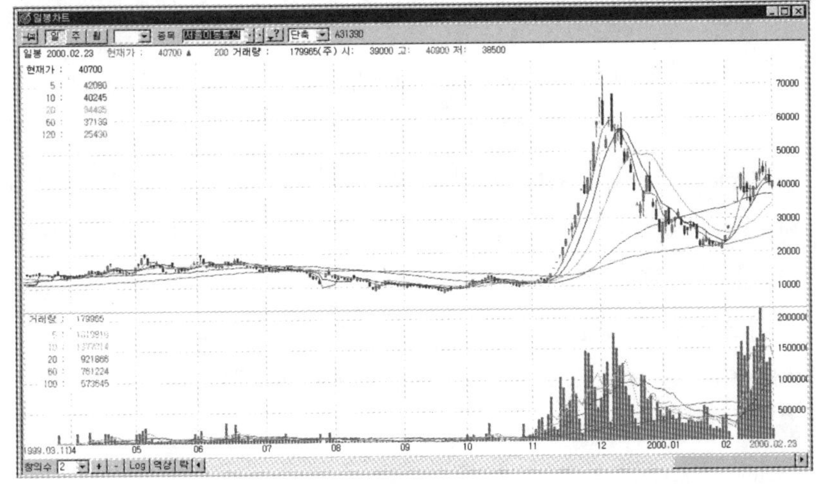

제공 : 한경닷컴

    지난 97년 매출이 2,374억 5,000만원에 달할 만큼 수도권 무선호출서비스 사업자로서 성장했다. 그해 순이익만도 138억원이었다.

97년말 가입자는 무려 230만명이었다. 이후 휴대폰 사업자가 증가
하면서 98년말에는 130만명으로 줄었다. 그러나 순이익은 238억원
을 달성했다.

99년에는 무선호출서비스 부문의 축소로 매출이 800억원, 순이익
은 100억원대로 추정된다. 작년 하반기 이후 사업방향을 대폭 바꾼
것도 이 때문이다. 작년 10월 하나로통신, 온세통신 등과 함께 차세
대 영상 이동통신서비스인 IMT-2000 사업권을 따내기 위해 한국
IMT-2000주식회사를 설립키로 하고 컨소시엄을 구성했다.

99년 11월부터 무선호출단말기로 송신된 음성메시지를 듣고 문
자메시지도 송수신할 수 있는 양방향 삐삐서비스를 서울과 수도권
에서 시작했다. 2000년에는 전국으로 확대할 계획이다. 또 삼성전자
와 제휴해 무선 인터넷 메시징서비스(IMS)에 들어갔다. 삼성전자의
개인휴대단말기(PDA)를 통해 인터넷의 텍스트 문서나 E-mail과 음
성메시지까지 주고받을 수 있는 서비스다. 인터넷 분야에도 진출했
고 유동성을 늘리기 위해 99년 12월 주식액면가를 500원으로 분할
했다. 올해 매출은 신규사업 준비로 지난해보다 줄어들어 365억원
에 달할 것으로 추정되고 있다.

한국통신과도 무선 인터넷 메시징서비스(IMS) 분야에 제휴했다.
IMS를 이용해 원격으로 가로등이나 보안등을 제어할 수 있는 서비
스를 개발, 상반기 중 제공할 계획이다.

● 자네트시스템

개 황	대 표	고시연
	설 립 일	1987. 4. 24
	상장(등록)일	1997. 1. 23
영업내용	분 야	모뎀, 전송장비 생산
	자 본 금	31억 5,000만원
주요주주	고시연, 오영애, 고정우	

✓ 주가추세선

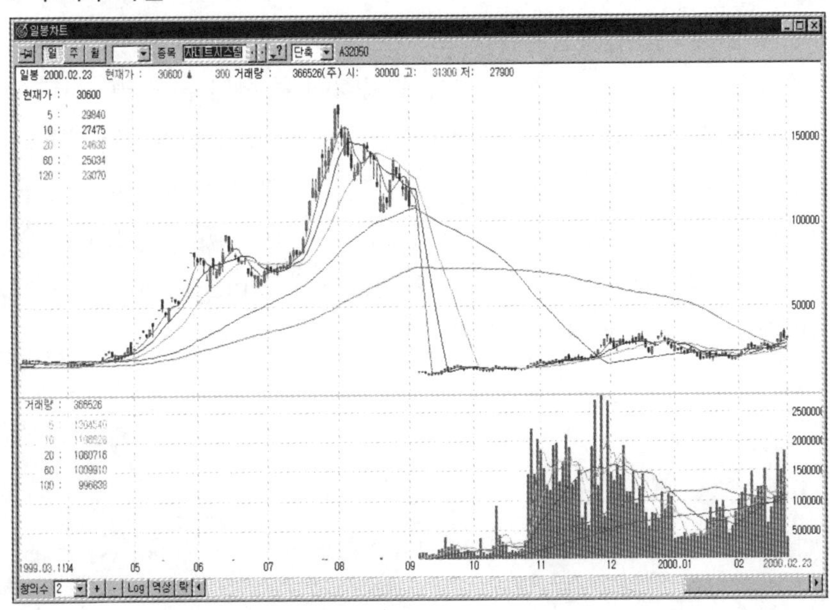

제공 : 한경닷컴

PC통신과 인터넷, 이동전화의 보급확대로 관련 장비생산이 크게 증가하고 있다. 99년 매출은 664여억원, 순이익은 30억원에 달했다. 전년대비 매출은 61.3%, 순익은 무려 782%가 늘었다. 지난해 폭발적으로 늘어난 인터넷 이동전화 쪽의 덕을 많이 봤다. 회사측은 올해 매출 1,500억원, 순익 97억원을 잡고 있다.

유선모뎀 생산에서 출발한 주력 생산품을 유무선, 인터넷 등 초고속통신 장비 쪽으로 전환한다는 전략에 따른 전망이라고 한다. 올 하반기쯤 IMT-2000 응용 단말기인 무선인터넷 PDA와 첨단 광전송장비인 FLC, DSLAM을 출시할 계획이다. 인터넷 위성수신카드와 수신장비 수출에도 기대하고 있다. 지난해 증자와 전환사채발행 등으로 유보자금 200억원을 확보했다. 올 3월 정기총회에서 유·무상증자를 실시할 계획이다. 신주배정 기준일은 3월 15일. 증자비율은 유상 15%, 무상 70%이며 유상신주 할인율은 30%이다.

증권회사가 이례적으로 적극매수(strong buy) 추천을 낼 정도로 성장세가 기대되고 있다. 경쟁업체들과 외국업체의 국내시장 진입에 따른 경쟁을 어떻게 극복해나갈 지가 관심을 끌고 있다. 65억원을 출자해 위성인터넷을 통해 각종 콘텐츠와 서비스를 제공하는 아이비샛의 활동도 지켜보아야 할 것 같다.

개 황	대 표	차현배
	설 립 일	1991. 5. 11
	상장(등록)일	1997. 11. 10
영업내용	분 야	PC 주변기기 및 인터넷 사업
	자 본 금	42억원
주요주주	차현배, 차현석, 장정수	

✓ 주가추세선

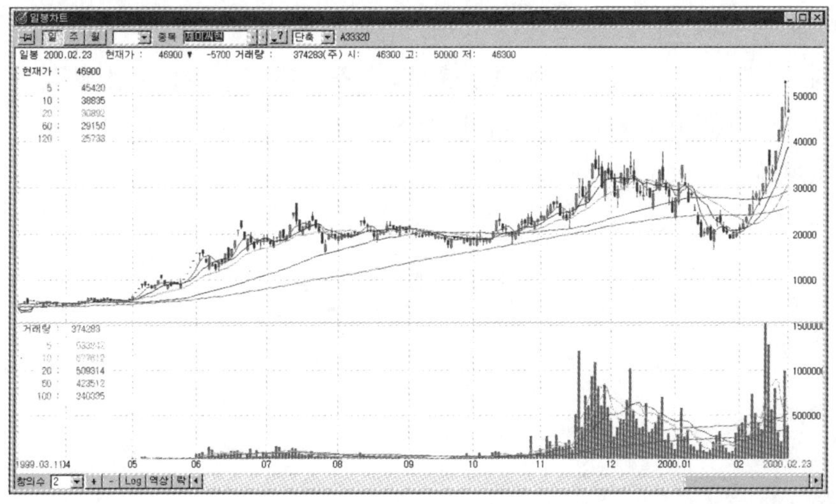

제공 : 한경닷컴

올해부터 네트워크 및 디지털 관련 사업을 대폭 강화해 나가고 있다. 99년까지는 PC주변기기 및 인터넷 사업호조로 매출이 크게 늘었다. 가상사설망(VPN), 디지털 셋톱박스 생산도 활발히 하고 있다.

　98년 매출 427억원, 순익 25억 4,000만원을 올렸다. 99년에는 1,040억원 매출에 순익 40억원을 달성한 것으로 추정된다. 98년 대비 매출 143%, 순익 60% 가까이 증가했다. 2000년에는 매출 1,600억원, 순익 160억원을 잡고 있다.

　디지털사업 부문에서 200억원의 신규매출을 올리고 인터넷서비스공급 부문인 엘림네트 매출도 99년 60억원에서 올해 210억원으로 보고 있다. 인터넷 이용자가 크게 증가하고 있기 때문이다. 주력사업인 PC기반의 멀티미디어 사업에서 1,000억원, 네트워크 쪽에서 매출 75억원 등을 세워놓고 있다.

　99년 상반기 1,250만달러의 해외전환사채 발행으로 인터넷 전국망 확대와 차세대 인터넷 종합솔루션부문, 디지털기기 사업에 대한 투자재원을 마련했기 때문이다. 무상증자 실시방침도 내부적으로는 확정해놓고 있다.

개 황	대 표	김만식
	설 립 일	1989. 10. 13
	상장(등록)일	1999. 8. 11
영업내용	분 야	위성방송수신기, 차량오디오 앰프
	자 본 금	25억원
주요주주	김만식, 김일환	

✓ 주가추세선

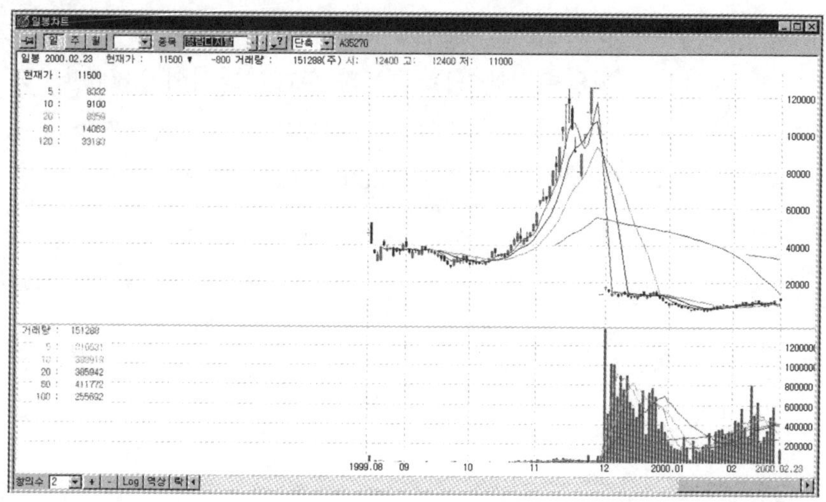

제공 : 한경닷컴

　　국내보다 해외에 더 잘 알려져 있다. 창업 이후 카오디오 앰프와 위성방송 수신기(SVR)를 세계 38개국에 수출해 왔기 때문이다. 생산제품의 90%를 수출하고 있다.

카오디오는 미국과 유럽지역, 위성방송 수신기는 중동지역이 주력 시장이다. 처음엔 OEM방식으로 수출했으나 95년 캘리버라는 독자브랜드를 내놓았다. 중고가 SVR의 경우 중동시장에서 30%를 점유하고 있다.

1999년 하반기엔 세계에서 가장 작은 위성방송 수신기를 개발했다. 기존의 4분의 1 크기다. 99년 중 매출 390억원, 순익 35억원을 낸 것으로 추정된다. 올 정기주총에서 소액주주에 대해 현금 30% 배당을 결의했다. 유무상 증자도 계획하고 있다.

작년 하반기부터 케이블TV 네트워크, 차량용 MP3 플레이어 개발을 추진중이다. 연말경 인터넷 소프트웨어 개발업체인 웹패턴테크놀로지에 6억 5000만원을 출자해 인터넷사업에도 진출했다.

올해 들어서는 아랍에미레이트의 삼라 트레이딩사와 1,800만달러어치의 위성방송 수신기 수출계약을 체결했다. 작년 1년 수출 규모보다 500만달러나 많은 물량이다. 2000년 매출은 600억원, 순익은 67억원으로 잡고 있다.

개 황	대　　　표	신윤식
	설　립　일	1997. 9. 23
	상장(등록)일	1998. 11. 11
영업내용	분　　　야	초고속 시내전화사업
	자　본　금	1조 2,000억원
주요주주	데이콤, 삼성전자, SK텔레콤, 두루넷, LG전자	

✓ 주가추세선

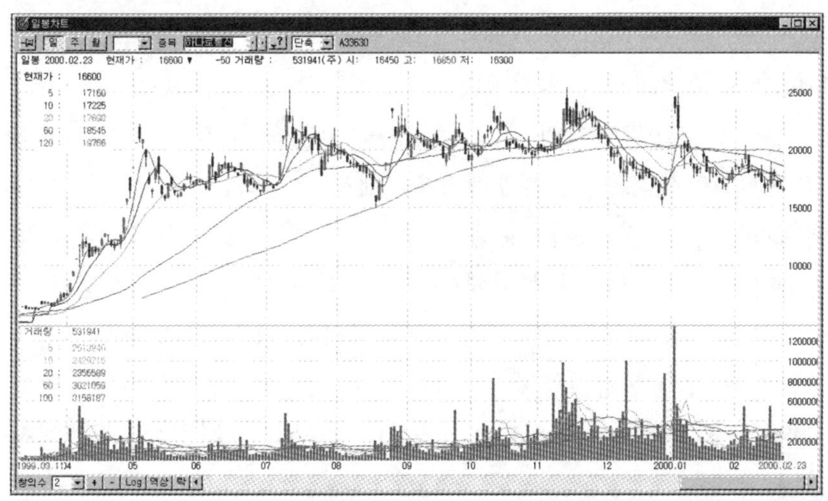

제공 : 한경닷컴

　　초고속 멀티미디어 시내전화 사업자. 99년 4월 1일부터 서울, 부산, 인천, 울산 지역에서 서비스를 시작해 아직 1년이 안되었다. 대전, 광주, 대구, 안양, 수원, 울산, 원주, 광양, 대구, 고양 등 18개 지역에서는 CATV 고속 데이터서비스를 하고 있다.

99년 4월 27일 T3(45Mbps)급 인터넷 국제전용회선을 개통했다. 2000년부터는 무선가입자망(WLL)서비스를 상용화할 계획이다. 2003년까지는 수도권 인접도시와 도청소재지 등 14개 도시로 확대하고 2008년까지는 전국 144개 통화권에서 서비스한다는 계획이다. 지난해 4~12월간의 매출은 215억원이며 ADSL 가입자회선이 18만 8,600여 회선으로 가장 많다.

올해는 음성 매출 682억원, 데이터서비스 매출 1,408억원 외에 전용회선, 구내통신 등을 추가해 99년 대비 2,156억원이 늘어난 2,377억원을 달성할 계획이다. IMT-2000 사업권 획득을 위해 온세통신, 서울이동통신 등 15개 기간통신 사업자들과 제휴해 한국 IMT-2000주식회사를 설립했다.

지난 1월말에는 기업 인터넷시장을 겨냥해 인터넷 데이터센터 사업에 진출했다. 미국 휴렛팩커드사에서 유치하는 1억달러를 투입해 신대방동 동작 종합정보센터 내에 1만평 규모를 갖춰 5월경 설립한다는 계획이다. 이 분야에서 한국통신과 데이콤간의 경쟁이 치열해질 것으로 예상된다. 세계 최대 인터넷 장비회사인 미국 시스코시스템스, 통신장비업체인 루슨트 테크놀로지로부터 각각 1억달러씩을 유치해 초고속 인터넷접속서비스 사업을 강화해 나갈 계획이다.

개 황	대 표	박헌서 회장, 하제준 부회장
	설 립 일	1986. 5. 9
	상장(등록)일	1998. 1. 20
영업내용	분 야	신용카드조회기, 인터넷 사업
	자 본 금	55억 8,000만원
주요주주	박헌서 외 18명	

✓ 주가추세선

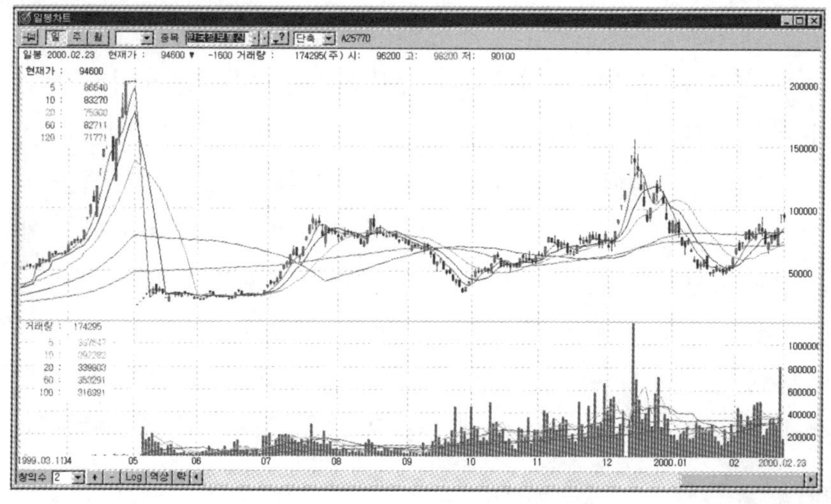

제공 : 한경닷컴

신용카드 조회사업으로 출발하여 점차 부가가치통신망(VAN) 전문업체로, 인터넷부문으로 사업을 확대해 나가고 있다. 인터넷상에서 신용카드로 조회가 가능한 이지캐시 개발로 유명하다.

80년대말까지만 해도 신용카드에 대한 인식부족으로 고전했다. 이후 정부의 신용카드사용 촉진정책과 카드 이용자 및 가맹점이 크게 늘면서 활성화되기 시작했다. 전국적으로 60만개의 가맹점과 1,600만명의 가입자를 확보하고 있고 시장점유율이 60%에 달한다.

이어 부산 하나로 교통카드, 고속버스 승차권 발매시스템 등 VAN 분야 신기술을 잇달아 개발했다. 97년 이후에는 인터넷 분야에 진출, 이지캐시 외에 인터넷 신용카드 조회시스템인 이지페이 디렉트와 기업간 전자상거래(B2B) 지불시스템인 이지 비즈니스를 개발, 상용화했다.

설립자이자 회장인 박헌서 씨는 미국 코넬대 정보통신 공학박사 출신으로 전자통신연구원의 전신인 한국전자기술연구소장을 지냈다. 작년 9월 생활정보 사이트를 중심으로 한 인터넷 서비스 사업에 본격 참여했다. 미국 인터넷 서비스회사인 TMCS와 제휴해서, 도시지역정보, 경매, 중매 등 3개 분야에서 활동하고 있다. 서울 지역에 이어 2000년부터 부산 등 전국으로 서비스를 확대해 나갈 계획이다. 99년 매출은 500억원으로 추정된다. 98년엔 매출 410억원, 순익 15억 1,000만원을 올렸다. 올해에는 매출 631억원, 순익 63억원을 잡고 있다. 작년 12월에는 다음커뮤니케이션, 새롬기술에 이어 주가가 100만원 이상 가는 황제주로 등극, 커다란 관심을 불러일으켰다.

●한솔M.COM(한솔PCS)

개 황	대 표	정의진
	설 립 일	1996. 8. 1
	상장(등록)일	1999. 12. 18
영업내용	분 야	개인휴대통신(PCS) T서비스
	자 본 금	7,837억원
주요주주	BCI 한솔 그룹 AIG	

✓ 주가추세선

제공 : 한경닷컴

한국통신프리텔, LG텔레콤과 함께 PCS사업자로 선정됐다. 작년
말 현재 가입자수는 274만 1,000명. 98년말의 141만 1,000명보다 무

려 94.3%가 증가했다. SK텔레콤을 포함해 5개 이동전화사업자 중 가장 높은 증가율이다. 그러나 총 가입자 수에서는 제일 적다. 99년 매출은 9,060억원으로 추정된다. 올해는 1조 8,333억원에 순익 28억원으로 흑자전환을 전망하고 있다. 6월말 결산이다.

올해 들어 1월 6일 회사명을 변경했다. 단순한 PCS사업에서 진일보해 무선인터넷 선도기업으로 탈바꿈한다는 이미지를 강조해 한솔M.COM(한솔엠닷컴)으로 바꿨다. 지난해부터 한통프리텔에 흡수된다는 소문에 시달려왔다. 1월 25일 한통프리텔이 이동통신업계의 구조조정에 따른 대응전략을 모색중이지만 한솔M.COM과의 합병에 관한 검토 및 협의가 이루어진 사실이 없다고 공시했다. 한솔측도 극구 부인해왔다. 정 사장은 이보다 앞선 1월 16일 정통부 기자실을 찾아 최대주주인 벨 캐나다 인터내셔널(BCI)사의 지분매각설도 사실 무근이라고 해명했다.

한솔은 올해 들어 사명변경에 맞추어 기업간 전자상거래(B2B) 시장에 진출키로 했다. 시리와 제휴를 맺고 상반기 중 국내 종합상사 단말기업체 투자사들을 포함한 컨소시엄을 구성해 무선망을 이용한 기업간 전자상거래 시스템을 구축할 계획이다.

개 황	대 표	이상철
	설 립 일	1997. 1. 3
	상장(등록)일	1999. 12. 4
영업내용	분 야	PCS
	자 본 금	7,133억 1,388만원
주요주주	한국통신, MS, 퀄컴, CDPQ, 효성그룹	

✓ 주가추세선

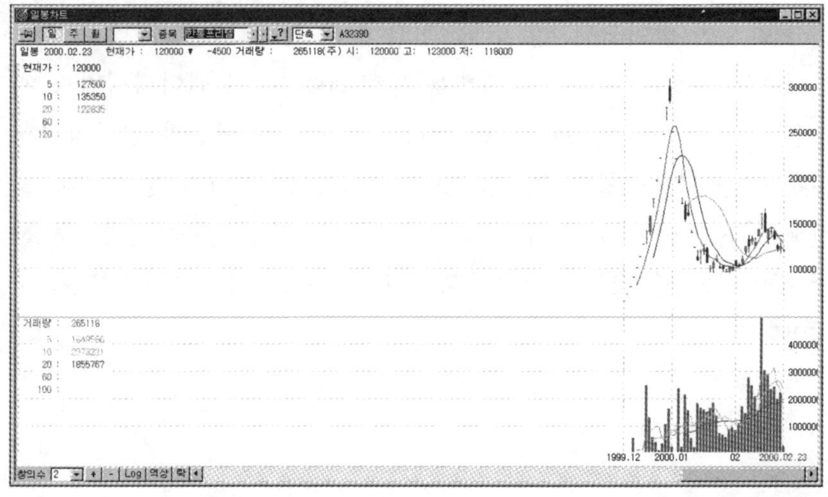

제공 : 한경닷컴

　　99년 중 매출 2조 2,223억원을 기록, 전년대비 155% 증가했다.
단말기 매출을 제외한 순수 서비스 매출액만 1조 4,629억원에 달했다. 사업개시 만 2년만인 작년 10월 약 500억원의 월단위 흑자를 기록했으며 99년 순익은 162억원이었다.

99년말 가입자 수는 427만명. 98년말 대비 192만명이 늘었다. 2000년 매출은 2조 6,000억원, 순이익 2,000억원으로 잡고 있다. 올해 안에 신규가입자 110만명을 늘려 연말까지 가입자 535만명을 확보할 계획이다. 작년 10월부터 유무선 복합 포털서비스와 퍼스넷을 시작했다. 퍼스넷 콘텐츠를 다양화해 가입자를 작년말 40만명에서 올 연말까지 350만명으로 늘릴 계획이다. 또 월정액 무선데이터서비스 가입자도 62만명으로 늘려 무선인터넷 분야의 선두주자로 부상한다는 전략이다.

금년중 나스닥에 등록할 계획으로 있다. 지난해 6억 달러를 유치한 제휴사인 마이크로소프트 및 퀄컴 등과 함께 무선인터넷 분야의 컨텐츠 다양화와 서비스 고속화를 통해 800억원의 데이터서비스 매출을 올릴 계획이다. PCS단말기 하나로 인터넷 서핑과 전자상거래까지 이용하는 종합 무선 인터넷 사업에 치중해 나갈 방침이다. 올 한해 동안 7,800억원을 투자해 서울은 물론 부산, 대구, 인천 등 전국 광역시와 중소도시, 고속도로 등에서 통화품질 1위를 달성할 계획이다.

개 황	대 표	김일환
	설 립 일	1991. 12. 9
	상장(등록)일	1999. 12. 24
영업내용	분 야	PC통신, 인터넷서비스
	자 본 금	275억원
주요주주	한국통신 외	

✓ 주가추세선

제공 : 한경닷컴

    99년 중 누계 가입자가 200만명을 넘어서는 등 PC통신업체로 괄목한 성장을 거듭하고 있다. 지난 92년 서비스를 시작한 지 7년만의 성과다. 작년 매출은 620억원, 순이익은 27억원에 달했다. 올해 매출은 1,100억원으로 잡고 있다. 연말까지 가입자 340만명을 유치할 계획이다.

2000년부터는 수익증대를 위해 인터넷 사업부문 매출을 극대화해나갈 방침이다. 인터넷 쪽에서만 전체 매출의 28%인 330억원을 올린다는 목표다. 2월부터 전자상거래 전용 포털사이트를 운영하고 인터넷 데이터센터와 인터넷 통신망(VPDN) 임대사업을 펼치기로 한 것도 이 때문이다. 올 4월에는 차세대 서비스인 하이텔2000을 내놓고 인터넷과 PC통신간 구분 없는 토털서비스를 제공할 예정이다. 전자상거래와 포털 분야로 쇼핑몰, 인터넷금융, 전자문서교환 등을 적극 개발하고 게임 등 수익성 중심의 전문 포털을 구축, 운영키로 했다.

모기업인 한국통신이 금년부터 중국의 유력 인터넷 서비스 제공업체인 263왕진과 제휴함에 따라 하이텔의 주요 정보를 중국어로 번역해 중국인을 대상으로 서비스할 계획으로 있다. 지난해 12월, 국내 PC통신사로는 처음 코스닥에 등록했고 175대 1의 공모주 청약률을 기록했다. 신입사원 모집에는 무려 667대 1이라는 경쟁률을 보여 높은 인기도를 반영했다.

● 골드뱅크커뮤니케이션즈

개 황	대 표	김진호
	설 립 일	1997. 4. 3
	상장(등록)일	1998. 10. 12
영업내용	분 야	인터넷서비스, 소프트웨어 하드웨어 제조, 금융
	자 본 금	140억 8,554만원
주요주주	김진호, 김영한	

✓ 주가추세선

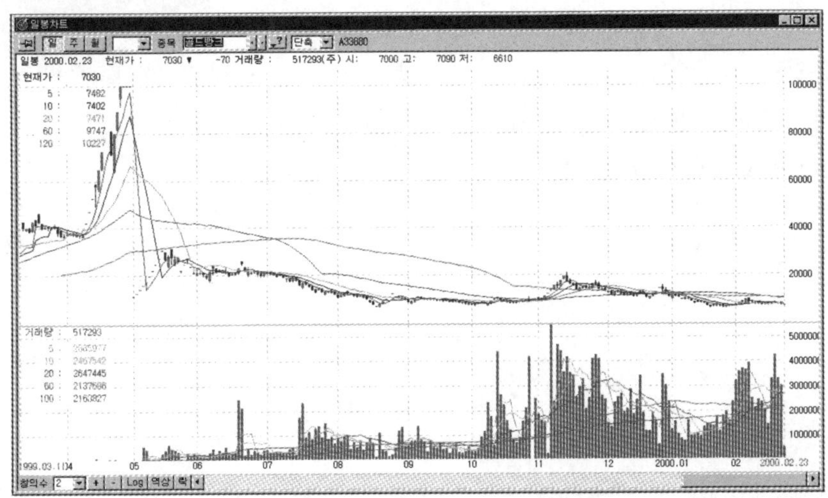

제공 : 한경닷컴

광고를 보면 돈을 준다는 아이디어로 순식간에 100만명이 넘는 인터넷 사이트 회원을 확보했다. 국내기업 최초로 인터넷 공모를 실시하기도 했다.

코스닥시장 활성화에 한몫을 했으며 기업인수에도 탁월한 능력을 발휘하고 있다. 골드신용금고와 프로농구단인 나산농구단을 인수하는 등 16개 기업에 5% 이상의 지분을 출자하고 있다. 그래서 유명 인터넷 및 소프트웨어 회사에 투자하는 지주회사라고 말하는 이도 있다. 골드뱅크에 투자하면서 돈을 벌었다는 소문이 나면서 코스닥에 투자자들이 몰려드는 계기가 마련됐다. 전환사채, 해외전환사채를 싼 값에 대규모로 발행한 뒤 이 자금으로 기업인수를 했다고 한다. 주가조작설에 휘말려 국정감사에서 곤욕을 치르기도 했다. 99년 매출은 120억원에 20억원의 순익을 낸 것으로 추정된다.

인터넷 포털 회원들은 130만명으로 금년 상반기 중 30만 회원에게 자회사인 골드상호신용금고에서 500만원 한도의 마이너스 대출통장을 발급하는 등 더 많은 고객잡기에 열을 올리고 있다. 회원수가 곧 인터넷 업체의 가치라는 인식을 강하게 갖고 있다고 할 수 있다. 올해에는 매출목표를 500억원으로 잡고 있다.

개 황	대 표	권혁준
	설 립 일	1966. 10. 27
	상장(등록)일	1995. 12. 16
영업내용	분 야	디지털위성방송 수신기 제조
	자 본 금	96억 8,500만원
주요주주	아세아시멘트 외	

✓ 주가추세선

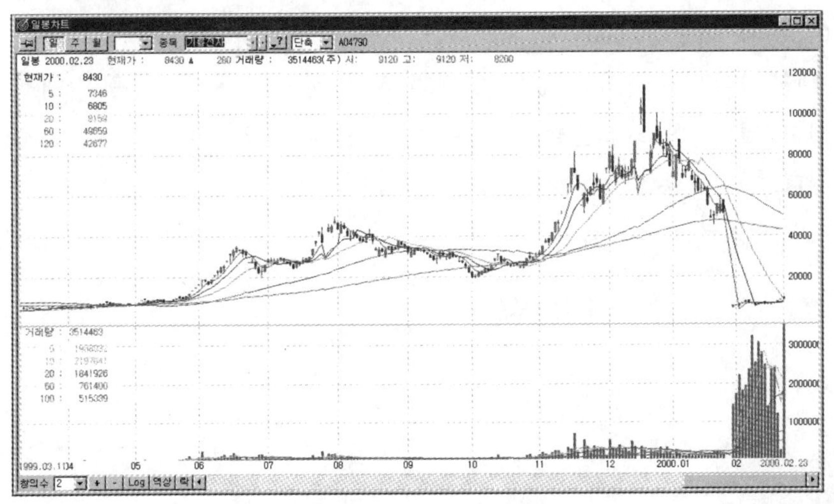

제공 : 한경닷컴

인공위성용 방송수신기 및 관련기기 전문 생산업체다. 전기 전자
부분품도 만든다. 작년 10월에는 미국, 일본, 유럽 등지에 디지털

무선전화기 30만대(1,700만달러어치)를 수출키로 해 주목을 끌었다. 12월에는 유럽금융시장에서 1000만달러어치의 전환사채를 발행, 위성방송 관련 장비제조와 차세대 이동통신인 IMT-2000 연구개발에 투자하기로 했다. 99년 매출은 451억원, 순익 21억 6,000만원을 낸 것으로 추정된다.

올해부터는 인터넷 TV사업을 본격화할 계획이다. 연초 들어 인터넷 TV단말기 개발업체인 홈TV인터넷과 지분참여 등을 포함한 포괄적인 전략적 제휴를 했다. 홈TV인터넷의 주식 4만주(지분율 21.6%)를 12억원에 취득한 것도 이런 이유 때문이다. 인터넷TV 사업을 위해 분당, 일산 등 신도시에 있는 기업이나 공공기관 등을 대상으로 인터넷TV 셋톱박스(위성방송 수신기)를 공급할 계획이다. 이 분야 매출만 400억원 이상으로 잡고 있다. PC처럼 인터넷까지 불편 없이 사용할 수 있는 인터넷TV 셋톱박스 보급에 큰 기대를 걸고 있다. 올해에는 매출 557억원에 순익 44억원을 목표로 하고 있다.

● 기산텔레콤

개 황	대 표	박병기
	설 립 일	1994. 9. 6
	상장(등록)일	1999. 11. 16
영업내용	분 야	이동통신, 초고속통신용 광모듈, 중계기 생산
	자 본 금	32억 5,000만원
주요주주	동원창투, 한국종합기술금융	

✓ 주가추세선

제공 : 한경닷컴

이동전화용 광모듈 생산업체로 출발해 인터넷 등 초고속통신용 전송장비 개발도 한창이다. 국내 이동전화 가입자 증가와 함께 성장해 왔다고 할 수 있다. 지난 95년 SK텔레콤의 PCS기지국 제어기, 97년 데이콤의 WLL(무선가입자망) 시스템 등의 개발에 참여하면서 뛰어난 기술력이 돋보였다. 국내 광모듈시장의 70%를 점유할 정도다. 무선통신상의 혼선과 울림방지 제거장치(에코 캔슬러)시장에선 미국 루슨트 테크놀로지사와 시장을 양분하고 있다. 99년에는 이들 제품과 건물 내 중계기 등의 판매 호조로 매출 327억원을 올렸다. 순익은 77억원에 달했다.

올해에는 광모듈도 기존의 2파장 제품보다 가격이 2～3배 높은 3파장, 4파장 제품을 개발, 판매에 나선데다 중계기, 초고속인터넷 서비스용 케이블모뎀 판매 등으로 지속적인 매출확대가 예상되고 있다. 올해 매출은 673억원, 순익 113억원을 잡고 있다. 특히 정부가 올 연말 선정할 IMT-2000사업자에 필요한 RF시스템 등도 때맞춰 출시하려고 준비하고 있다.

개 황	대 표	김성현
	설 립 일	1994. 7. 28
	상장(등록)일	1999. 11. 23
영업내용	분 야	인터넷 전자상거래시스템 구축, SI사업
	자 본 금	35억 5,000만원
주요주주	김성현, 이상현, 이재준	

✓ 주가추세선

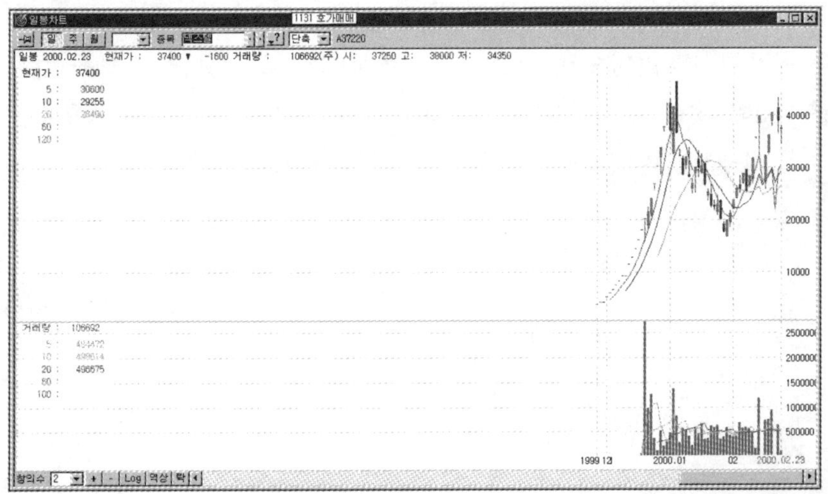

제공 : 한경닷컴

코스닥등록 때 공모주 청약률이 평균 153.8대 1을 보여 주목을 끌었다. 인터넷 서비스 제공과 전자상거래 호스팅, 전자상거래 시스템 구축 및 시스템 통합 사업이 주류다.

작년 3월 웹을 기반으로 한 지리정보시스템인 넥스트맵을 개발했다. 이 제품은 한 대의 컴퓨터에 설치하면 인터넷이나 인트라넷을 이용해 여러 사람이 동시에 정보를 공유하게 하는 것.

미국 통신사업자인 MCI가 넥스텔 인수를 추진중이라고 작년 4월 월스트리트 저널이 보도해 화제가 되기도 했다. 초고속 인터넷 전용선 장비인 라우터장비는 개인용 초고속 인터넷 서비스인 ADSL 방식과 달리 SDSL(대칭디지털가입자회선) 방식에서 사용되는 장비로 기업들이 활용할 수 있다. 이 장비를 쓰면 별도의 전용선 모뎀과 LAN(근거리통신망) 장비 없이도 네트워크를 구성, 인터넷 서비스를 받을 수 있다고 한다. 99년 매출은 80억원, 순익은 9억원으로 추정된다. 매출이 전년대비 150% 증가한 것이다. 올해에는 매출 목표를 150억원으로 잡고 있다. 한국IBM, 삼성그룹, 정보통신부 등 100여 곳에 웹사이트를 구축해 주기도 했다. 삼성물산, 농협 등에 인터넷 및 전자상거래 시스템도 구축했다.

● 다우데이타시스템

개 황	대 표	최헌규
	설 립 일	1992. 6. 10
	상장(등록)일	1999. 12. 18
영업내용	분 야	정보처리 및 소프트웨어 유통
	자 본 금	45억원
주요주주	김익래, 김학순	

✓ 주가추세선

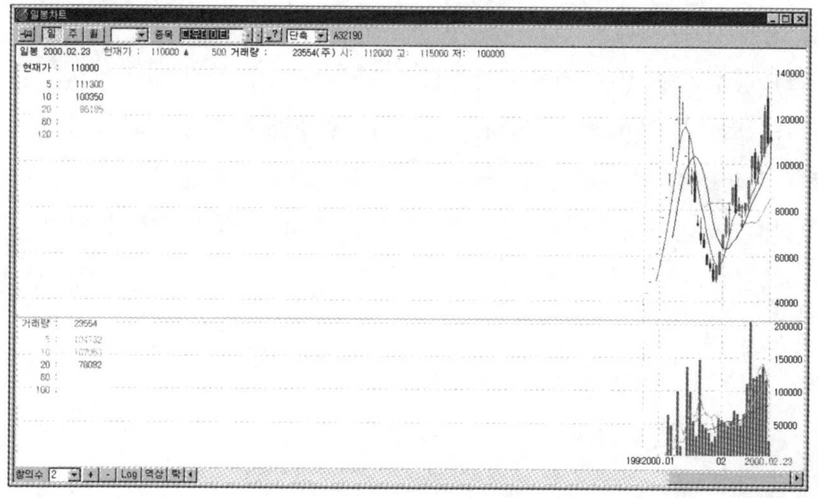

제공 : 한경닷컴

증시를 이끌어가는 다우기술의 계열사다. 소프트웨어 유통사업으로 출발했다. 지금은 단순한 제품 공급을 넘어 토털솔루션 정보기술업체로 성장했다. 마이크로소프트, 컴팩, LG IBM, 시만텍, 안철수 컴퓨터바이러스 연구소 등과 총판계약을 맺고 있다. 전국 450여 개 협력업체에 소프트웨어와 솔루션을 공급하고 있다. 올해말까지 600여 개로 늘릴 계획이다. 지난해 매출은 전년대비 260% 증가한 640억원으로 추정되며 그 90%를 소프트웨어 판매로 이뤘다. 98년 적자에서 반전, 순익 25억원 정도가 예상된다.

작년 7월 소프트웨어 전문 포털사이트인 e-soft를 구축, 인터넷 사업에 진출했다. 종합 포털사이트와는 달리 유통업체로서 소프트웨어 분야인 니치마켓을 겨냥한 것이다. 작년 연말에는 교육용 소프트웨어 개발업체들의 공식 쇼핑몰로 운영되고 있는 솔빛의 인터넷 쇼핑몰 베스트소프트웨어를 인수했다. 이 쇼핑몰을 e-soft에 통합 운영키로 했다.

IT(정보기술)전문 마케팅기업으로 발돋움하기 위해 각종 기술 및 교육사업에도 주력하고 있다. 작년 8월 원광대학교 정보과학대학원 서울캠퍼스를 운영하는 협약식도 가졌다. 2002년 매출 목표를 1,500억원, 경상이익 120억원으로 잡고 있다. 그때쯤 상장기업이 된다는 게 목표다.

개 황	대 표	이재웅
	설 립 일	1995. 2. 16
	상장(등록)일	1999. 11. 11
영업내용	분 야	인터넷 포털서비스
	자 본 금	60억원
주요주주	이재웅, 이택경, 데이콤	

✓ 주가추세선

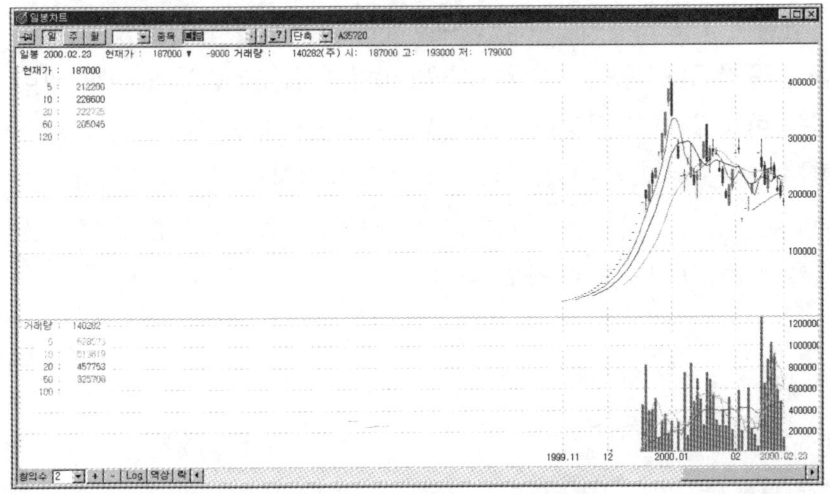

제공 : 한경닷컴

　　지난해 코스닥에서 가장 주목을 끈 업체다. 인터넷 포털서비스 제공업체로 전자상거래와 증권뉴스, 경매서비스 등을 제공, 해외기업과 경쟁할 수 있는 기업으로 꼽힌다. 신규등록 후 연속 상한가 행진을 벌여 새롬기술을 제치고 코스닥 주가 최고 기업으로 부상했다. 무료 전자우편서비스를 시작하면서 인터넷 서비스의 생명이라 할 수 있는 가입자 유치에 발벗고 나섰기 때문이다. 현재 회원은 500만명. 국내 인터넷 사용 인구가 700만~1,000만명으로 추산되고 있어 회원수의 파워를 알 수 있다.

올해 들어서는 국내는 물론 해외에 개설된 한글 홈페이지를 검색해주는 서비스에 들어갔다. 독일 베텔스만의 자회사인 파이어볼과 공동으로 전세계 한국어 인식 검색엔진인 다음파이어볼을 개발했기 때문이다. 베텔스만은 이 회사에 지분 참여를 하고 있는 세계 3위의 미디어 그룹이다.

올들어 1월 14일에는 100% 무상증자를 실시한다고 밝혔다. 자본금은 종전보다 배로 늘어났다. 2월 10일부터 네티즌들이 직접 인터넷을 이용해 여러 항공사의 항공권 가격을 비교한 후 싼 값에 예매할 수 있는 해모스 서비스를 시작했다. 자회사인 투어익스프레스가 이같은 서비스 시스템을 개발했기 때문이다. 99년 매출은 65억원. 올해에는 200억원으로 잡고 있다.

개 황	대　　　표	김형순
	설　립　일	1990. 7. 20
	상장(등록)일	1999. 12. 4
영업내용	분　　　야	컴퓨터 전화통합 지능형 통신솔루션
	자　본　금	51억 6,700만원
주요주주	김형순, JE Electr, 산은캐피탈	

✓ 주가추세선

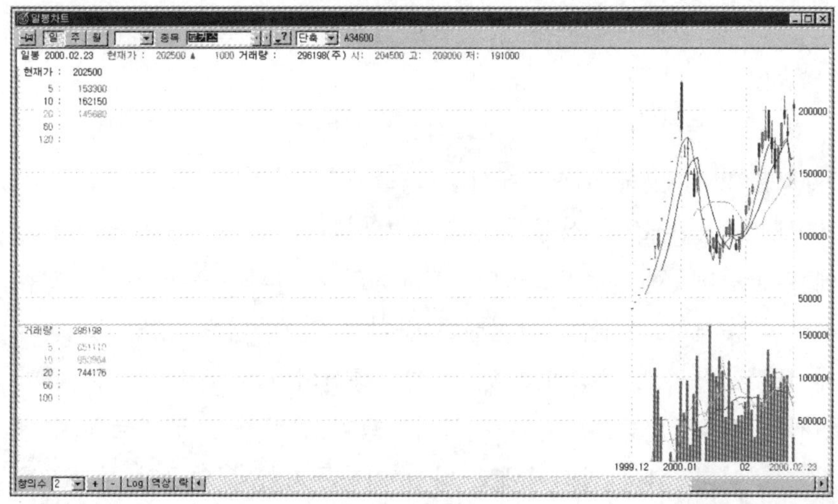

제공 : 한경닷컴

　콜센터와 VMS(음성사서함시스템)로 국내 CTI(컴퓨터전화통합) 시장을 석권하다시피 하고 있다. SK텔레콤, 하나로통신, 데이콤 등

통신사업자와 현대증권, 삼성증권 등 금융기관의 콜센터를 구축했다. 99년 CTI매출만 350여억 원. 98년 전체매출 262억원을 넘는 규모다. 99년 총매출은 570억여 원, 순익은 60억원에 가까운 것으로 추정된다. 올해에는 1,200억원 이상, 순익은 160억원 이상 될 것으로 예상하고 있다.

CTI사업 외에도 투넘버서비스, 평생번호서비스 등 부가통신서비스도 개발, 이동전화사업자 등에 제공하고 있다. 작년말에는 전화가입자가 전화로 광고를 들으면 2~3분간 무료통화를 할 수 있는 광고전화 솔루션을 일본 국제전신전화에 수출했다. 지난 90년 자본금 1,000만원으로 창업해 8년만에 기업가치를 600억원으로 키웠다고 해서 유명하다. 작년 1월에는 영국 플레밍그룹의 자회사인 자딘플레밍일렉트라에 주식매각 조건으로 1,600만달러를 유치해 주목을 받았다.

코스닥 등록을 위한 공모가격은 액면가(500원)의 66배인 3만 3,000원에 달했다. 코스닥에서 신화를 이루었다는 평가를 받는다. 2001년 미국 나스닥 상장을 계획하고 있다. 올들어서는 인터넷부문에 진출했다. 웹 호스팅, 인터넷TV 등의 사업과 통합메시징시스템 사업에 주력하고 게임 등 콘텐츠 분야와 연예, 가요, 교양 등 엔터테인먼트 사업도 구상하고 있다. 한국통신의 114 서비스, 데이콤의 인터넷 전화, 한솔M닷컴의 선불시스템과 관련한 프로젝트를 수행할 계획이다. 회사 알리기에도 나서 기관투자가와 외국인 투자자들에 대한 투자설명회와 해외로드쇼 등을 계획중이다.

개 황	대 표	문승열
	설 립 일	1992. 9. 28
	상장(등록)일	1999. 12. 4
영업내용	분 야	멀티미디어 통신제품 생산
	자 본 금	43억 3,691만원
주요주주	문승열, 김만수	

✓ 주가추세선

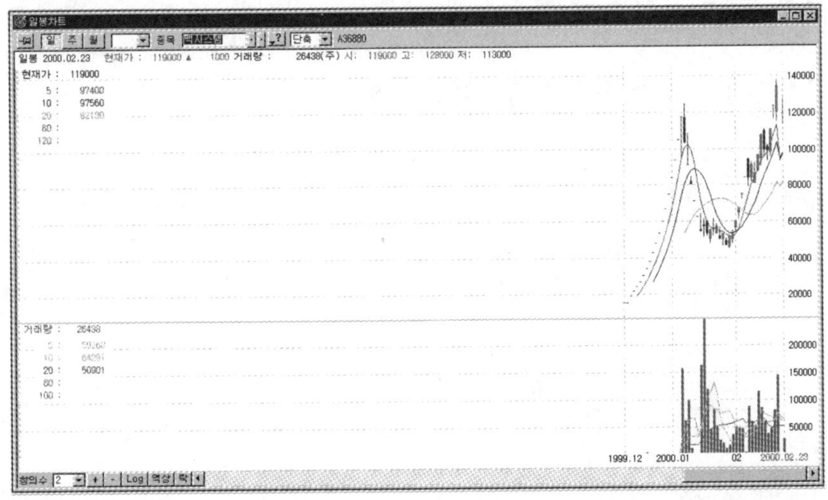

제공 : 한경닷컴

　　전자상거래가 점차 활성화되면서 주력제품인 PC통신용 모뎀의 매출이 늘고 있는 추세다. 세계적 컴퓨터업체인 휴렛팩커드에 20여

만 대를 납품했다. 이머신즈, 대우통신, KDS에도 납품하고 있다. 삼
성전자에도 납품한다는 계획이다. 이에 앞서 지난 98년에는 SOHO
용 자동전화교환기 프로 리셉션을 개발, 캐나다 뱅크소프트사에
2000년까지 1,000만달러어치 수출계약을 맺었다.

　ADSL모뎀과 이메일폰도 생산하고 있다. 국내 최초로 노트북용
모뎀인 PCMCIA를 개발했다. 99년중 360억원 매출에 12억원의 순
익을 냈다. 98년에는 매출 153억원, 경상이익 1억원이었다. 매출이
136% 증가했다. 올해는 매출 600억원 이상에 순익 40억원을 목표
로 하고 있다. 1월 한달 매출이 60억원에 달할 정도로 수요가 증가
하고 있다. 안산공장의 모뎀 생산규모를 월 40만대에서 60만대로
늘렸다. 연 생산능력이 700만대 이상으로 확대됐다. 올들어 영업이
활발히 전개되고 있어 자금조달을 위해 유상증자를 계획하고 있다.
무상증자를 병행하는 것도 검토중이다.

개　　황	대　　　표	서지현
	설　립　일	1994. 8. 1
	상장(등록)일	2000. 1. 11
영업내용	분　　　야	유무선 인트라넷 생산
	자　본　금	23억원
주요주주		서지현, 아리랑구조조정기금

✓ 주가추세선

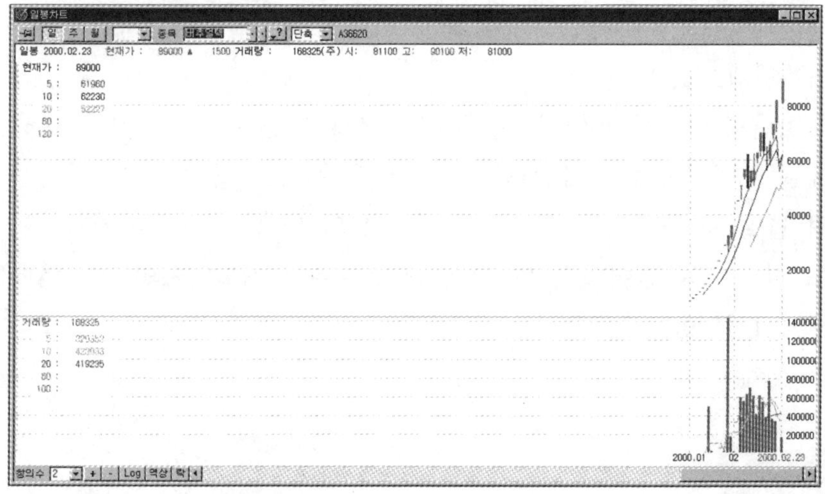

제공 : 한경닷컴

　인터넷을 기반으로 한 그룹웨어 개발업체. 95년 인터넷 기반의 사내통신망(인트라넷)용 인트라웍스를 개발했다. 99년에는 일본어

판 Intra2000도 만들었다.

지난해 중소기업진흥공단, 동부건설 등 200여 개 업체에 인트라넷 소프트웨어인 인트라웍스를 공급했다. 서울 마포구에 건설된 태영아파트에도 이 제품을 구축했다. 영문판 조이데스크를 개발해 작년 10월부터 3개월 동안 미국 등 70여 개 인터넷서비스 사업자에게 100만달러어치를 수출했다.

올들어서도 나스닥 기업인 아이몬닷컴, 텔레모빌닷컴 등에 판매했다. 올해는 전체 수출액의 50%를 미국시장에 내보낼 계획이다. 최근에는 이동전화를 통해 인터넷을 이용할 수 있도록 해주는 서버를 개발, SK텔레콤에 납품했다. 이와 관련한 소프트웨어도 개발했다. 미국의 5대 통신업체 중 한 곳에 무선인트라넷 솔루션 납품을 적극 추진중이다. 지난해 9월 회사 이름을 버추얼아이오시스템에서 버추얼텍으로 바꾸었다.

지난해 매출은 40억원, 순익은 7억 4,000만원으로 추정된다. 올해에는 85억원의 매출에 23억원의 순익을 목표로 잡고 있다. 지난 1월 11일 코스닥 시장에 등록한 이후 15일 연속 상한가를 기록하기도 했다. 2월 들어서는 의료관련 소프트웨어 개발업체인 버추얼메드에 1억원을 출자했다.

개 황	대 표	조현정
	설 립 일	1985. 4. 18
	상장(등록)일	1997. 7. 4
영업내용	분 야	소프트웨어개발, 컴퓨터주변기기 생산
	자 본 금	17억 5,000만원
주요주주	조현정, 신현미, 증권예탁원	

✓ 주가추세선

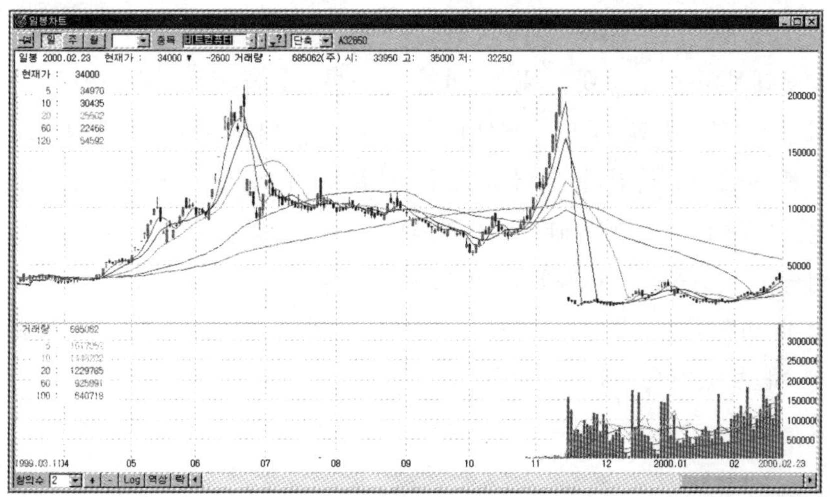

제공 : 한경닷컴

　　조현정 사장이 작년 12월말 현금 20억원을 출자해 학술장학재단
을 설립키로 해 화제를 모았다. 벌었으니 남을 위해 쓴다는 뜻에서

다. 처음에는 의료용 소프트웨어 개발업체로 출발했다. 소프트웨어 개념이 널리 알려지기도 전에 세워진 벤처기업이다. 그러나 창업 이래 한번도 적자를 낸 적이 없다.

국내 최대의 의료용 소프트웨어 및 의료정보시스템 전문업체로 발돋움했다. 98년 매출이 113억원, 순익은 12억원이었다. 99년에는 매출 163억 8,000만원을 올렸다. 순익은 31억 6,000만원에 도달했다.

95년 인터넷사업에 진출했다. 인트라넷 솔루션, 지식관리시스템, 전자상거래 솔루션 등을 개발해 하나은행, 삼성반도체, 서울대병원 등에 공급했다. 작년엔 총매출의 37%를 인터넷 쪽에서 올렸다. 작년 9월엔 유동성이 떨어진다는 지적에 따라 액면분할을 실시해 액면가 5,000원을 500원으로 낮췄다.

올해부터는 인터넷을 통한 의약품 유통사업을 벌일 계획이다. 가상병원 원격진료 등도 선보일 예정이다. 인터넷 CMS(크레딧카드 지불 시스템) 사업과 인터넷 명함 사업을 새로 시작한다. 서울, 부산, 광주에 비트교육센터를 세워 외국어에 능숙한 학생들에게 정보기술(IT) 교육도 제공한다. 새로운 운영체제인 리눅스사업도 적극 펼칠 방침이다. 올해는 매출 236억원, 순익 54억 8,000만원을 목표로 하고 있다.

개 황	대　　　표	오근수
	설　립　일	1992. 1. 15
	상장(등록)일	1999. 8. 25
영업내용	분　　　야	컴퓨터 전화통합 시스템 생산
	자　본　금	22억원
주요주주	산업은행, 삼보컴퓨터	

✓ 주가추세선

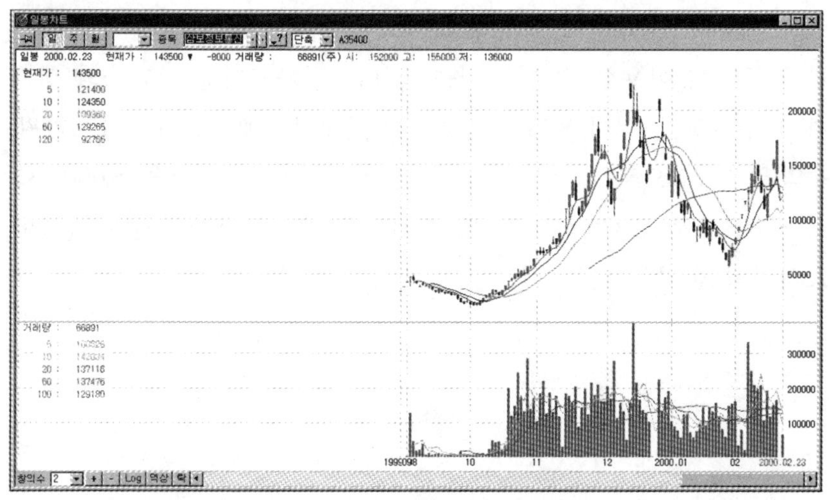

제공 : 한경닷컴

　　음성자동응답시스템(ARS) 공급으로 출발했다가 지난해부터 지능
망 장비와 인터넷 분야로 사업영역을 확대하고 있다. 컴퓨터 전화

통합(CTI) 사업도 활발하다.

홈 네트워킹 관련 원천기술을 보유하고 있는 미국 터트시스템의 가입자 고속 데이터 서비스 장비를 국내에 공급하고 있다. 전화선을 통한 고속 데이터 통신 솔루션을 앞세워 멀티PC 환경의 가정, 아파트 등과 오피스빌딩을 대상으로 영업을 강화했다.

두루넷, 드림라인 등에 초고속 인터넷 시스템을 구축하고 있다. PC내장형 케이블모뎀 사업도 벌이고 있으며 네트워크 음성통신 사업도 계획하고 있다. 대주주였던 삼보컴퓨터가 주식을 팔고 떠났다고 해 소액주주들의 불만을 사기도 했다.

올들어서는 지난 1월 미국 이소프트와 국내공급자 계약을 맺고 리눅스 기반의 인터넷 네트워크 구축사업에 착수했다. 또 사이버링크와 제휴해 전화선으로 최대 20메가바이트의 초고속 인터넷과 전화를 동시에 이용할 수 있는 초고속 디지털가입자망(VDSL)의 상용화를 추진하고 있다. 99년 매출은 전년대비 70% 증가한 176억원, 순익은 7억원으로 추정된다. 3월 열릴 주총에서 액면을 5,000원에서 500원으로 분할, 의결할 계획이다. 올해에는 182억원의 매출에 72억원의 순익을 올릴 것으로 예측되고 있다.

개 황	대 표	김규명
	설 립 일	1979. 9. 12
	상장(등록)일	1997. 1. 7
영업내용	분 야	광가입자 전송시스템 생산
	자 본 금	39억 4,000만원
주요주주	채건식, 임병우, 김규명	

✓ 주가추세선

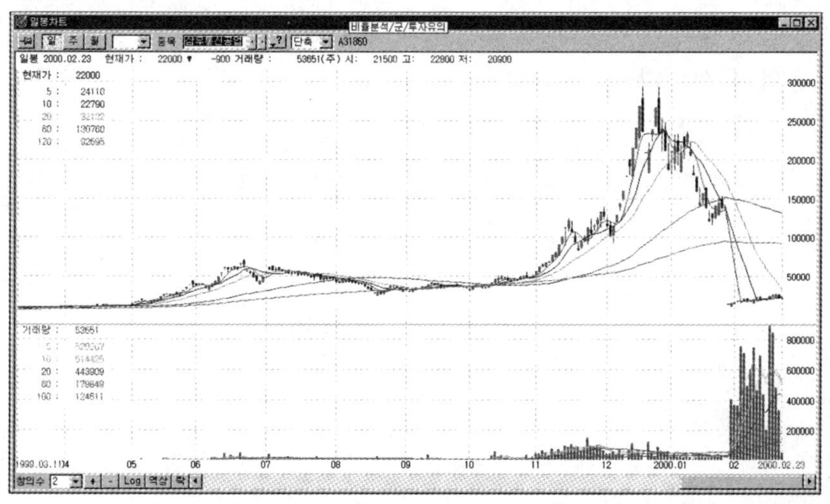

제공 : 한경닷컴

　　한국통신에 전용회선 및 디지털전송로 집중운용 보전시스템을
공급하면서 출발했다. 94년 발신전용 휴대전화(CT-2)사업 장비공급

자로 선정돼 성장하기 시작했다.

98년 PCS(개인휴대통신)서비스 등장 이후 어려움을 겪었으나 곧바로 광통신 장비로 눈을 돌려 재도약하기 시작했다. 광전송 장치와 광가입자 전송장치(FLC)가 전체 매출의 80%를 차지하고 있다. FLC는 광통신망을 통해 음성, 문자, 영상 등 각종 정보를 전달하는 장비.

작년에 하나로통신에 광통신장비를 공급, 매출이 크게 늘어나 520여억 원에 달했다.

올해에는 한국통신에도 광통신장비를 공급하게 될 것으로 기대하고 있다. 초고속 인터넷 기반 장치 쪽에 치중해 나갈 계획이다. 차세대 데이터 전송 및 저장장치 개발을 서두르고 있다. 올해 매출은 700여억 원. 50억원 이상의 순이익을 낼 것이라는 게 애널리스트들의 분석이다.

개 황	대 표	오상수
	설 립 일	1994. 8. 5
	상장(등록)일	1999. 8. 11
영업내용	분 야	컴퓨터 및 인터넷 소프트웨어
	자 본 금	66억 5,543만원
주요주주	오상수, 최환익, 오정태, 신한창업투자	

✓ 주가추세선

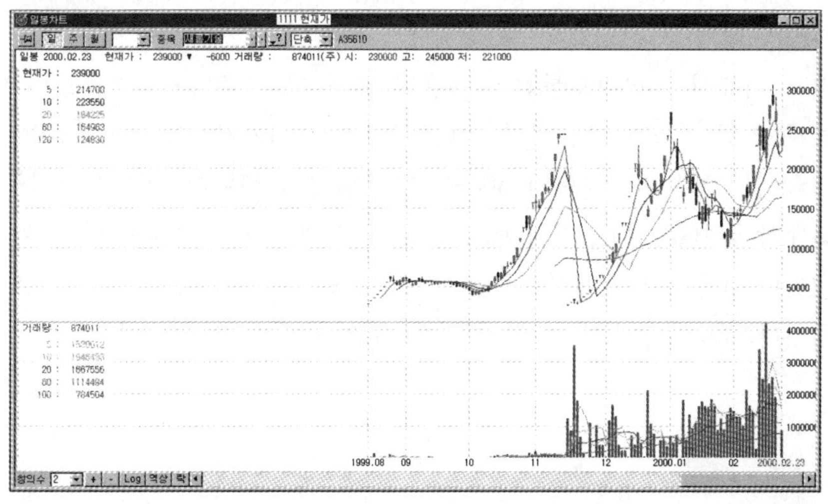

제공 : 한경닷컴

코스닥에 인터넷 주 열풍을 일으킨 주인공이다. 등록 후 4개월 동안 주가가 90배나 뛰었다. 코스닥의 최고 히트 종목이라고 할 수 있다. 영화배우 박중훈 씨가 이 회사 주로 큰 돈을 벌었다고 해 화제를 일으켰다.

작년 9월에는 600만달러 규모의 외자유치에 성공해 주목을 받았다. 삼성그룹이 2대주주로 지분 참여해 화제를 일으켰다. 코스닥 등록 이전까지 PC통신 및 인터넷 접속을 지원하는 소프트웨어와 고속모뎀을 생산해왔다. 작년 하반기부터 인터넷 서비스와 솔루션 중심의 인터넷 종합서비스업체로 전환하고 있다. 초고속 인터넷 접속 하드웨어 분야 진출도 계획하고 있다. 98년 매출은 138억원, 순익은 1억 7,200만원이었다. 99년 매출은 261억원, 순익은 11억원에 달했다.

작년 10월 미국을 중심으로 세계 최초로 무료 인터넷 전화서비스(다이얼패드)를 시작하여 두 달만에 150만 명의 가입자를 확보했으며 국내에서도 하나로통신과 제휴해 새해초부터 같은 서비스를 제공하고 있다. 2월 중순까지 국내 가입자가 112만명으로 늘어났다. 미국 및 국내 가입자수가 500만 명을 넘어선 셈이다. 연말까지 통화대상 국가를 일본, 싱가포르, 홍콩 등 10개국으로 확대해 나갈 계획이다. 3월 2일을 배정기준일로 100~300% 무상증자를 실시할 방침이다. 올해는 매출 659억원, 순익 47억원으로 잡고 있다.

개 황	대 표	임영식
	설 립 일	1992. 2. 7
	상장(등록)일	1996. 5. 30
영업내용	분 야	무선호출기, PCS · GSM 단말기 제조
	자 본 금	75억 4,000만원
주요주주	임영식, 한국종합기술금융, 손진현	

✓ 주가추세선

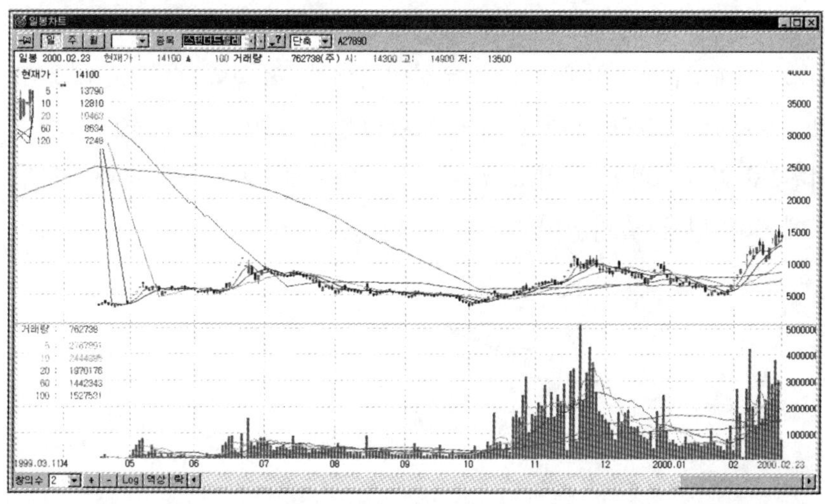

제공 : 한경닷컴

무선호출기, 유무선전화기, 이동전화 등 통신기기 전문 제조업체.
95~97년 무선호출시장이 한창 뜰 때 닉소 브랜드 호출기로 성장

의 기틀을 확보했다. 이후 이동전화에 밀려 시장이 축소되자 중국, 미국 등지에 수출하여 활로를 모색했다. 95년에 미국 실리콘밸리에 닉소테크놀로지 연구소를 설립, 600만달러 이상을 투자해 이동통신용 반도체 개발에 성공했다. 96년 5월 코스닥시장에 1호로 등록했다. 곧바로 휴대폰 생산업체로 변신, 내수 및 유럽 수출로 IMF파고를 넘었다. 휴대폰단말기 분야에서 모토롤라, NEC에 이은 미국시장 점유율 3위를 자랑한다.

핸즈프리 없이 운전중에 손대지 않고 통화할 수 있는 닉소PCS폰을 개발했다. 이 제품은 PC와 연결하면 별도의 모뎀 전화선 없이 인터넷에 접속할 수 있다. 98년 매출이 644억원, 순익 32억원으로 전년대비 각각 15.2%, 59.3% 신장했다. 99년엔 매출 850억원, 순익 50억원으로 추정된다. 작년 10월엔 스웨덴의 세계적 통신장비 제조업체인 에릭슨과 휴대폰으로 무선인터넷에 접속할 수 있는 WAP 브라우저를 내장한 휴대폰 개발에 합의했다. 2000년에는 매출 2,500억원, 순익 146억원을 잡고 있다. 작년 연말엔 창투사인 나래벤처투자에 30억원을 출자했다.

●싸이버텍홀딩스

개　　황	대　　　표	김상배
	설　립　일	1995. 8. 31
	상장(등록)일	1999. 12. 11
영업내용	분　　　야	전자상거래 보안시스템 개발
	자　본　금	27억원
주요주주	삼보컴퓨터	

✓ 주가추세선

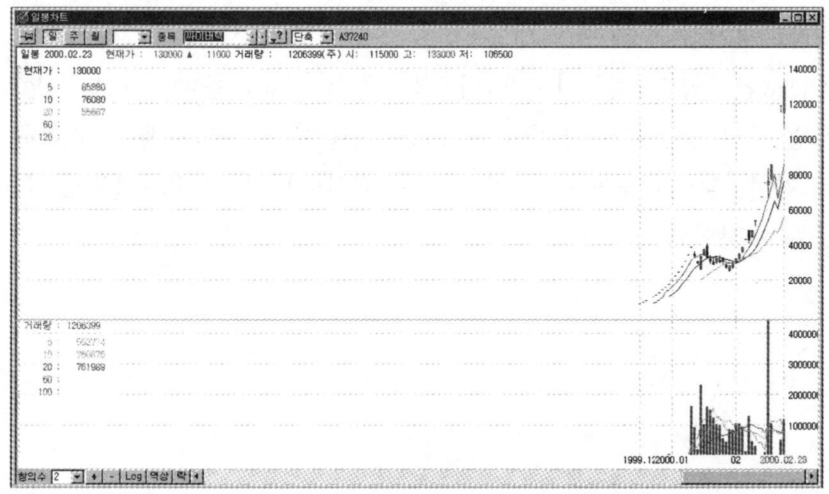

제공 : 한경닷컴

　이스라엘 보안 솔루션 업체인 체크포인트사의 파이어월 - 1을 국
내에 독점 공급하고 있다. 전자상거래 관련 솔루션과 네트워크 보

안, 시스템 보안 분야의 소프트웨어 개발을 전문으로 한다. 지난해 실적이 크게 호전되어 매출액이 71억원으로 전년보다 121.8%나 증가했다. 순익은 12억원으로 무려 450% 급증했다.

매출비중은 전자상거래 솔루션부문이 70%, 정보보안부문이 30%를 점유했다. 특히 정보보안부문의 절반은 미국 등 해외수출로 올리고 있다. 미국 소프트웨어 유통업체인 Netmind의 지분 20%도 갖고 있다. 올해는 매출 150억원, 순익 24억원을 목표로 하고 있다. 1월말에, 3월 정기주총 때 100% 무상증자를 실시한다고 밝혔다.

어울림정보기술, 신원텔레콤과 공동으로 사이버보안 서비스 전문업체인 이글루시큐리티를 설립, 2월말부터 서비스할 계획이다. 증권, 보험사, 대기업, 인터넷업체를 대상으로 사이버보안 서비스를 제공하고 에스원과 협력해 가정을 대상으로 홈시큐리티 서비스와 통신보안사업도 계획하고 있다. 데이콤이 다음커뮤니케이션, 기업은행 등과 공동으로 추진하는 코리아 인터넷 비즈니스센터 구축에도 참여, 상점구축을 위한 콘텐츠 및 웹사이트 등 소프트웨어를 공급할 예정이다.

●에이스테크놀로지

개 황	대 표	구관영
	설 립 일	1980. 7. 1
	상장(등록)일	1997. 7. 14
영업내용	분 야	이동전화용 안테나, RF 부품 제조
	자 본 금	37억원
주요주주	구관영, 성명희, 성대용	

✓ 주가추세선

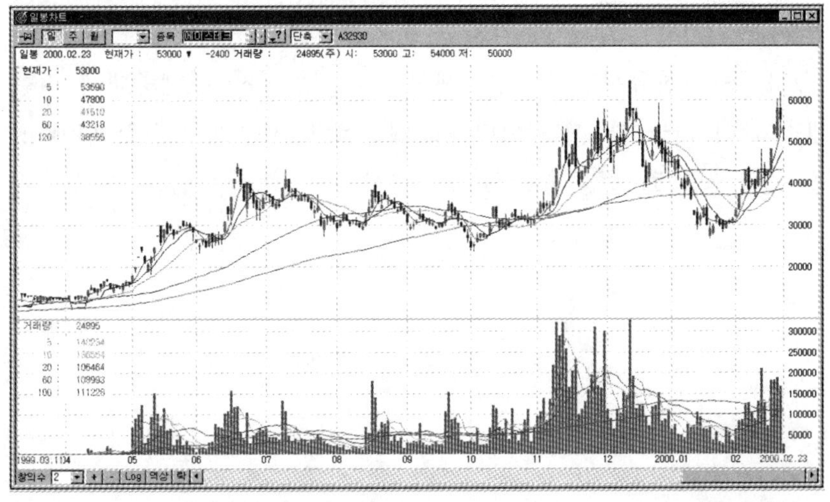

제공 : 한경닷컴

이동통신 단말기 및 기지국용 안테나 제조로 출발, 이 시장의 60%를 점유하고 있다. 98년 매출은 393억 2,000만원, 순익은 37억원이었다. IMF로 97년보다 크게 줄었다. 작년부터 이동전화사업자들이 다시 시설투자를 재개해 상승곡선을 타고 있다. 99년 매출 895억원, 순익 175억원을 낸 것으로 추정된다. 순익이 크게 늘어난 것은 영업이익이 늘어난데다 골드뱅크 주식 등 유가증권 평가이익과 처분이익이 발생되었기 때문이다.

특히 작년말 RF(무선신호 전달장치)용 필터와 듀플렉서 등 RF부품을 개발, 점차 수요가 증가하고 있는 이 시장에서 매출 증대가 예상되고 있다. 올해 들어 이미 스웨덴의 에릭슨과 1,000만달러 규모의 RF부품 수출계약을 맺었다. 에릭슨이 중국시장 진출을 강화하고 있어 이 제품의 판로는 상당히 안정적인 것으로 알려지고 있다. 내수 쪽에서도 SK텔레콤 등에 RF부품을 공급할 것으로 예상된다.

올 연말 IMT-2000사업자가 선정되고 WLL(무선가입자망), 디지털TV 등의 신규시장이 계속 생성될 전망이어서 판매증대에 따른 매출이 더욱 늘어날 전망이다. 올 매출은 1100억원에 순익 140억원을 올릴 것으로 추정되고 있다.

개　　황	대　　　표	김재명
	설　립　일	1996. 7. 31
	상장(등록)일	1999. 12. 14
영업내용	분　　　야	무선호출기, 이동통신 단말기
	자　본　금	58억 3,000만원
주요주주	무한기술투자, 대만 Cal-Comp	

✓ 주가추세선

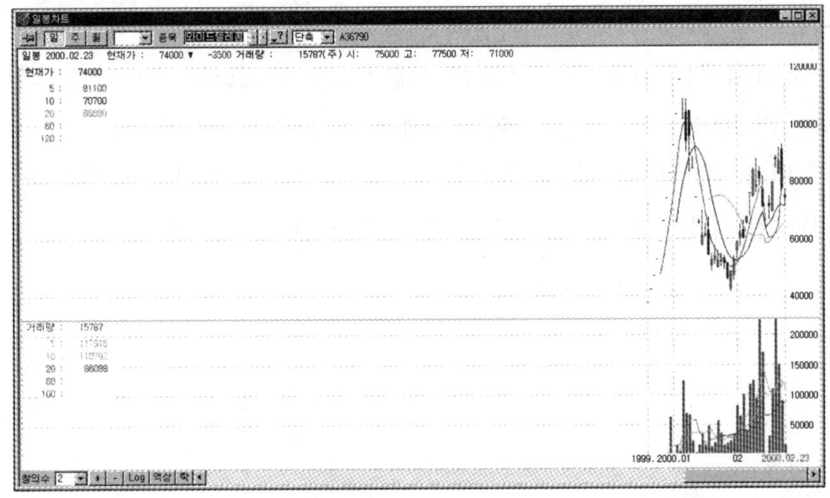

제공 : 한경닷컴

　　무선호출기 생산으로 출발했다. 제품의 80% 이상을 수출하여 세계적인 업체로 두각을 나타냈다. 98년 매녹스라는 브랜드의 소형

무선호출기로 230억원의 매출을 올렸다. 지난해 CDMA이동통신 단말기를 개발했다. 셀룰러 단말기는 올 3월, PCS단말기는 5월부터 양산, 공급할 계획이다.

코스닥 등록 이전인 99년 9월말 일반공모(주당 3만원)를 통해 138억원을 증자해 CDMA단말기 개발에 투입했다. 한국통신프리텔과 250억원 규모의 PCS단말기 구매의향서를 체결해놓고 있다. SK텔레콤, 터보테크와 공동으로 올 연말 사업자가 정해질 IMT-2000 단말기 개발을 추진중이다. SK텔레콤이 사업권을 딸 경우 터보테크와 공동 납품이 예상된다. 매출 증대를 기대하고 있다. 99년 매출은 340억원, 올해는 PCS단말기 대량공급으로 840억원 정도로 잡고 있다. 순이익도 50억원 이상을 예상하고 있다. 주식분산 조건을 충족, 공모과정 없이 코스닥에 직등록했다.

올들어서는 홍콩 포시스텔레콤에 OEM방식으로 CDMA휴대폰 30만대(600억원어치)를 수출키로 해 내년 10월 이후 공급할 계획이며 미국, 중남미 시장도 적극 공략한다는 방침이다. 2001년에는 인터넷서비스를 제공하는 단말기도 개발, 공급할 계획이다.

개 황	대 표	신동환
	설 립 일	1992. 5.
	상장(등록)일	1999. 12. 1
영업내용	분 야	고속데이터 전송장비
	자 본 금	41억원
주요주주	신동환, 한국종합기술금융, 김석범, 우리기술투자	

✓ 주가추세선

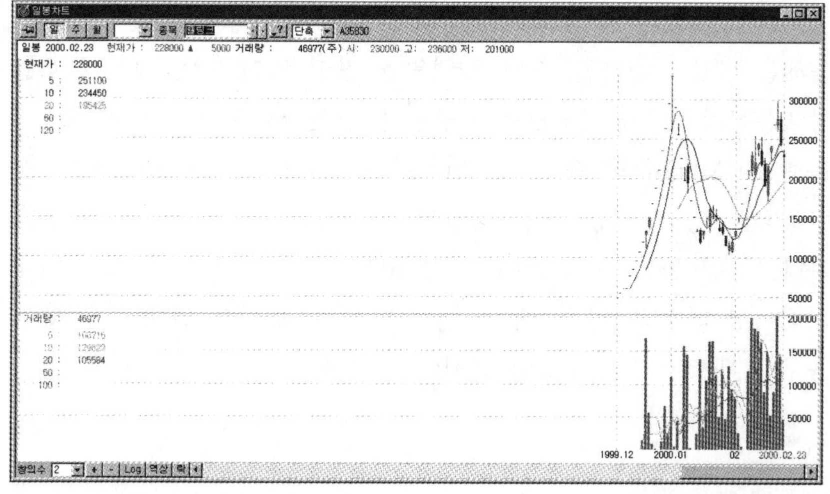

제공 : 한경닷컴

　　데이터전송장비인　ADSL(비대칭디지털가입자망)과　HDSL(고속
디지털가입자망)제품 수요가 크게 늘고 있다. HDSL의 경우 국내시

장의 50%를 점유할 정도다. 인터넷 이용자가 급속히 증가하고 있어 사업환경은 유리해지고 있다. 하나로통신, 두루넷 등 초고속 인터넷서비스 업체에 납품할 것으로 예상된다.

정부가 차세대 인터넷 및 광통신 사업에 2004년까지 4조원 이상을 투자할 계획으로 있어 시장은 더욱 커질 전망이다. 작년 10월에는 초고속 인터넷서비스 업체에 필요한 파장분할다중(WDM)모뎀을 국산화했다.

대표인 신 사장은 인하대 공대를 나온 엔지니어 출신. 일찍부터 고속 데이터서비스를 위한 전송단말기 개발에 매달렸다. 반드시 고속 데이터서비스시대가 올 것이라는 확신에서다. 93년 고속데이터용 단말기를 시장에 내놓았다. 99년 매출은 225억원으로 전년대비 60% 이상이 늘어난 것으로 추정되며, 순익도 15억원으로 추정된다. 올해는 매출 290억원, 순익 22억원을 잡고 있다. 작년 9월 상호를 창조통신기술에서 웰링크로 바꾸었다. 오는 3월부터는 전화선을 이용해 10 Mbps급의 속도로 데이터를 송수신할 수 있는 이더넷디지털 가입자망(EDSL)장비를 공급할 계획이다. 이 장비는 한국통신, 하나로통신 등이 서비스하고 있는 ADSL보다 정보전송속도가 최대 10배이상 빠르다. 광대역무선가입자망(B-WLL)과도 연계할 수 있어 유무선 네트워크망 구성이 동시에 가능하다.

개 황	대 표	원종윤
	설 립 일	1992. 2. 20
	상장(등록)일	1999. 7. 28
영업내용	분 야	정보처리 및 컴퓨터운용업
	자 본 금	40억 5,400만원
주요주주	윤재승 외 1인	

✓ 주가추세선

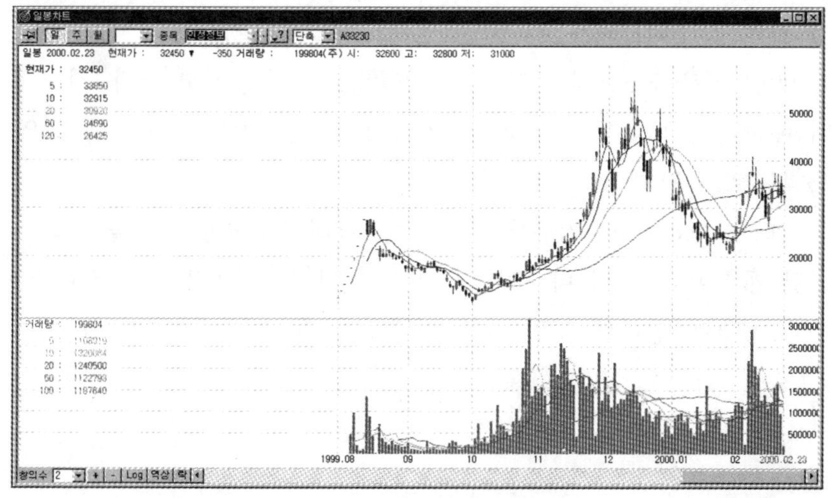

제공 : 한경닷컴

　　설립 초기에 대만 CGS사와 기술협력을 맺고 3270에뮬레이터를
개발, 네트워크 시장에서 발판을 구축했다. 이 제품은 IBM메인컴퓨

터와 PC를 연결해 터미널로 사용되는 것. 이후 CTI(컴퓨터전화통합), 전자우편, 전자결제시스템 등 그룹웨어 분야와 전사적 자원관리시스템(ERP) 분야에 진출했다. 현재는 네트워크 인프라스트럭처 구축에 필요한 제품 및 서비스를 종합적으로 공급하는 정보통신회사로 발전하고 있다.

IBM, 컴팩, 마이크로소프트, 노벨 등과 계약을 통해 확보한 제품으로 토털솔루션을 제공한다. 인터넷을 바탕으로 한 사이버마케팅과 DB마케팅, 고객관리시스템 구축사업도 벌이고 있다. 인터넷 광고사업도 하고 있다.

설립 초기부터 흑자를 내왔고 매출성장세도 높다. 작년 7월 코스닥 등록 때 당시 최대인 액면가(500원) 대비 18배인 9,000원에 공모해 놀라게 했다. 등록 후 10일 연속 상한가를 기록했다. 대우증권은 99년 매출을 541억원, 순익은 52억원으로 추정하고 있다. 전년대비 매출은 30%, 순익은 94% 증가했다. 올해는 매출 676억원, 순익 65억원으로 잡고 있다.

인터넷 케싱서버, 컴퓨터 저장장치, 광대역통신망 사업을 확대해 나갈 계획이다. 특히 나모인터렉티브, 전자상거래업체인 미국 GBO 등과 제휴해 인터넷 포털서비스업체로 발돋움한다는 전략이다.

●인터링크시스템

개　　황	대　　　　표	이명근
	설　립　일	1989. 2. 9
	상장(등록)일	1997.　7.　4
영업내용	분　　　　야	네트워크 장비
	자　본　금	25억원
주요주주	이명근, 차동완, 주승행	

✓ 주가추세선

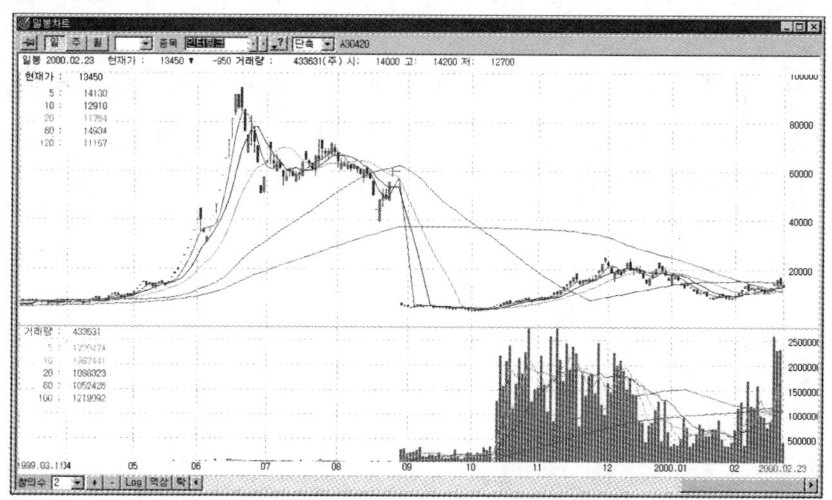

제공 : 한경닷컴

　　지난 90년 IBM3270 에뮬레이터를 개발했을 때 기술력에 대해
놀란 사람이 많았다. 곧바로 국내시장의 60% 이상을 장악, 성장의

기틀을 마련했다. 97년에는 국내 최초로 ATM 네트워크 인터페이스카드를 개발해 한국통신, 프랑스텔레콤, 에릭슨 등에 초고속통신망용으로 납품했다. IMF 충격이 컸다. 기업들이 전산투자를 포기했기 때문이었다.

98년 매출이 64억원. 97년의 절반에도 못 미쳤다. 99년 다시 좋아지기 시작했다. 초고속통신망 사업과 관련, 어렵게 개발한 ADSL 어댑터와 모뎀에 대한 수요가 늘어났다. 하나로통신과 한국통신이 ADSL 회선을 대폭 증설하기 시작한 때문이다. 99년 매출은 180억원, 순익은 12억원으로 추정된다. 2년 적자 후 흑자로 전환한 것이다. 새로 개발하고 있는 ADSL 라우터를 포함해 올해에는 ADSL 제품이 본격적으로 공급되면서 매출 480억원, 순이익 48억원을 예상하고 있다.

정보통신부는 ADSL 가입자가 2002년에는 230만명으로 늘어날 것으로 보고 있다. 200년 1월 14일 실시한 실권주 공모 최종 경쟁률은 29.17대 1이었다.

개 황	대 표	이기형, 유중리
	설 립 일	1997. 10. 1
	상장(등록)일	1999. 7. 1
영업내용	분 야	전자상거래
	자 본 금	260억원
주요주주	이기형, 산은캐피탈	

✓ 주가추세선

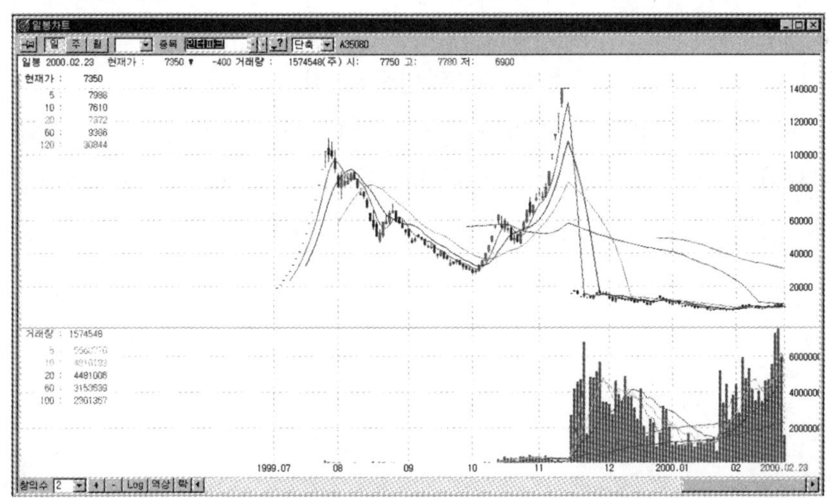

제공 : 한경닷컴

코스닥 공모 청약률 2,581대 1로 유명하다. 데이콤에서 분사됐다.
분사 직후 IMF로 어려움을 겪었다. 정부 및 기업체의 전자상거래,

시스템통합 사업으로 유지했다. 코스닥 등록으로 마련한 51억원을 인터넷 쇼핑몰 분야에 투자했다. 국내 처음 인터넷 쇼핑몰을 개설한 것이다. 작년 8월에는 해외자본 1,300만달러를 성공적으로 유치했다.

99년 매출은 100억원으로 추정된다. EC-SCM(전자상거래 공급망관리시스템) 기술력을 바탕으로 인터넷 쇼핑몰에 매진하고 있다. 종합쇼핑몰 몰스와 전문쇼핑몰 여럿을 운영하고 있다. 최대 의류시장인 동대문 시장의 옷을 파는 동대문패션 전문사이트도 준비하고 있다. 기업간 전자상거래(B2B) 사업에 큰 기대를 걸고 있다.

향후 미국 등 해외 패션포털사이트와 제휴해 전세계 패션정보를 공유하고 동대문 의류를 일본, 홍콩, 대만 등에 온라인·오프라인 판매할 계획이다. 미국기업과 제휴해 글로벌 인터넷 경매사업을 벌일 예정이다. 올해 매출을 1000억원으로 잡고 있다.

외자유치와 증자로 자기자본을 260억원에서 760억원으로 늘릴 계획이다. 2001년에는 매출 5,000억원을 목표로 하고 있다. 2001년 나스닥 상장을 추진하고 있다.

개 황	대 표	김인형
	설 립 일	1986. 1. 29
	상장(등록)일	2000. 1. 11
영업내용	분 야	고속 디지털 가입자장비 제조
	자 본 금	20억원
주요주주	김인형, UTC벤처	

✓ 주가추세선

제공 : 한경닷컴

공중통신망 구축에 핵심이 되는 선로장비 개발업체로 출발했다.
한국통신의 기간통신망 구축에 제품을 공급했다. 95년 이후에는 전송장비 부문에 진출해 디지털 가입자 회선 등 고속 디지털 통신장비 생산에 주력하고 있다.

98년 선로장비 부문에서 국내 시장의 15%를 점유, 선로장비로만 24억원의 매출을 올렸다. 97년 매출은 128억원, 순익 1억 9,300만원이었다. 98년엔 IMF 충격으로 매출이 101억원으로 떨어졌다. 99년에는 디지털가입자 장비 부문 판매가 늘면서 매출 136억원에 4억 5,000만원의 순익을 낸 것으로 추정된다.

향후 가변 고속 데이터전송장치(MSDSL)와 외국에서 도입 판매하고 있는 광전송장치가 인터넷 이용자 증가로 상당한 신장을 할 것으로 기대하고 있다. 올해 매출은 222억원을 잡고 있다. 순익은 14억원으로 예상하고 있다. 올해 1월 27일 주당 500원으로 액면분할을 결의했다.

개　　황	대　　　표	차재원
	설　립　일	1992. 5. 23
	상장(등록)일	1998. 12. 8
영업내용	분　　　야	그래픽보드 제조
	자　본　금	60억원
주요주주	차재원, 한국IT벤처	

✓ 주가추세선

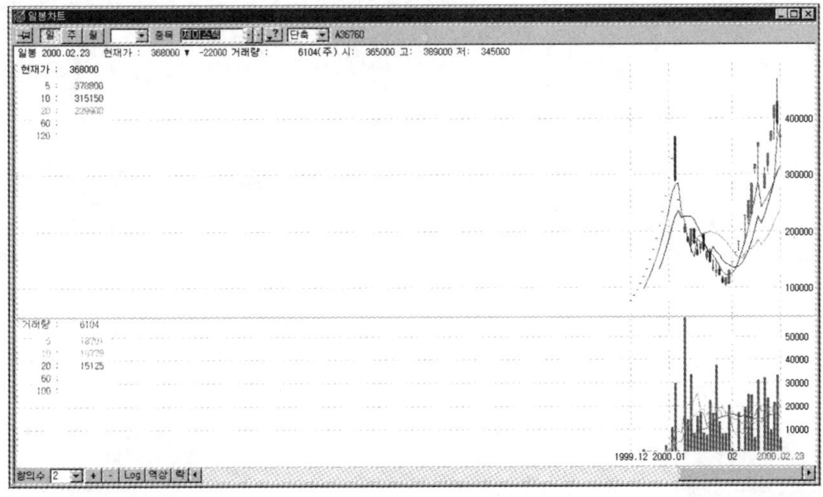

제공 : 한경닷컴

국내 멀티미디어 보드시장의 업계 1위를 고수하고 있다. 삼성, 삼보, 대우, LG-IBM 등 주요 PC제조업체에 그래픽보드와 사운드카드를 공급하고 있다. IMF를 거치면서 오히려 대기업들의 OEM(주문자 상표부착) 생산물량이 더 늘어났다. 99년 매출은 330억원으로 추정된다. 98년 매출은 155억원. 순익은 7억원이었다.

올들어 연초에 삼보컴퓨터와 수출용 PC에 들어가는 고성능 3D 입체 그래픽보드 공급계약을 맺었다. 올 1년간 공급한다는 조건이다. 매월 5만대 이상 최소 60만대의 물량이다. 올해 1월 26일 액면분할을 실시, 주당 5,000원에서 500원으로 낮췄다. 2월 25일 배정기준일로 무상증자를 실시키로 결의했다. 배정비율은 주당 0.5주다.

개 황	대 표	조승용
	설 립 일	1991. 3. 25
	상장(등록)일	1999. 12. 18
영업내용	분 야	데이터 저장장치 및 시스템
	자 본 금	46억 6,300만원
주요주주	조승용, 보광창투, 박미희	

✓ 주가추세선

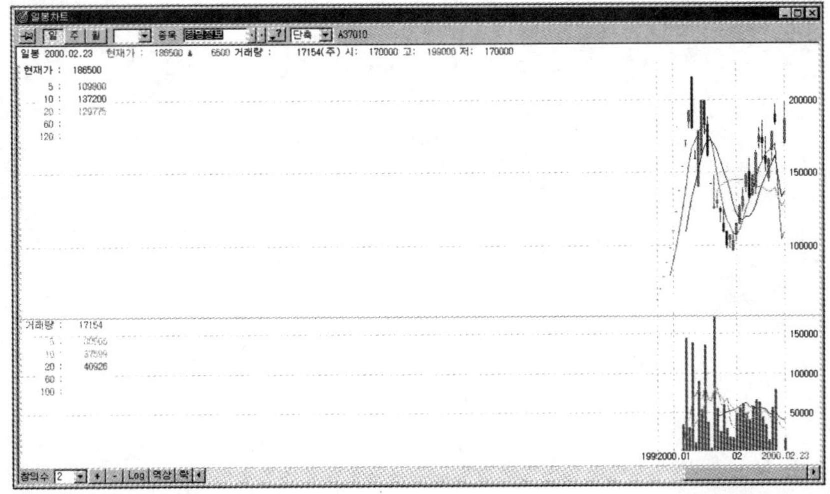

제공 : 한경닷컴

    지난 91년 미국 등에서 데이터 저장장치와 시스템을 수입해 판매
하는 도소매업 형태로 출발했다. 96년에서야 자기 제품을 개발해

기업들을 대상으로 판매해 왔다.

　98년말 기준, 자체 개발 제품 판매비중이 30%에 불과했다. 98년 매출은 201억원, 순이익은 8억원이다. 99년 들어 자사 제품 판매비중이 늘면서 매출이 증가, 363억원으로 추정된다. 순익은 22억여원. 올해에는 매출 510억원, 순익 37억원을 잡고 있다. 인터넷 관련 업체가 증가하면서 제품 수요도 점차 늘어나는 추세다. 올해 들어 지난 1월에는 정보통신시스템 구축업체인 말레이시아의 PDS테크에 현금 및 현물 54만달러를 출자하기로 결의했다.

●케이디씨정보통신

개 황	대 표	인원식
	설 립 일	1972. 7. 25
	상장(등록)일	1996. 8. 20
영업내용	분 야	데이터통신 장비
	자 본 금	35억원
주요주주	인원식, 한국카드콤, 인철환	

✓ 주가추세선

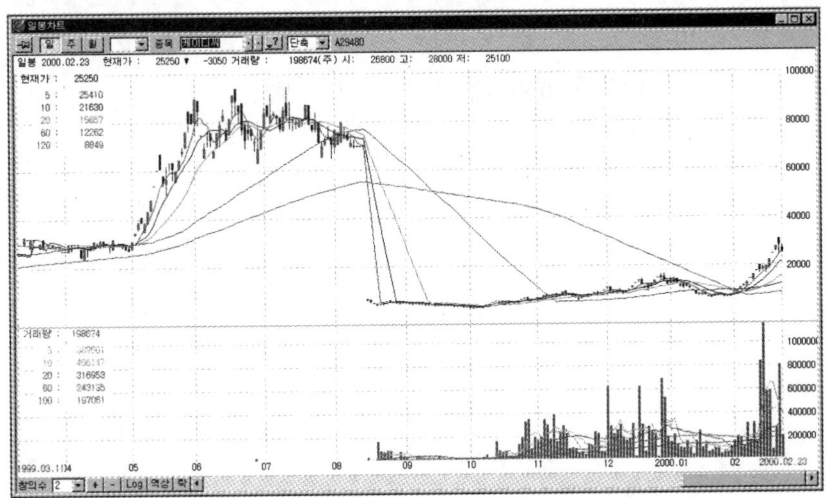

제공 : 한경닷컴

국내 최초네트워크 통합업체로 출발했다. 지난 72년이다. 고속모
뎀, 통신다중화장비, 개인휴대단말기(PDA)를 생산하고 있다. 94~

97년 중에는 연평균 35% 이상 매출이 증가했다. 98년 IMF로 영향을 받아 매출감소 등의 어려움을 겪었다.

지난해 하반기 이후 상황이 나아지고 있다고 한다. 인터넷 이용증가에 따른 네트워크 수요가 늘어남에 따라 인터넷 접속과 전송장비 개발에 대한 투자를 많이 하고 있다. 작년 7월에는 미국 네트워크장비 제조업체인 ADC사와 WAN접속장비 공동개발 계약을 체결했다.

신제품인 인터넷 접속을 위한 라우터 기능에 대역폭 관리 기능이 포함된 접속장비인 서비스 딜리버리 유니트의 내수판매 및 수출을 적극 추진중이다.

전자통신연구소, 대한전선, 삼보컴퓨터와 공동으로 음성과 고속 인터넷, 주문형비디오, 디지털 케이블TV 등의 멀티미디어 서비스를 수용할 수 있는 초고속 광가입자망 장비(MAIN)를 개발, 기대를 걸고 있다. 올해 매출은 630억원으로 잡고 있다.

개 황	대 표	박형철
	설 립 일	1994. 12. 27
	상장(등록)일	1999. 12. 18
영업내용	분 야	네트워크장비 제조
	자 본 금	26억원
주요주주	박형철, 박형옥	

✔ 주가추세선

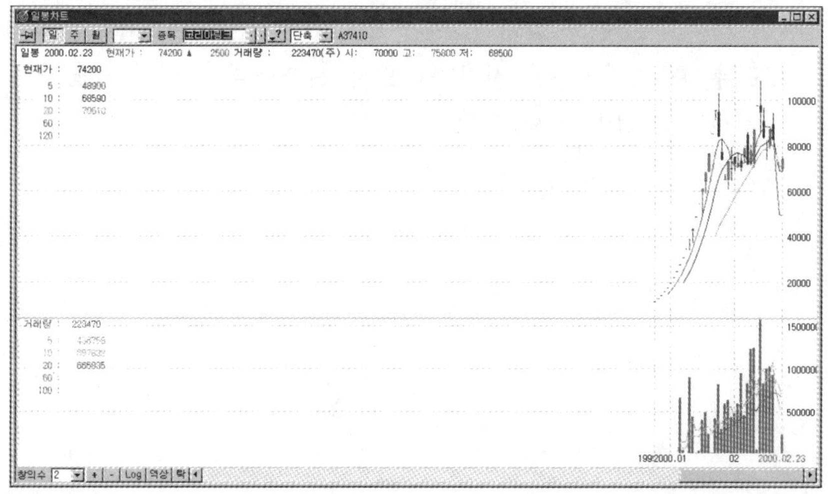

제공 : 한경닷컴

　　초고속 인터넷 접속을 위한 다른 새로운 전송장치인 SDSL을 개발, 큰 기대를 하고 있다. 기존의 ADSL(비대칭 디지털가입자회선)

과 다른 대칭 디지털가입자회선이다. 다운로드 속도와 전송속도는 ADSL과 같다. 정보통신 개념을 도입한 아파트에서는 화상회의 등의 용도로 전송과 다운로드 속도가 다른 ADSL장비가 잘 맞지 않아 건설회사를 통해 정보통신 아파트단지에 공급할 계획으로 있다.

코스닥 시장에서 지난해 제2의 다음커뮤니케이션으로 주목받았다. 작년 12월 21일 거래가 시작돼 21일 연속 상한가를 유지했다. 이마트의 가격 전산화작업을 수주했고 삼성물산 건설사업부에 SDSL 공급 계약을 체결한 것이 큰 효과를 보고 있다.

99년 매출은 303억원, 순익은 26억원을 낸 것으로 추정된다. 올해는 매출 760억원에 순익 130억원을 잡고 있다. 현대증권은 이 회사의 올해 매출은 회사측 전망보다 훨씬 많은 1,000억원에 달할 것이라는 의견을 내놓고 있다. 신세계 아이앤씨와 제휴해 유통정보화사업도 추진중이다. 무선 전자가격표시 시스템과 상품진열 공간관리 솔루션을 공급하기 위해서다.

개 황	대　　　표	김창규
	설　립　일	1990. 3. 9
	상장(등록)일	1998. 11. 24
영업내용	분　　　야	통신기기, 멀티미디어 제조
	자　본　금	75억원
주요주주	김창규, 다우기술	

✓ 주가추세선

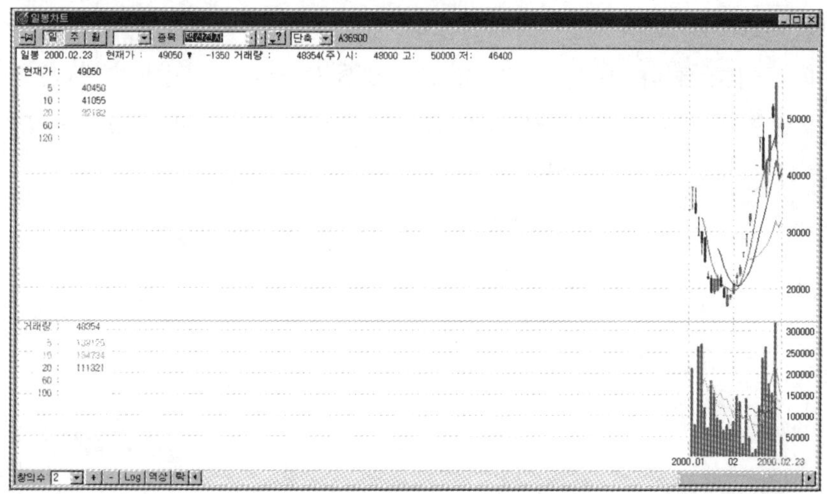

제공 : 한경닷컴

　　95년 RF 모듈레이터(디지털신호를 아날로그신호로 전환하는 장치)를 개발, 통신사업에 진출했다. 그 이전 91년부터는 현대반도체에 여러 개의 메모리칩을 하나로 결합하는 메모리 모듈을 공급해 왔다. 액정표시장치용 VGA카드도 생산한다. 초박막 액정표시장치 (TFT- LCD)를 삼성전자에 납품하고 있다. 얼마 전 개발한 디지털 셋톱박스 제품에 기대를 걸고 있다.

캐나다 그래픽카드 전문업체인 ATI사에 그래픽카드 생산량의 30%를 납품하고 있다. OEM방식으로 유럽과 북미 지역에도 내보 내고 있다.

97년 매출은 309억원, 순이익은 7억 4,000만원이었다. 98년엔 매 출 642억원, 순이익 8억 2,000만원을 올려 IMF를 무색케 했다. 지 난해에는 매출 796억원에 순익 9억 6,000만원을 낸 것으로 추정된 다. 올해는 매출 743억원, 순이익 47억 6,000만원을 잡고 있다. 캐나 다 ATI사에 공급해온 VGA카드용 반도체 매출이 빠져 매출은 줄 게 됐다고 한다. 대신 첨단 디지털 셋톱박스와 위성방송수신기 판 매가 크게 늘 것으로 전망하고 있다. 지난 2월말 액면가 5,000원인 주식은 500원으로 분할하기로 결의했다.

개 황	대　　　　표	장홍순
	설　립　일	1988. 4. 7
	상장(등록)일	1997. 4. 22
영업내용	분　　　　야	컴퓨터수치제어장치, 소프트웨어 개발
	자　본　금	67억 3,000만원
주요주주	장홍순, 현대공정, 김희재	

✓ 주가추세선

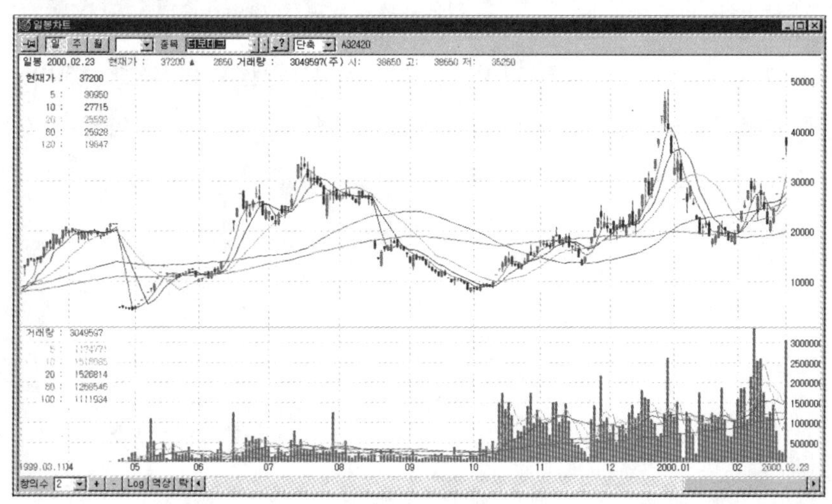

제공 : 한경닷컴

　95년 국내 최초로 CNC(컴퓨터 수치제어 장치) 콘트롤러를 개발해 유명해졌다. 97년에는 여기에 PC의 장점을 접합시켜 PC-NC를 개발, 주목을 받았다. 지난 88년 한국과학기술원 출신 공학박사 5명이 설립한 1세대 벤처기업으로 꼽힌다. 수치제어 소프트웨어 등 교육용 프로그램을 금형업체와 교육기관에 판매한다. IMF 구제금융을 받은 98년 매출이 181억원, 순익 9억원을 냈다. 99년에는 이 제품에 대한 수요가 급증하면서 매출 420억원, 순익 81억원으로 추정된다. 올해에는 1,200억원으로 3배 정도 늘려잡고 있다.

작년 10월에는 미국 모토롤라로부터 휴대폰용 인쇄회로기판(PCB) 납품업체로 선정되기도 했다. 때맞춰 인터넷 교육사업에도 진출했다. 기술교육전문 포털사이트인 테크빌을 곧 개설할 계획이다. 차세대 영상 이동통신 수단인 IMT-2000 사업에도 참여하고 있다. 와이드텔레콤과 함께 SK텔레콤의 IMT-2000 단말기 개발을 추진중이다.

올해 들어 유상증자를 결정, 발행가는 시가보다 40% 할인된다. 신주배정기준일은 2월 11일. 배정비율은 주당 0.4주다. 청약일은 3월 14, 15일이며 일반공모 청약일은 3월 21, 22일이다.

●테라

개 황	대 표	박상훈
	설 립 일	1989. 6. 14
	상장(등록)일	1997. 6. 26
영업내용	분 야	네트워크장비 제조 및 소프트웨어 개발
	자 본 금	64억 7,508만원
주요주주	박상훈, 기은개발금융	

✓ 주가추세선

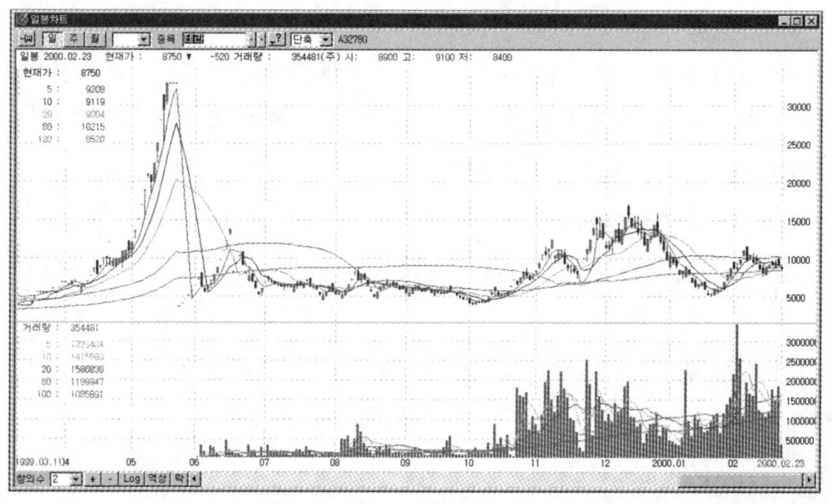

제공 : 한경닷컴

지난 83년 컴퓨터월드라는 유통전문업체로 출발했다. 네트워킹 분야의 선두 자리를 고수하고 있다. 97년 동종업계 최초로 코스닥에 등록했다. IMF 한파로 90억원의 빚을 지고 화의에 들어갔다. 해외 전환사채를 발행, 500만달러를 조달하고 27억원의 유상증자로 15개월만인 작년 10월 부채를 모두 변제하고 화의를 청산했다.

부도업체가 화의를 벗어나 회생한 것이다. 곧바로 세계 제1의 네트워크 장비업체인 캐나다 노텔네트웍스사로부터 국내 주공급자 계약을 따냈다. 또 사이버금융업에 진출해 인터넷을 이용해 수수료를 대폭 낮춘 사이버환전 서비스에 들어갔다. 증권투자정보 시스템 개발업체인 텐트메이커정보통신을 인수, 테라소프트라는 자회사를 설립했다. 이 회사는 전화망으로 음성, 팩스, 전자우편 등을 단말기에 관계없이 운영할 수 있는 통합메시징시스템 솔루션 개발을 하고 있다.

작년 12월 중순 실시한 실권주 공모때 경쟁률은 572.7대 1이었다. 2000년 들어서는 인터넷으로 주식거래를 할 수 있는 150평 규모의 사이버트레이딩센터를 서울 서교동에 개설했다. 금년 4월경 사이버증권사도 설립할 계획이다.

미국시장 진출을 위해 실리콘밸리의 첨단 산업정보를 인터넷으로 실시간 서비스하는 실리콘밸리 뉴스에 100만달러를 출자했다. 공격적인 경영전략이 돋보인다. 98년 매출은 127억원. 99년에는 184억원을 낸 것으로 추정된다. 올해에는 매출 480억원, 순익 10억원을 잡고 있다.

●텔슨전자

개 황	대　　표	김동연
	설　립　일	1992. 3. 11
	상장(등록)일	1996. 6. 29
영업내용	분　　야	CDMA이동전화기 제조
	자　본　금	59억 5,500만원
주요주주	김동연, 현대시멘트	

✓ 주가추세선

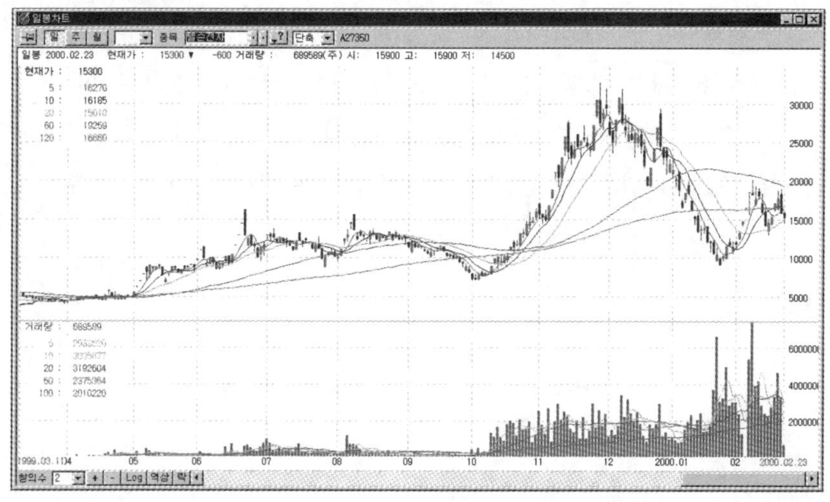

제공 : 한경닷컴

　　휴대폰단말기 전문 제조업체. 90년대 중반 피라미드형 유선전화
기를 히트시켰다. 생산품의 대부분을 모토롤라에 납품한다. 자체 기

술력과 다자인으로 만들어 브랜드와 마케팅만 모토롤라를 활용하는 것이다. 모토롤라에 납품하는 타업체와 달리 이 회사 제품은 주로 해외로 수출된다. 북미, 중남미, 호주 지역을 대상으로 판매가 계속 늘고 있다. 99년 매출은 4,000억원으로 98년(747억원)보다 5배 이상 늘 것으로 추정된다. 중국이 WTO(세계무역기구)에 가입, 올해에도 큰 폭의 매출증대가 예상된다. 모토롤라를 통한 중국시장 판매가 늘어날 것이기 때문이다. 2000년 매출은 7,000억원, 예상순익은 360억원을 웃돌 것이라는게 증권회사의 분석이다.

작년 연말에는 미래산업 등과 개인휴대단말기(PDA)형 멀티미디어 휴대폰 사업을 제휴해 기기생산을 맡기로 했다. 이 단말기는 인터넷을 동영상으로 즐기고 화상 전화기로도 사용할 수 있다고 한다. 또 올해부터는 데이터통신 기능이 강화된 스마트 폰을 생산할 계획이다. 월 50만대 이상 대량 생산한다는 것이다. 2월 들어서는 서울 부채조정기금을 인수인으로 400억원의 사모전환사채를 발행키로 결의했다. 전환가격은 2만원, 만기보장수익률은 10.04%다.

개　　황	대　　　표	윤서용
	설　립　일	1985. 3. 18
	상장(등록)일	1993. 5. 27
영업내용	분　　　야	무선통신기기 제조
	자　본　금	90억원
주요주주	김동연, 한국산업은행, 한국기술금융	

✓ 주가추세선

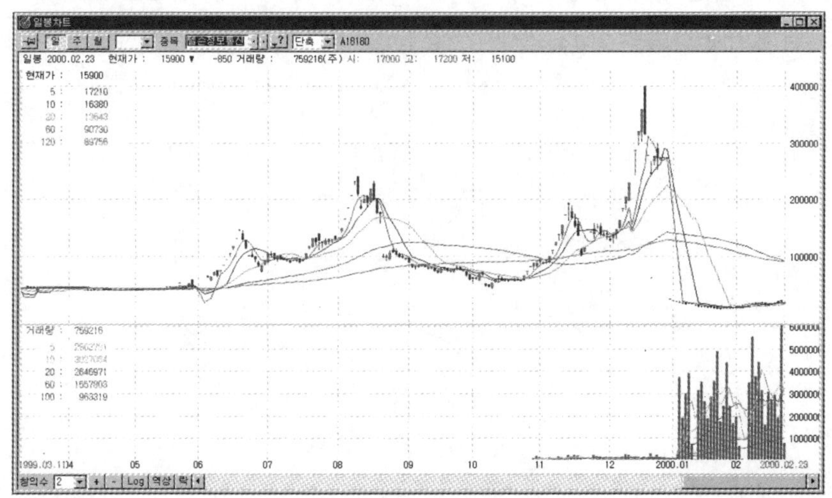

제공 : 한경닷컴

　　무전기 등 무선통신기기 전문 생산업체. 자체 개발품인 생활무전기(GRS)로 미국내 시장의 25%를 점유하고 있다. 99년 중 3,300만달러어치를 수출했다. 북미지역에만 180만대를 내보냈다. 올해도 이미 350만대의 수출계약을 맺어놓고 있다. 연초 미국 라스베이거스에서 개최된 국제전자쇼 기간 중 올린 실적이다. 수출이 잘돼 99년 매출은 520여억 원, 98년(261억원)보다 2배 정도 늘었다. 순익도 30억원에 이를 것으로 추정된다. 98년엔 순익이 5억 3,200만원이었다.

금년에는 차세대 영상이동통신인 IMT-2000 장비 시장 진출을 추진할 계획이다. 상반기 중 개인휴대통신(PCS), 셀룰러 단말기, 개인휴대단말기(PDA) 등의 제품을 생산 판매할 계획이다. 올해 매출은 1,500억원, 순익 80억원을 잡고 있다. 2월 들어서는 벤처기업인 텔슨통신기술을 인수합병했다. CDMA 분야 신규사업 진출을 앞당기고 영상이동전화인 IMT-2000 사업을 본격화하기 위한 조치로 분석되고 있다.

개 황	대 표	노명호
	설 립 일	1995. 6. 15
	상장(등록)일	1997. 5. 2
영업내용	분 야	소프트웨어 개발, 정보통신기기 제조
	자 본 금	18억원
주요주주		정현준, 안철수, 강기환

✓ 주가추세선

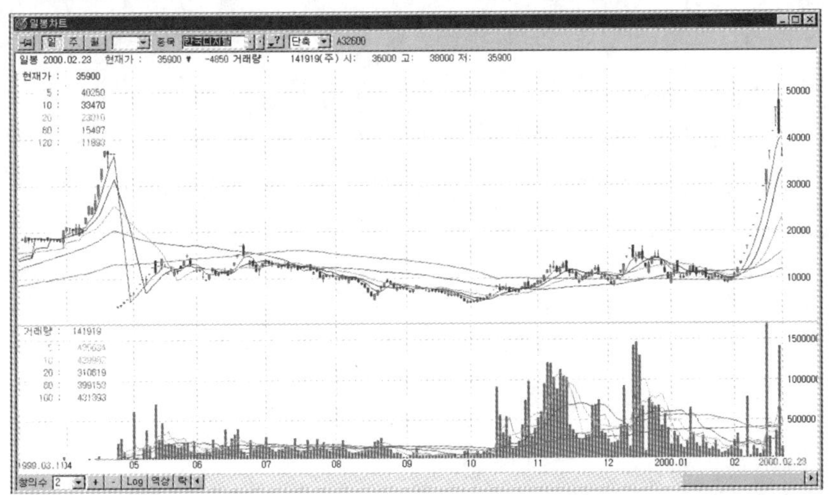

제공 : 한경닷컴

  국내업체로는 최초로 스톡옵션(주식매입선택권)제를 도입, 화제
가 됐다. 지난 95년 설립한 인터넷 관련 소프트웨어 개발업체. 통합

인트라넷 솔루션인 인트라오피스를 자체 개발했다. 이후 SI(시스템 통합) 컨설팅, 홈페이지 구축 컨설팅, 기업 및 공공기관의 지식관리 시스템, 전자상거래 구축에 대한 솔루션 제공 등을 하고 있다. 청와대, 한국통신 노동부 등 정부기관의 홈페이지를 구축했다.

한국통신과 협력해 웹기반 EDI(전자문서교환) 시스템 상용화를 추진중이다. 유망 벤처기업을 지원하는 창업투자회사도 세웠다. 98년 9월 웹인터내셔널에서 상호를 변경했다. 99년 6월에는 코스닥 등록기업으로는 최초로 100억원 규모의 전환사채를 공모했다. 12월에는 머천트서버, 지불서버, 보안솔루션 등으로 구성된 전자상거래 종합솔루션인 IMS를 개발했다.

2000년 1월에는 인터넷 네트워크 전문업체인 KDL정보통신을 설립, 인터넷SI사업을 본격화하고 있다. 99년 매출은 92억원 순익은 10억원을 낸 것으로 추정된다. 98년 매출 41억원, 순익 6,000만원에 비해 영업이 활발하다. 노 사장은 펜실베이니아 주립대 컴퓨터공학과 출신으로 현대전자와 인성정보에서 근무한 엔지니어다. 올해 매출은 119억원으로 잡고 있다.

●한글과컴퓨터

개 황	대 표	전하진
	설 립 일	1990. 10. 1
	상장(등록)일	1996. 9. 24
영업내용	분 야	컴퓨터프로그램 개발, 인터넷 사업
	자 본 금	209억 9,000만원
주요주주	무한벤처투자 1호	

✓ 주가추세선

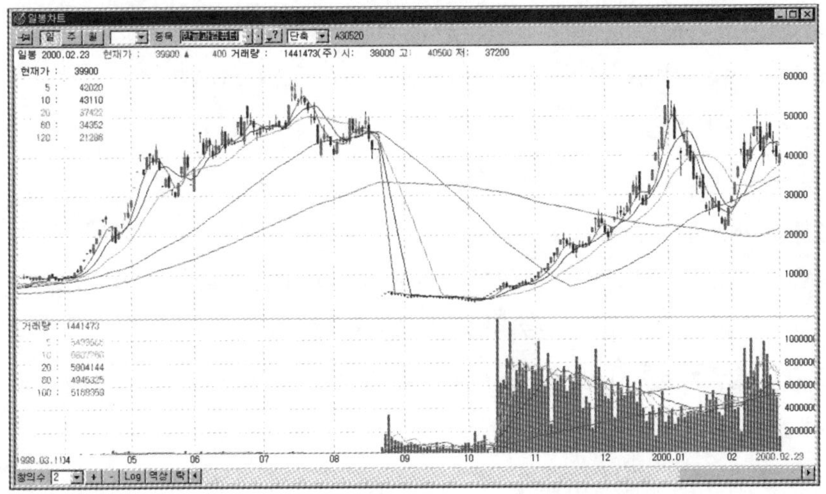

제공 : 한경닷컴

윈도용 흔글로 유명하다. 지난해 주가가 가장 많이 오른 회사로 꼽힌다. 연중 124배가 올랐다. 98년말 4,200원에서 5만 2,600원으로 뛰었다. 98년 대규모 적자를 냈던 경영위기에서 벗어났다. 작년 9월까지 매출 257억원, 경상이익 143억원을 냈다. 정부의 불법복제 소프트웨어 단속의 덕을 많이 봤다. 98년에는 매출 139억원에 162억원의 결손을 냈다. 이찬진 씨가 경영권을 전하진 사장에게 넘긴 것도 이 때문이다. 작년 11월, 홍콩 통신전문 투자기관인 TVG와 일본 히카리통신회사로부터 2,200만달러의 외자를 유치했다. 이를 계기로 기술과 서비스를 중국, 일본, 미주, 인도네시아, 호주 등지에 공급할 계획이다.

작년 11월 중국 국립연구소와 새로운 컴퓨터운영체제(OS)인 리눅스용 중국어판 워드프로세서를 공동 개발키로 했다. 곧이어 리눅스에 맞는 소프트웨어를 개발하기 위해 한컴리눅스를 설립하기로 했다. 99년 매출은 320억원으로 추정된다. 올해부터 본격적으로 인터넷사업을 벌여 연말경 나스닥에 상장할 예정이다.

지난 1월 중순 초고속 인터넷 접속서비스 업체인 드림라인과 제휴, 인터넷 PC방송 등에 초고속 인터넷 전용회선, 훈글프로그램, 인터넷서비스 등 콘텐츠를 판매키로 했다. 2001년부터는 게임방을 통해 홈쇼핑, 인터넷폰 등 인터넷서비스와 CD자판기 사업에도 나설 계획이다. 네띠앙, 스카이러브, 한소프트 등 자사 사이트를 연계해 전자상거래, 사이버금융, 인터넷 영화 등 다양한 인터넷 사업을 펼칠 계획이다.

1월 말에는 현대증권과 제휴, 전국 500곳에 사이버주식 거래 전문 인터넷정보센터를 세워 운영하기로 했다. 올해 매출을 500억원으로 잡고 있다.

개 황	대 표	신동주
	설 립 일	1991. 7. 1
	상장(등록)일	1999. 12. 1
영업내용	분 야	네트워크장비 및 통신장비 제조
	자 본 금	7억 2,000만원
주요주주	신동주, 산업은행, KTB	

✓ 주가추세선

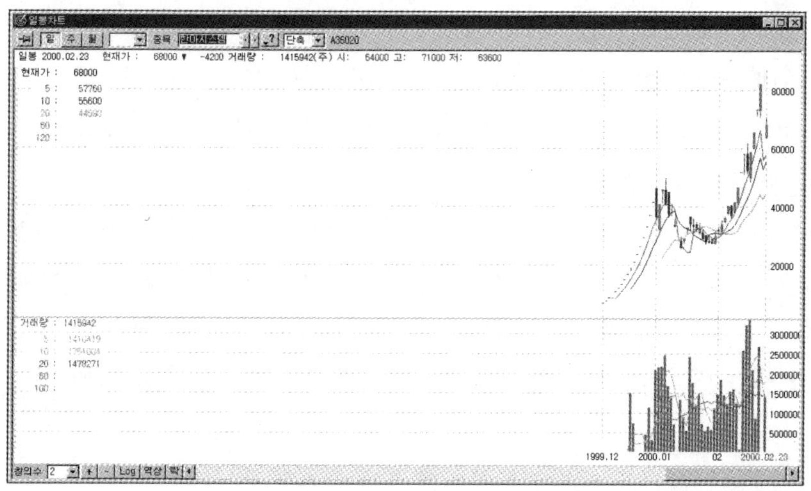

제공 : 한경닷컴

인터넷 서비스에 필요한 라우터 부문에서 두각을 나타내고 있다. ISDN용과 초소형 제품 등을 생산한다. 중소사업자용 초소형 라우터는 국내시장 점유율이 50% 정도다. 코넷, 신비로, 넷츠고 등 인터넷 서비스업체와 우체국 금융망에도 이 회사 라우터가 사용된다. 산업은행, 한국투자신탁 등 5개 금융기관이 51억원, 대만투자은행이 35억원을 투자해 관심을 끌었다. 매출의 25%를 연구개발에 투자하고 있다.

작년엔 인터넷 시장이 커지면서 매출 195억원, 순익 19억원을 낸 것으로 추정된다. 98년의 매출 106억원, 순익 3억원에 비해 각각 2배, 6배가 신장됐다. 올해 매출은 450억원으로 잡고 있다.

신 사장은 연세대 공과대학원 전자공학과에 다니면서 삼우통신의 소프트웨어개발 담당으로 아르바이트를 했다. 이후 금성사 퓨처시스템에서 근무했다.

올해 들어서는 인터넷 접속을 위한 스위치 분야에 진출, 패스트이더넷 스위치인 러슬스위치 3124 신제품을 내놓고 시장공략에 나서고 있다. 이 제품으로만 80억원의 매출을 올릴 계획이다. 스위치 시장은 라우터보다 규모가 크다.

또 미국의 위성네트워크 장비업체인 글로벌텔레만과 제휴를 추진중이다. 취약 부문인 무선 네트워크 장비부문의 기술을 보완해 한국과 미국으로 유무선 네트워크 시장을 넓혀간다는 전략 때문이다. 2월 25일 배정 기준으로 100% 무상증자를 실시할 계획이다.

개 황	대 표	안영경
	설 립 일	1991. 2. 4
	상장(등록)일	1999. 11. 20
영업내용	분 야	소프트웨어, 컴퓨터 주변기기
	자 본 금	66억원
주요주주	안영경, 김중본, 보광2호투자조합	

✓ 주가추세선

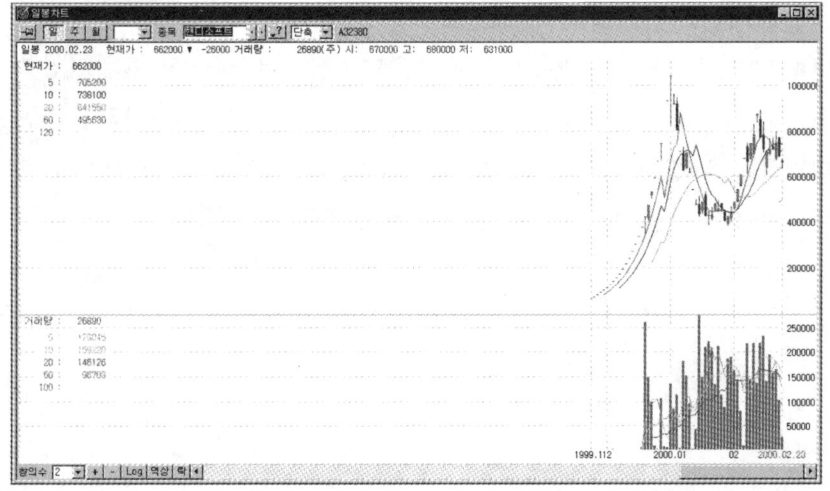

제공 : 한경닷컴

96년 11월 일본에 자체 개발한 그룹웨어 소프트웨어를 대량 수
출해 화제를 불러일으킨 주인공이다. 야마다그룹에 당시로선 이해하

기 힘든 1억 5,000만달러어치를 내보냈다. 현재 국내 워크폴로 기반 그룹웨어 분야에서 55%의 시장을 점유하고 있다. 정보통신부, 국방부 등 306개 기관에서 약 26만명이 이 회사 제품을 쓰고 있다. 워크폴로는 전사적자원관리(ERP), 지식관리시스템(EDM), 고객관리시스템(CRM) 등 각종 기업정보시스템의 운영체제(OS) 역할을 한다.

매출신장세도 눈부시다. 94년 19억원에서 98년엔 163억원으로 늘었다. 98년 순익은 5억 1,400만원. IMF를 무색케 했다. 증권회사들은 99년의 매출이 225억원, 경상이익은 38억원으로 추정했다. 작년 11월에는 신세계 I&C와 유통, 물류, 전자상거래 분야의 공동마케팅 사업을 추진키로 했다. 신세계의 XML, EDI와 워크폴로를 결합해 보다 안정적인 인터넷 EDI 솔루션을 개발할 계획이다.

올해에는 미국 국방부에도 워크폴로 기반 그룹웨어를 수출하게 된다. 안 사장은 전자통신연구원 박사 출신으로 연구형 벤처기업을 창업해 성공한 1세대 대표주자로 꼽힌다. 이 회사는 작년 12월 16일 액면분할을 실시, 주당 가격을 5,000원에서 500원으로 낮췄다. 올해 매출은 292억원, 순익은 48억원에 달할 것으로 추정되고 있다.

개 황	대　　표	김종길
	설　립　일	1996. 7. 29
	상장(등록)일	나스닥 등록
영업내용	분　　　야	초고속인터넷 서비스, 회선임대 사업
	자　본　금	1,800억원
주요주주	삼보컴퓨터, 마이크로소프트, 나래이동통신, 삼성, 현대, LG, 조흥은행	

　미국 나스닥에 직상장해 화제를 불러일으켰다. 미국 마이크로소프트사로부터 두 차례에 걸쳐 4,600만달러의 투자를 유치했다. 200여 전용회선 임대고객을 갖고 있다. 98년 7월부터 국내 최초로 광케이블망을 이용한 초고속인터넷 서비스인 두루넷 서비스를 제공하고 있다. 99년 7월까지 1년만에 가입자 10만명을 돌파했다.

　99년 매출은 668억원. 현재 가입자는 14만 9,000명이다. 98년에는 매출 90억원, 순익 3억 8,000만원을 올렸다. 두루넷은 초고속 CATV망을 이용해 인터넷과 PC통신이 가능하도록 유니텔, 천리안, 하이텔 등 PC통신회사 서비스 제휴를 맺고 있다.

　PC통신회사인 나우콤(서비스명 나우누리)을 인수했다. (주)한창이 보유중이던 나우콤 지분 32만주를 356억원에 인수했다. 작년 11월부터 두루넷 가입자 외에도 무료 ID를 통해 두루넷 사이트에 접속해 각종 멀티미디어 서비스 이용이 가능하도록 웹서비스를 제공하고 있다. 향후 서비스 이용자를 위해 모든 통신수단을 통합해 연

결해주는 대단위의 통합메시징서비스(UMS)를 개발, 제공할 계획이
다. 이를 위해 미국 니시미디어사와 합작사를 설립키로 했다.

지난 1월말에는 서울, 부산, 인천, 대전, 대구, 광주 등에서 무료
인터넷접속 서비스를 시작했다. 인터넷전용선이나 PC통신에 가입
하지 않고도 모뎀을 이용해 전화비만 물고 인터넷을 사용할 수 있
는 서비스다.

개 황	대 표	김홍기
	설 립 일	1985. 5. 1
	상장(등록)일	미등록
영업내용	분 야	시스템통합(SI), PC통신, 인터넷솔루션
	자 본 금	600억원
주요주주	삼성전자, 삼성물산, 삼성SDI	

장외시장에서 한창 인기를 끌었다. 2월 초에 주당 48만원에 매수 청구가 있었다. 시스템통합(SI) 업계의 선두주자다. 삼성그룹 내 전산망 구축을 위해 출발했다. 97년부터 본격적으로 해외시장 개척에 나서서 성공했다. 98년 IMF 중에도 매출 9,700억원을 올렸다. 경상이익도 250억원이었다. 97년 대비 매출은 15%, 경상이익은 3배나 증가했다. 해외시장에서만 1,800만달러의 실적을 올렸다. 자체 개발한 차세대 멀티미디어 주문형비디오 소프트웨어 저작도구인 스마트스튜디오를 미국과 유럽에 내다 판 덕분이었다.

의료영상 전송정보시스템인 레이팩스를 일본과 중국시장에 수출했다. 업무용 프로그램인 유니웨어와 유니ERP도 국내외에서 인기를 끌고 있다. 정보통신부 남궁석 전 장관이 전임사장이었다.

96년부터 상용화해온 PC통신인 유니텔사업도 잘돼 현재 가입자가 190만명에 달한다. 유니텔은 3월 3일 회사분할 형식으로 분사가 돼 유니텔주식회사로 출범했다.

올해 들어 유니텔에서는 인터넷을 통해 고객과 협력업체들에게 24시간 1대1 서비스를 제공하는 사이버 인포메이션 테스크 E-파트너센터를 개설했다.

원격교육서비스인 e캠퍼스를 라이코스코리아 교육채널을 통해 1년간 독점서비스하는 계약도 맺었다. 유니텔은 종합인터넷 기업으로 발전해 나간다는 전략이다. 이를 위해 인터넷 통신 유니텔 온라인, 기업대상의 비즈니스 인터넷, 커뮤니티 포털서비스 웨퍼, 인터넷 쇼핑몰 유니플라자 사업을 강화해 나갈 계획이다.

개 황	대　　　표	남용
	설　립　일	1996 7. 11
	상장(등록)일	미등록
영업내용	분　　　야	PCS 서비스
	자　본　금	9,535억원
주요주주	LG정보통신, BT, LG전자, 태광	

　99년 말 현재 PCS 가입자 수는 310만명. 올해말까지는 400만명이 목표다. 올 상반기 중 코스닥 등록을 추진중이다. 작년에는 매출 1조 4,384억원에 1,610억원의 적자를 기록했다. 올해는 매출 2조원에 경상이익 1,000억원을 잡고 있다. 흑자경영을 정착시킨다는 전략이다. 데이콤이 그룹계열사로 편입됨에 따라 유선 및 PC통신분야와 시너지 효과를 올릴 수 있을 것으로 기대하고 있다.

　99년 정보통신부 통화품질평가에서 1위를 차지한 것을 크게 내세우고 있다. 올해에도 통화품질 1위를 위해 5,700억원의 시설투자를 예정하고 있다. 이지웹, 이지방송채널 등 PCS를 이용한 무선 인터넷 등 데이터 중심의 서비스를 대폭 강화해 나갈 계획이다. 올해말까지 무선인터넷 가입자 300만명을 확보키로 했다. 무선인터넷이 가능한 단말기 200만대 이상을 공급할 예정이다.

　지난 1월 중순 인터넷 전자상거래업체인 인터파크와 제휴해 2월부터 휴대전화 문자방송을 통해 각종 공연과 쇼핑정보를 얻고 주문할 때는 음성으로 통화하는 전자상거래서비스(워크쇼핑)에 들어갔다. 데이콤과 손잡고 정부가 올 연말 선정할 IMT-2000 사업권 획득을 적극 추진중이다. 그룹 계열사인 LG정보통신과 공동으로 세계적 조류인 동기식과 비동기식 IMT-2000시스템을 개발한 기술력을 무기로 IMT-2000을 저렴한 가격에 조기 상용화할 수 있다고 자신하고 있다.

개 황	대 표	장상현
	설 립 일	1996. 7. 9
	상장(등록)일	미등록
영업내용	분 야	국제·시외전화, 인터넷
	자 본 금	2,100억원
주요주주	현대, 일진, 롯데	

97년 10월부터 국제전화 서비스를 시작해 98년엔 997억원의 매출을 올렸다. 작년에는 1,250억원에 달했다. 전년대비 25.4%가 증가했다. 특히 작년 10월 1일부터 현대정보기술로부터 인터넷서비스인 신비로를 인수했다.

99년 12월 1일부터는 시외전화서비스를 실시해 종합정보통신사업자의 면모를 갖췄다. 올 3월부터는 최대 10Mbps의 신비로 초고속인터넷 서비스에 들어간다. 한국전력과 케이블TV망 이용계약을 체결했다. 앞으로 국내외 유수업체들과도 제휴해 주문형 비디오 및 오디오를 비롯한 게임, 영화, 음악 등의 다양한 콘텐츠를 확보할 계획이다.

사용자별 타깃 할인요금제를 적용, 신선한 바람을 일으켰으며 이 때문에 한국생산성본부와 미국 미시간대가 공동조사한 유선전화 부문 국가만족도조사 1위 선정을 크게 자랑하고 있다. 정부로부터 99년 11월 금강산 관광을 위한 남북한 1단계 통신사업자로 선정되기도 했다.

인터넷서비스인 신비로의 2001년 가입자를 5,000기관, 개인 100 만명, EC 및 웹호스팅 1,000기관을 확보, 500억원의 매출을 달성한다는 계획이다. 하나로통신 등과 제휴해 IMT-2000 사업권 획득을 위해 뛰고 있다.

개 황	대　　　표	서명환
	설　립　일	1996. 7. 18
	상장(등록)일	미등록
영업내용	분　　　야	회선임대사업
	자　본　금	600억원
주요주주	푸르덴셜 HNQ, 세아제강, 제일화재	

　　전국적인 광케이블망을 구축하고 국내전용회선사업, 프레임릴레이사업 등에 대한 교환설비 임대사업을 벌이고 있다. 정보의 축적, 처리, 제공, 교환사업과 멀티미디어 사업을 수행하고 있다. 유무선방송의 전송망, 분배망 사업도 하고 있다. 올해 3월 자본금을 1,350억원으로 증자할 계획이다.

　　인터넷 사업자를 대상으로 국제전용회선 사업을 벌이고 인터넷사업에도 신규 진출을 추진하고 있다. 99년 매출은 132억원. 98년엔 8억 3,000만원이었다. 인터넷사업을 위해 현재 기간망의 용량을 증대시키고 5개 광역시 대도시망의 확충을 추진해 나갈 계획이다.

　　124개 기업을 고객으로 확보하고 있다. 앞서가는 인터넷 인프라스트럭처 기업으로 세계 수준의 차세대 통신사업자로 도약한다는 게 목표다.

**정보통신 제대로 알면
코스닥에서 돈번다**

지은이 / 김 형 근
펴낸이 / 김 경 태
펴낸곳 / 한국경제신문 한경BP
등록 / 제 2−315(1967. 5. 15)
제1판 1쇄 인쇄 / 2000년 3월 25일
제1판 1쇄 발행 / 2000년 3월 30일
주소 / 서울특별시 중구 중림동 441
기획출판팀 / 3604−553~6
영업마케팅팀 / 3604−595~7
FAX / 360−4599

* 파본이나 잘못된 책은 바꿔 드립니다.
ISBN 89−475−2303−8

값 9,500원

강대국의 흥망

폴 케네디 지음 / 이왈수 외 옮김

역사학자이자 미국 예일대 교수인 저자는 이 책에서 지난 5세기 동안에 전개되었던 강대국들의 흥망성쇠는 그들의 경제력과 군사력의 변화 추이에 따라 좌우되어 왔다고 진단하면서 다가오는 21세기에는 미국·소련·서유럽 등의 쇠퇴와 중국·일본 등 아시아 강국들의 부상을 예언하고 있다. 〈뉴욕 타임스〉 선정 최우수 도서.

양장 / 13,000원

21세기 준비

폴 케네디 지음 /
변도은·이왈수 옮김

우리에게 충격을 던졌던 「강대국의 흥망」 저자 폴 케네디 교수가 다가올 21세기 문명세계의 각종 위기를 명쾌히 분석·정리한 역저. 향후 30년 사이 우리에게 닥칠 도전들과 그 대응방법 그리고 인구폭발, 환경오염, 생명공학, 로봇, 통신수단, 가공할 파워의 양태 등을 특유의 통찰력으로 분석·예견하고 있다.

양장 / 11,000원

메가트렌드 2000

존 나이스비트 외 지음 /
김홍기 옮김

90년대는 정치개혁과 경이적인 기술혁신 등으로 인류에게 지금까지와 전혀 다른 변화양상을 안겨줄 것이다. 이 책은 90년대의 변화로 경제호전, 예술의 번영, 시장사회주의의 출현, 복지국가의 쇠퇴 등을 예시하고 있다. 과거 어둡고 비관적인 세기말적 변화보다는 밝고 새로운 흐름을 부각시키고 있다.

양장 / 9,800원

메가트렌드 아시아

존 나이스비트 지음 / 홍수원 옮김

미래예측가로 세계적 명성을 떨치고 있는 나이스비트는 21세기에는 아시아가 미국주도의 상품과 소비시장에 가장 중요한 경쟁자로 떠오를 것으로 내다보고 현재 역동적으로 변화하는 아시아의 모습을 8가지 트렌드로 분석했다. 특히 아시아와 세계라는 맥락 속에서 한국에 나타나고 있는 폭넓은 변화들을 살펴보고 한국이 아시아에 기여할 수 있는 방안도 짚고 있다.

양장 / 9,500원

20세기를 움직인 사상가들

기 소르망 지음 / 강위석 옮김

20세기 사상계에 결정적인 영향을 끼친 사람들은 과연 누구인가? 프랑스의 저명한 경제학자이자 사회학자인 기 소르망이 29명의 생존해 있는 현대 최고의 사상가들과 직접 인터뷰를 통해 그들 자신이 선택한 분야에 전 생애를 바친 사상과 사색의 놀라운 통찰을 기록·정리한 「살아있는 도서관」.

신국판 / 8,000원

자본주의 종말과 새 세기

기 소르망 지음 / 김정은 옮김

세계적인 석학인 저자는 자본주의 체제를 위협하는 것은 「도덕적 불만」과 「자본주의에 대한 몰이해」라고 주장하고 러시아·중국·독일·인도 등 20여개국의 자본주의의 현재 모습을 생생히 그리고 있다. 또한 현재의 자본주의의 위기를 극복하기 위한 구체적인 실천방안에 대해서도 통찰하고 있다. 방대한 분량인데도 르포형식이어서 전혀 지루하지 않다.

양장 / 13,000원

열린 세계와 문명창조

기 소르망 지음 / 박 선 옮김

서로 다른 문화가 충돌하는 유럽, 러시아, 중국, 일본, 아프리카, 라틴아메리카의 국경으로 우리를 이끈다. 서양인의 독백이나 나르시시즘이 아니라 바로 한반도에 대한 진단이며 치료제가 될 수 있다. 통독 이후의 문제, 북한의 실상과 우리의 미래, 미국화로 상징되는 맥몽드(McMonde)의 악몽 속에서 나름대로의 대응법을 찾을 수 있다.

양장 / 13,000원

편집광만이 살아남는다

앤드류 그로브 지음 / 유영수 옮김

인텔 불패(不敗) 신화의 주인공, 앤드류 그로브의 경영과 인생! 경쟁에서 이기기 위한 키워드 '편집광'을 주목하라. 지루함을 모르는 직장, 도전정신으로 머릿속이 꽉찬 편집광 직원들, 그리고 인텔에 대한 진솔한 이야기가 담겨 있다. 예리한 판단력과 관찰력을 겸비한 그로브는 첨단산업을 경영하는 데 필요한 이론으로 「전략적 변곡점」을 정립해 자세히 설명하고 있다.

양장 / 10,000원

미래기업

피터 드러커 지음 / 고병국 옮김

우리 시대의 가장 뛰어난 사회·경영학자이자 미래학자인 드러커의 「변혁시대 기업생존전략 연구서」! 세계경제가 빠르게 바뀌어 감에 따라 기업의 새로운 생존 경영전략 모델, 즉 기업이 살아남기 위한 5가지 변화조건을 예리하게 분석·고찰했다. 특히 사회·경제학 시각에서 세계경제 흐름을 독특하고 분석적으로 통찰했다.

양장 / 9,500원

자본주의 이후의 사회

피터 드러커 지음 / 이재규 옮김

사회주의권의 급격한 몰락 이후 탈냉전 분위기가 고조되고 있는 시점에서 향후 세계 변화가 주요 관심사로 떠오르고 있다. 저자는 향후 세계는 자본주의적 시장구조와 기구는 그대로 존속되겠지만 주권국가의 통제력은 약화되고 전문지식을 갖춘 지식경영자 중심의 글로벌화 사회가 될 것으로 예측하고 있다.

양장 / 9,000원

미래의 결단

피터 드러커 지음 / 이재규 옮김

현대 경영학의 대부, 피터 드러커는 이 책에서 「스스로를 다시 생각함으로써 회생할 수 있다」고 전제하고 기업의 5가지 치명적 실수, 가족기업을 경영하는 규칙, 대통령을 위한 6가지 규칙, 새로운 국제시장의 개발, 3가지 종류의 팀조직, 오늘날 경영자들이 필요로 하는 정보 등 바람직한 미래를 실현하기 위한 방안을 제시했다. 21세기를 위한 새롭고 시의적절한 경영 지침서.

양장 / 9,000원

비영리단체의 경영

피터 드러커 지음 / 현영하 옮김

선진국에서는 학교, 자선단체 등 비영리단체의 경영혁신이 선풍을 일으키고 있다. 이 책은 필자가 교수생활을 하면서 비영리단체에서 봉사했던 경험을 바탕으로 조직관리, 예산 등 경영전반에 대한 문제점을 심도있게 분석하고 개선방안을 제시했다. 전문가들과의 대담을 통해 경영의 효율성을 높이기 위한 여러가지 방안이 눈길을 끈다.

신국판 / 8,000원

21세기 지식경영

피터 드러커 지음 / 이재규 옮김

새로운 경영 패러다임이 경영의 원칙과 관련한 기본가정을 어떻게 변화시켜 왔는지, 또 어떻게 계속 변화시킬 것인지에 대해 통찰하고 있다. 앞으로 수십년 아니 수년내에 틀림없이 일어날 여러 문제에 대처하지 못한다면 혼란의 시대, 구조변화의 시대, 전환기의 시대에 생존할 수 없다는 드러커의 마지막 경고는 반드시 귀담아 들어야 할 것이다.

양장 / 13,000원

미래의 조직

피터 드러커 외 지음 / 이재규 옮김

경영학의 두 거물인 피터 드러커가 서문을 쓰고 찰스 핸디가 결론을 내린 미래조직의 최종완성판! 당대 최고의 경영학자, 실무자, 컨설턴트가 참여한 이 책에는 미래 조직이 존속하고 번영하려면 조직과 지도자가 어디에 언제, 그리고 어떻게 변해야 하는지 각 분야별로 실질적인 조언을 하고 있다. 특히 정부, 기업, 사회단체 등 모든 인간조직의 미래모습에 대해 통찰력있는 비전을 제시하고 있다.

양장 / 13,000원

자본주의 이후 사회의 지식경영자

피터 드러커 지음 / 이재규 옮김

20세기가 낳은 가장 위대한 경영학자인 드러커 교수는 정보(information)가 권위를 대신하고 보고(report)가 사라진 조직에서 적응하기 위해 경영자들이 어떻게 해야 하는지 그 해답을 제시한다. 새롭게 도래하고 있는 미래 조직에서의 효과적인 의사결정방법, 경영혁신의 체계적 관리와 함께 지식경제에서 경영자가 직면할 구체적인 도전, 지식근로자의 생산성 향상을 위한 동기부여에 대해 충고하고 있다.

양장 / 10,000원

트러스트

프랜시스 후쿠야마 지음 / 구승회 옮김

한 나라의 경제는 규모만으로는 설명될 수 없고 문화적 요인이 중요하다. 이 문화적 요인이 사회적 자본이며 가장 중요한 덕목이 바로 신뢰다. 저자는 이 책에서 개인주의, 가족주의에 기반을 둔 저신뢰 사회의 특성을 혹독하게 비판하면서 건강한 사회가 되려면 공동체적 연대와 결속의 기술을 터득해야 하며 신뢰는 경제와 사회, 문화를 아우르는 놀라운 가치라고 강조한다.

양장 / 12,000원

코피티션

배리 네일버프 외 지음 / 김광전 옮김

비즈니스 게임은 끊임없이 변하므로 전략도 당연히 변해야 한다. 경쟁(competition)과 협력(cooperation)에 관한 과거의 법칙들을 넘어서서 양자의 장점을 결합한 코피티션 전략은 기존의 비즈니스 게임을 혁신할 혁명적인 신사고다. 저자들은 게임 자체를 변화시켜서 이득을 최대화하는 방법을 보여주는 5가지 요소(전략의 PARTS)의 비즈니스 전략을 체계적으로 제시했다.

양장 / 9,000원

회사인간의 흥망

앤소니 샘슨 지음 / 이재규 옮김

이 책은 17세기 동인도회사에서 현재의 마이크로소프트사에 이르기까지 기업의 변화과정과 직장인들의 문화변천사를 통해 회사인간이란 무엇인가를 규명했다. 생생한 인물묘사와 인터뷰, 사례를 곁들이면서 전혀 도전받을 일이 없을 듯이 보였던 「기업관료들」이 어떻게 레이더스, 모험기업가, 일본의 경쟁자들, 컴퓨터, 여자 회사인간들에 의해 차례차례 공격당했는가를 밝히고 있다.

양장 / 9,800원

팝 인터내셔널리즘

폴 크루그먼 지음 / 김광전 옮김

산업위축과 실업증가, 실질소득 향상의 둔화를 비롯해 소득격차의 확대, 산업시설의 유출 등 선진경제가 지닌 문제점을 상세히 분석하고 그 원인이 개발도상국과의 교역에 있는 것이 아니라 선진국의 산업구조 변화와 기술발전에 있다고 밝히고 있다. 레스터 서로에 필적하는 20세기 최고의 경제학자인 저자가 지적하는 개도국 성장 비결은 우리에게 시사하는 바가 크다.

신국판 / 7,000원

2020년

해미시 맥레이 지음 / 김광전 옮김

다양한 인종만큼이나 상이한 정치·경제체제와 독특한 문화양식을 지니고 있는 세계 각국은 저마다의 주무기를 앞세워 미래를 설계하고 있다. 경제평론가인 저자는 앞으로 국가경쟁력을 결정짓는 요인은 기술이 아니라 문화라고 강조한다. 현재 세계 각국이 처해있는 상황을 바탕으로 치밀하게 전망한 2020년경의 세계 각국의 모습에서 우리의 진로는 어떻게 모색해야 할 것인가?

양장 / 9,000원

제4물결

허먼 메이너드 2세, 수전 E.머턴스 지음 / 한영환 옮김

21세기 범세계적 기업을 위한 낙관적 비전을 제시하고 있는 이 책은 한마디로 앨빈 토플러의 《제3물결》을 넘어 장기적 미래의 비전에 집중하고 있다. 지금 우리는 공업화를 상징하는 「제2물결」에서 탈공업화적인 「제3물결」로 전이하고 있지만, 머지 않은 곳에서 새로운 차원의 「제4물결」이 밀려오고 있다고 진단하고 있다.

양장 / 4×6판 / 15,000원

소명으로서의 기업

마이클 노박 지음 / 김진현 감역

실업과 빈곤의 해결책은 무엇일까. 마이클 노박은 종교적 윤리 기반위에 선 민간기업만이 그 해결책이 될 것이라고 명쾌하게 주장한다. 민주자본주의 하에서 신학적·윤리적 기초를 갖는 기업이야말로 이윤창출기관인 동시에 민주주의와 인권을 증진시키는 기관이며 사회공동체를 만드는 기관이다. 기업의 위치, 정신의 설정과 사회관계 정립에 등불이 될 내용들이 가득하다.

신국판 / 7,000원

21세기 오디세이

마이클 더투조스 지음 / 이재규 옮김

20년 동안 기술 전도사, 기업가, 경영 컨설턴트로서 정보혁명을 이끌어온 마이클 더투조스는 농업혁명과 산업혁명을 밀어낼 제3의 정보혁명에 대해 보다 폭넓은 관점을 제시한다. 저자는 21세기 글로벌 정보시장의 생생한 모습을 보여 주는 한편, 그 기술적인 문제점들을 폭로하고 한편으로 해결책을 제시하여, 영감에 가득찬 미래의 청사진을 제공한다. 보디넷, 전자 코, 촉각 인터페이스의 미래를……

양장 / 12,000원

21세기를 여는 7가지 키워드

오마에 겐이치 지음 / 임승혁 옮김

다가오는 21세기에는 서구 선진국의 뒤만을 쫓을 수는 없다. 그들을 앞서 나가기 위해서는 지금까지와는 다른 창의적인 발상, 새로운 전략, 확실한 준비가 필요하다. 21세기를 능동적으로 맞이하려는 사람들에게 띄우는 오마에 겐이치의 독특한 키워드. 1.시간축 발상 2.신커뮤니케이션론 3.자유재량시간 4.글로벌경쟁시대 5.정보발신시스템 6.이미지전략 7.네트워크의 힘

양장 / 4×6판 / 6,500원

신창조론

이면우 지음

미증유의 경제위기를 맞은 한국, 한국인, 한국기업은 어디로 가야 하는가? IMF는 변화를 모르는 기업전통, 말만 많은 우매한 현자들의 득세, 재벌의 출혈경쟁, 모방으로 날새는 제조업, 부서이기주의에 찌든 업무절차 등 우리의 병세를 알려 준 고마운 의사다. 난장의 활기, 국가적 비전, 중소기업 활성화, 가상연구소, 동북아 경제 네트워크(신창조론)가 강력한 치료약이 될 것이다.

신국판/8,000원

내인생 내가 살지

서상록 지음

예순둘의 나이에 대기업 그룹 부회장에서 식당 견습웨이터로 변신한 서상록씨의 자전에세이. 그는 이 책을 통해 왜 최고경영자의 위치에서 모두들 하찮게 여기는 식당 견습웨이터를 하게 되었는지, 그의 평범하지 않은 인생을 감칠맛나게 들려주고 있다. 더불어 인생의 눈높이를 낮춰 하고 싶은 일을 하면서 누구보다 즐겁게 살라는 충고도 들려준다.

신국판/7,800원

유머인생 1~6

한국경제신문 출판부 편

많은 독자들이 1980년 12월부터 본지에 연재되고 있는 「해외유머」를 책으로 출판하면 어떨지, 그런 계획은 없는지 물어왔다. 이 책은 독자들의 그러한 성원에 보답하자는 취지로 출판되었으며 우스갯소리 가운데서 인생의 묘미도 느끼고 영어공부도 할 수 있게끔 어려운 단어나 어구에는 주석을 달아 독자들의 이해를 돕고자 노력했다.

4×6판/각권 4,500원

성공적인 점포경영 33선

류광선 지음

5,000만원 정도의 소자본으로, 심지어 무자본으로도 사업을 시작할 수 있는 아이디어를 담았다. 저자가 현장을 발로 뛰면서 바로 개업하기에 유망한 33개 업종을 선별, 입지선정부터 개업절차·경영 비법까지 최신 노하우를 총집결시켰다. 경영지침이나 사업의 성패진단법은 물론 직접 점포를 운영하는 사람들의 현장 목소리를 담아 차별화를 꾀했다.

신국판/9,000원

실전 부동산 경매

전 철 지음

법원경매든 성업공사 공매든 경매는 이제 누구나 쉽게 배우고 참여할 수 있게 되었다. 경매물건에 대한 마음가짐을 얼마나 유연하고 객관적인 자세로 평가할 수 있느냐가 성공의 지름길이다. 이 책은 부동산 경매에 대한 전반적인 원리를 누구나 알기쉽게 배울 수 있도록 설명했다. 실전사례중심으로 실패없는 부동산 경매 방법을 체계적으로 정리한 실전 가이드.

신국판/12,000원

사장님을 위한 5분 경제

손정식 지음

경영일선에 있는 경영자가 매일매일 직면하는 경제·경영현상에 대해 기본적인 원리를 설명한 이 책은 경제현상을 올바로 이해하여 기업경영의 이론적 토대를 튼튼히 하는데 보탬이 되는 경제상식들만 모았다. 가격관리와 비용관리에서부터 기업전략, 경쟁과 윤리, 기업과 금융, 국제무역과 국제금융에 이르기까지 꼭 알고 있어야 할 경제원리들을 강의하듯 풀어서 설명했다.

신국판/8,500원

새노동법 해설

(개정판)

윤욱현 지음

노동법이 전면 개정되었다. 개정 노동법은 개별적 노동관계법의 대명사인 근로기준법상의 변형근로시간제, 정리해고제 등을 도입하고 집단적 노동관계법에서 금지됐던 복수노조, 제3자개입, 정치활동 등을 허용했다. 이 책은 저자가 현장에서 직접 느끼고 체험한 노사간의 문제점들을 살펴보고 개정 노동법 전반을 알기 쉽게 해설한 책이다.

신국판/11,000원

금융시장 예측

김성우 지음

주식, 금리, 상품 등의 현물시장은 물론 선물 및 옵션 등의 파생상품시장에서도 생존할 수 있는 방법을 다양하게 제시하고 있다. 20여년간 외환시장 등 다양한 시장에서 딜러, 투자가, 분석가로 활동하며 풍부한 현장경험을 가지고 있는 저자가 시장상황에 따른 기술적 지표의 분석요령과 심리적 동요의 극복방안을 현장사례 중심으로 상세히 설명하고 있다.

양장/12,000원

걱정하지 말고 살아라

리처드 칼슨 지음 / 채선영 옮김

스트레스 컨설턴트이자, 강연가인 리처드 칼슨이 풍요롭고 즐거운 인생을 창조하는 100가지 아이디어를 알려준다. 걱정이 사라졌을 때 어떤 멋진 인생이 펼쳐질지 따뜻하면서도 설득력있는 문체로 읽는 사람을 격려하고 있는 이 책은 걱정과 불안으로 마음을 어지럽힐 것이 아니라 결심과 실천으로 이어지도록 마술과도 같은 삶의 방법들을 제공하고 있다.

신국판/8,000원

시간이동

스테판 레트사폰 지음 / 형선호 옮김

사람들에게 있어서 시간은 객관적인 것이 아니라 주관적인 것이다. 이 책에서 저자는 시간에 대한 사고방식을 바꿈으로써 자신의 인생에 대한 통제를 되찾을 수 있다고 강조한다. 그 과정을 통해 우리는 인생을 최대한 즐길 수 있으며 많은 시간을 자신과 가족과 함께 더 한층 고양된 삶의 의미를 느낄 수 있다. 이 책은 명상서로서 자신의 삶을 컨트롤하는 방법을 제시한다.

신국판/9,000원

마음을 치유하는 79가지 지혜

레이첼 나오미 레멘 지음 / 채선영 옮김

정신분석학자로서 영혼의 연금술사로 평가받는 저자는 보다 큰 평화를 가져다주는 것은 우리가 서 있는 바로 이곳, 또 이곳에서 만나는 사람들을 있는 그대로 받아들일 수 있게 해줄 치료제, 즉 영혼을 위한 약이 필요하다는데 초점을 맞추고 있다. 저자의 따뜻한 식탁 의자에 영혼이 충만한 의사와 환자, 그리고 동료들이 둘러앉아 나누는 그들의 삶은 무한한 가능성의 목소리로 들린다.

신국판/7,500원

밀레니엄

펠리프 페르난데스 아메스토 지음 / 허종열 옮김

지난 1000년을 마감하고 다음 1000년을 준비하기 위해, 한 시대를 평가하기 보다는 새로운 시대를 창조하려는 의도로 쓴 이 책은 유럽 중심적인 위장된 세계사가 아닌 진정한 세계사 정립을 위해 역사 이면을 자리매김하려고 노력했다. 인류역사의 주도권, 즉 민족의 힘은 태평양 주변국가에서 대서양으로 다시 태평양으로 옮아가고 있다고 주장하고 있다.

전2권/양장/각권 12,000원

복잡계란 무엇인가

요시나가 요시마사 지음 / 주명갑 옮김

『무수한 구성요소로 이루어진 한 덩어리의 집단으로 각 부분의 움직임이 총화이상으로 무엇인가 독자적인 행동을 보이는 것』으로 정의되는 복잡계, 복잡계 과학은「잃어버린 세계로의 여행」이 될 것이다. 복잡계의 과학은 그 꿈을 현실화시킬지도 모른다. 21세기를 주도하게 될 최첨단 키워드, 복잡계의 모든 것을 담았다.

양장/4×6판/7,000원

복잡계 경영

다사카 히로시 지음 / 주명갑 옮김

복잡계 이론이 예언하는 21세기적 경영의 모든 것이 여기 있다. 복잡계는 세기말의 혼돈 속에 지식의 최첨단 이론으로 등장, 구미지역에서 폭발적인 관심을 끌고 있다. 이 이론은 세계를 몇 개의 단순한 요소로 환원할 수 없는 '부분 이상의 총화', 자기조직화의 동적 프로세스로 이해한다. 또 세계관의 근본적인 변화를 통해 탈근대시대의 새로운 경영, 경영자를 위한 경영학의 혁명을 꿈꾼다.

양장/4×6판/6,500원

세계를 움직인 경제학 명저 88

네이 마사히로 지음 / 이균 옮김

한치 앞도 예측하기 어려운 경제. 환율, 주가, 금리… 어느 하나 앞을 내다보기 어렵기만 하다. 지금까지의 경제논리로는 더이상 예측하기 불가능하다. 여기 17세기의 페티에서 20세기 경제학의 거두 스티글리츠까지 경제의 흐름을 읽기 위해, 그리고 예측하기 위해 고뇌했던 수많은 경제학자들이 있다. 세상을 움직이던 일류 경제학자들이 피와 땀으로 써내려간 역작들을 통해 경제의 흐름을 짚어볼 수 있다.

신국판/9,500원

비즈니스 사회에서 가르쳐주지 않는 60가지

나카타니 아키히로 지음 / 이선희 옮김

회사에서는 학교처럼 음식을 입에다 떠먹여주듯이 친절하게 가르쳐주지 않는다. 회사는 방대한 교과서와 같다. 그곳에서 배우느냐, 배우지 못하느냐는 것은 모두 이 책을 읽는 당신에게 달려 있다. 이 책에는 회사인으로서 최소한 지켜야 할, 최소한 알아야 할, 그리고 최소한 갖추어야 할 비즈니스 사회에 필요한 성공발상을 저자 특유의 감각적인 문체로 펼쳐보이고 있다.

신국판/7,500원

리스크

피터 번스타인 지음 /
안진환 외 옮김

세계적인 경영 컨설턴트인 저자가 리스크의 역사와 발전과정을 담았다. 탁월한 통찰력으로 현재의 시점에서 미래를 다루는 방법을 밝혀낸 여러 사상가들의 이야기가 담겨 있다. 그리스시대부터 현재까지 인류의 다양한 위기의 순간들과 이를 헤쳐나가는 과정을 역사와 철학, 경제학 관점에서 돌아본다. 투자나 선택이 일상인 경영자들을 위한 책이다.

양장/12,000원

중산층이 살아야 나라가 산다

에드먼드 펠프스 지음/신동욱 옮김

자본주의의 야수성과 복지제도의 단견에서 비롯된 중산층의 붕괴는 우리를 당황하게 한다. 이 책은 바로 중산층이 살아내가 살고 지역사회가 살고 나라가 살고 더 나아가 민주주의와 자본주의가 산다는 인식 위에서 씌어졌다. 국민의 정부 제2기 복지정책의 기초가 된 이 책은 장기적으로 인류 모두에게 혜택을 줄 자유시장 경제체제와 기술진보를 가능케 해주는 유일한 길을 설파하고 있다.

신국판/8,500원

지구의 변경지대

로버트 케이플런 지음/황 건 옮김

베일에 가려져 있던 서아프리카에서 중동을 거쳐 러시아의 외곽지대인 중앙아시아, 중국, 인도를 거쳐 캄보디아, 태국, 베트남에 이르는 대장정을 끝내고 저자가 내린 결론은 한마디로 암울하다는 것이다. 저자는 새로운 분쟁지역으로 떠오르고 있는 지구 곳곳을 다니면서 문제점을 지적하고 혼란에 빠진 이들에게도 따뜻한 시선을 보내자고 제안하고 있다.

양장/12,000원

대기업을 이기는 벤처비즈니스

마키노 노보루 · 강동우 지음 /
유세준 옮김

첨단 기술력과 재빠른 정보수집력을 갖춘 모험심 강한 중소기업이 대기업보다 훨씬 더 유연하게 시장상황에 대처하고 있으며 성공하고 있다. 마이크로소프트, 인텔 등이 그 예다. 이 책은 재편되고 있는 경제구조 속에서 앞서 나가고 있는 일본 벤처기업들의 사례와 실리콘밸리의 성공전략을 살펴보고 틈새시장을 공략하는 요령과 아이디어, 국제적 제휴전략 등을 다루고 있다.

신국판/5,500원

경제학은 없다

미첼 무솔리노 지음 / 김찬우 옮김

경제학자들의 수많은 예측의 오류 중에는 몇몇은 유명해졌고 그보다 많은 수의 오류는 잊혀졌다. 프랑스에서 화제를 불러일으켰던 이 책에서 저자는 20세기 모든 위대한 예견과 모든 환상을 신랄하게 공격한다. 주류 경제학의 일반론을 분해하고 실업과 생산성에 대한 허튼소리와 거짓말, 그리고 시장법칙에 이르기까지 현대 초자본주의의 속성들을 발가벗기고 있다.

신국판/8,000원

기업경영에 창의력을 길러주는 50가지 키워드

톰 램버트 지음 / 정규석 옮김

이 책은 기업에 관여하는 사람이 기회나 문제에 직면했을 때 잘못된 것을 바로잡고 창의력을 고양시킬 수 있게 해주는 문제해결기법으로 가득하다. 경영자들이 최저의 노력과 최저의 비용으로 최단시간내에 필수적인 과제들을 해결하는데 필요한 도구와 점검목록, 직무 지시사항이 담겨 있다. 내일 성공하려면 벤치마킹하지 말고 오늘 도약하라는 것이 이 책의 결론이다.

신국판/10,000원

골프란 무엇인가

김흥구 지음

세계에서 가장 쉽고 재미있는 골프책을 목표로 연애소설을 쓰듯이 재미있게 쓴 책이다. 80대 초반 굳히기, 70대 진입하기 등 현 수준에서의 구체적 도약 방법이 설명된다. 완결편은 통계나 속성 차원에서 접근한 상당한 수준의 골프 분석이다. 입문자라면 처음부터, 구력이 5년 이상됐고 성질이 급한 골퍼는 13번홀부터, 프로만큼의 플레이를 하려면 16번홀로, 머리가 아프면 4번홀로 가서 마음껏 웃으면 된다.

양장/11,000원

타이거 우즈 스윙의 비밀

존 안드리사니 지음 / 김흥구 옮김

타이거 우즈의 스윙 테크닉은 너무도 쉽기 때문에 어떤 아마추어 골퍼라도 응용할 수 있다. 우즈는 아놀드 파머와 같은 카리스마와 벤 호건의 집중력, 샘 스니드의 운동 능력, 잭 니클로스의 멘탈 지배력, 닉 팔도의 탁월한 매니지먼트 능력을 그대로 간직하고 있다. 우즈 스윙의 모든 비밀이 담겨 있는 이 책을 통해 우즈 스윙을 카피하게 된다면 당신의 볼은 두말할 것 없이 까마득히 날아갈 것이다.

양장/4×6판/9,000원

주식시장 흐름 읽는 법

우라가미 구니오 지음 / 박승원 옮김

언뜻 보기에 무질서하고 예측이 불가능해 보이는 주식시장도 장기적으로 보면 특정한 네 개의 국면을 반복하고 있다는 것을 알 수 있다. 이 책은 이 네 개의 국면이 어떤 요인에 의해 순환되고 각각의 국면에서 어떤 종목이 활약하는가를 숙지할 수 있는 안목을 제시해주고 주식투자시 리스크를 피하는 방법에 대해서도 설명하고 있다.

신국판 / 5,500원

증시테마 알아야 주식투자 성공한다

안창희 지음

이 책은 주식투자자들이 어떤 상황에서 어떤 종목을 사고 팔아야 수익을 올릴 수 있는지 그 구체적인 방법을 제시한다. 더불어 투자이론이 실제 상황에서는 어떻게 적용되고, 앞으로 전개될 상황에서는 어떻게 대응해야 할지를 분석, 정리했다. 특히 실제 일어났던 증시상황에 대한 분석은 물론, 전망까지 곁들여 주식초보자라도 쉽게 이해할 수 있도록 했다.

신국판 / 9,800원

주식@ 살 때와 팔 때

한국경제신문 증권부 지음

증권투자는 사는 기술이 아니라 파는 예술이다. 기관투자가를 두려워할 필요는 없다. 수익률이 오르지 않아 밤잠을 못이루는 것은 오히려 그들이다. 단기필마야말로 혼돈의 전쟁터에서 자신을 지키는 방법이며 주식투자로 성공할 확률은 개인투자가들이 높다. 한국경제신문 증권부가 개인투자가들을 지원하기 위해 펴낸 이 책을 통해 확실한 재테크의 길을 찾아보자.

신국판 / 9,000원

선물시장 흐름 읽는 법

현대선물 지음

이제 선물을 모르고는 주식, 채권 등 투자를 제대로 할 수 없는 세상이 되었다. 선물시장은 특정상품의 가격 수준에 대해 생각을 달리하는 사람들이 생사를 건 전쟁터다. 그동안 어렵게만 느껴졌던 선물거래를 일반인들이 이해하기 쉽도록 만화로 꾸몄다. 읽다보면 선물거래의 기본개념에서부터 선물거래의 실전투자 및 매매 타이밍까지 단번에 이해할 수 있도록 재미있는 스토리를 곁들여 설명했다.

신국판 / 7,000원

금융혁명 ABS

자산유동화 실무위원회 지음

자산유동화(ABS)제도에 대해 자산유동화 거래실무에 종사하는 국내외금융기관의 담당자, 전문변호사, 정책입안을 담당하는 재경부와 금융감독원의 관계자들이 함께 참여하여 알기 쉽게 종합적으로 풀어썼다. ABS에 관련된 각 분야를 사례중심으로 현장감 있게 분석 정리했고 법률 축조해설까지 곁들여 누구나 쉽게 실전에 활용할 수 있도록 했다.

양장 / 20,000원

월가 천재소년의 100가지 투자법칙

맷 세토 지음 / 형선호 옮김

10대 천재소년 맷 세토가 세운 뮤추얼 펀드의 연간 수익률은 단연 압도적이다. 이 소년은 〈월 스트리트 저널〉의 표지인물로 등장한 바 있으며, 전 세계 투자자들이 조언을 듣기 위해 애쓴다. 17세에 억대 부자가 된 맷 세토가 100가지의 성공적인 주식투자 비법을 소개한다. 신선하고 반짝이는 그의 투자전략은 폭락과 반전을 거듭하는 우리 주식시장에서 성공을 보장할 것이다.

신국판 / 8,500원

뮤추얼펀드 투자가이드

한국펀드평가 지음

뮤추얼펀드는 주식형수익증권, 외국인과 함께 주식시장의 큰손이다. 그들이 어떤 종목에 관심을 갖고 매수하며 어느 정도 보유한 뒤 매도하는가? 한국펀드평가(주)가 국내 최초로 뮤추얼펀드 69개를 집중 분석한 이 책은 펀드매니저는 물론이고 증권사 종사자, 뮤추얼펀드에 새로 가입하려는 투자자에게 매우 유익한 지침서가 될 것이다. 국내최초의 펴낸 뮤추얼펀드 종합 분석 전략 가이드.

신국판 / 15,000원

맥킨지 금융보고서

맥킨지 금융팀 지음

20년간 아시아 금융시스템을 분석, 컨설팅해온 맥킨지 금융팀은 21세기 한국을 비롯한 아시아의 은행 및 금융시스템이 어떤 도전을 받을 것이며 어떤 새로운 기회가 도래할 것인지 2010년까지의 금융 패러다임을 예측하고 있다. 금융시장의 어제와 오늘 그리고 미래를 열어가는데 없어서는 안될 미래지향적 금융산업 구축에 과연 무엇이 필요한지 그 비결을 담고 있다.

신국판 / 18,000원